제3회 전국 미자립교회 개척수기 입선작 모음집

작은 교회를 더 사랑하는

성령의 사람들

김영남 엮음

KB193201

제3회 전국 미자립교회 개척수기 입선작 모음집

작은 교회를 더 사랑하는

성령의 사람들

저자 · 최병선 외 12인
엮은이 · 김영남
펴낸곳 · 도서출판 포커스북
펴낸이 · 송삼용
초판 1쇄 인쇄 · 2014년 01월 29일
출판등록번호 · 제2013-000063호
출판사 · 서울특별시 금천구 독산로 256(독산동)
　　　　전화 · 070-8775-2633 **팩스** · 02-846-2633
　　　　이메일 · focusbook@hanmail.net

총판 · 하늘물류센타　**전화** · 031-947-7777 **팩스** · 031-947-9753

ISBN · 979-11-951502-1-2 03230ISBN

잘못된 책은 구입한 서점에서 교환해 드립니다.
책 가격은 표지에 표시

이 도서의 국립중앙도서관 출판사도서목록(CIP)은 서지정보유통지원시스템 홈페이지(http://seoji.nl.go.kr)와
국가자료공동목록시스템(http://www.nl.go.kr/kolisnet)에서 이용하실 수 있습니다.(CIP제어번호: CIP2014001625)

제3회 전국 미자립교회 개척수기 공모전은 작은교회더사랑하기운동본부와 사)민족복음화운동본부가 주관이 되어 미자립교
회의 활성화와 자립을 위하여 탄생 되었고, 2013년 12월 5일 남양주 수동기도원에서 시상식을 가졌습니다. 본 책자는 입상
한 13편의 간증수기 모음집 입니다. 위 운동에 동참하실 분은 전화 032-437-2744로 문의하여 주십시오.

제3회 전국 미자립교회 개척수기 입선작 모음집

작은 교회를 더 사랑하는
성령의 사람들

입선작 12편 및 특별 간증

CONTENTS

안 명 환 목사

최근 저는 합동총회 산하 12,000여 교회 중에서 20명 이하의 교회가 1,730여개라는 사실을 알게 되었습니다. 이것이 바로 한국 교회의 실상입니다. 지난 100여 년 사이에 한국 교회가 누린 폭발적인 성장의 축복 이면에 그와 같은 열악한 환경이 감추워져 있었다는 것은 우리 모두의 책임입니다. 이제라도 우리는 미자립 개척 교회들과 어깨를 나란히 하고 가야 합니다. 한국 교회는 주님께서 다시 오실 때까지 전국 2만여 이상의 미자립 개척 교회들을 돕고 위로하면서, 그들과 함께 하나님의 나라를 세워가야 합니다. 그것이 바로 한국 교회의 소명입니다.

이같은 한국 교회의 소명을 일찍이 깨닫고 미자립 개척 교회를 돕는 운동을 벌여온 단체가 '사)민족복음화운동본부'와 '작은교회더사랑하기운동본부'입니다. 이 운동은 저와 함께 총회(합동) 98회기 임원(서기)으로 봉사하시는 김영남 목사님께서 수 년 전부터 일으켜 오신 귀한 사역입니다. 김 목사님은 한국 교회를 사랑하는 뜨거운 소명감으로 전국의 미자립 개척 교회 목회자들을 자비(自費)로 돕는 일을 시작하셨습니다.

작은 교회를 돕는 일은 총회와 한국 교회가 해야 할 일이지만 김 목사님께서 그 중한 사명을 깨닫고 먼저 귀한 일들을 시작하셔서 너무나 감사드립니다. 김 목사님의 사역은 분명 하나님께서 기뻐하실 일이라고 믿습니다. 사람들은 '작은 것' 보다 '큰 것' 이나 '많은 것' 을 좋아합니다. 그러나 하나님께서는 한 영혼을 사랑하심으로 독생자 예수님을 세상에 보내셨습니다. 예수님께서는 작은 영혼, 한 영혼을 건지시기 위해서 무겁고 고통스런 십자가를 짊어지셨습니다. 그러기에 우리는 김 목사님의 사역에 큰 박수를 보내드립니다.

여기에 수록된 입상작들은 작은 교회를 더 사랑하는 목회자들이 성령님을 의지하면서 눈물과 땀과 기도의 진액을 쏟으며 쓴 간증문들입니다. 또한 이 책에 실린 빛나는 간증들은 각 목회자들이 만들어 낸 승리의 선언문이요, 신실하신 하나님을 찬양하는 장엄한 노래입니다. 바라기는 이 책이 전국의 목회자들과 신학도들 및 개척을 준비하는 모든 분들과 성도들에게 큰 은혜가 될 것으로 확신합니다. 김 목사님의 사역 위에 하나님의 축복이 넘치기를 기원합니다.

2014년 1월 20일

대한예수교장로회 총회(합동)

총회장 안명환 목사 수원 명성교회

이 어 령 교수

교회는 하나님께서 인간에게 베풀어 주신 가장 큰 축복 중의 하나입니다. 성경에는 교회가 세상의 빛이요, 소금이라고 합니다. 세상 곳곳에 교회가 세워지면 어두운 세상이 밝아질 것이요, 사방에 소금이 뿌려지면 부패가 없는 밝은 세상이 될 것입니다. 대한민국 전 지역에 교회가 많이 세워 진다면 그것은 곧 대한민국의 희망입니다. 그런 면에서 김영남 목사님께서 지난 수년간 해 오신 '작은교회더사랑하기운동' 은 세상에서 가장 값지고 귀한 일이라고 여겨집니다.

세상 사람들이 추구하는 행복관은 외형적입니다. 겉으로 빛나고, 외모가 준수하면 그것을 행복의 조건으로 생각합니다. 그런 가치관이 팽배한 세상에서 '작은 교회' 를 귀하게 여기는 일은 세상의 가치관에 반(反)한 일입니다. 세상을 거스리는 것은 자기를 비워야 가능한 일입니다. 모든 사람이 가기 싫어하는 좁은 길을 가는 것도 자기 희생이 없이는 할 수 없습니다. 그러나 김 목사님께서는 작은 교회를 바라보는 남다른 통찰력으로 '작은교회더사랑하기운동' 을 일으키셨습니다. 이는 김 목사님께서 작은 교회를 사랑하는 애틋한 마음으로 일으키신 거룩한 운동이라고 생각합니다.

한국 교회에서 잘 알려진 부흥사이시면서 평범한 목회자로서 김 목사님께서 수 년간 미자립 개척 교회 목사님들을 은밀하게 도와 오셨다는 이야기를 듣고 큰 감동을 받았습니다. 특히 그 분들에게 희망을 심어 주기 위해서 몇 년 전부터 미자립 개척 수기 공모전을 개최해 오셨다는 소식도 들었습니다. 그런 일들은 아무나 할 수 있는 일이 아닙니다. 하지만 김 목사님은 하나님을 사랑하고 한국 교회를 사랑하는 뜨거운 가슴으로 그와 같은 헌신적인 모범을 보여 주셨습니다. 이런 사역들을 보면 김 목사님은 세상의 부자는 아니지만, 진정한 영적 거부요, 행복한 목회자이십니다.

이번에 김 목사님께서 '제3회 미자립개척수기공모' 수상작들을 책으로 엮으신 것을 축하드립니다. 이 책의 간증문들은 교회를 개척한 후 눈물겨운 헌신과 기도로 인고(忍苦)의 세월을 지내시면서 일궈내신 13분의 위대한 승리의 찬가입니다. 그런 이유로 인해 이 책에 실린 간증문들은 주옥같은 빛난 작품이라고 말씀드리고 싶습니다. 이 책이 한국교회에 큰 희망을 심어주는 촉진제가 될 것으로 기대합니다.

2014년 1월 20일

前 문화부장관 이어령 교수 작은교회더사랑하기운동본부 고문

이 태 희 목사

'전국미자립개척수기 공모'에 응한 110여 편에 쓰인 간증들은 미자립 개척 교회 목사님들이 이루신 한 편의 드라마와 같습니다. 저도 그런 목회의 길을 걸어왔기 때문에 동병상련(同病相憐)인지 원고를 읽으면서 내내 벅찬 감격과 은혜가 넘쳤습니다. 복음을 위해 부름 받은 목회자들이 오직 '소명' 하나를 붙들고 눈물과 땀을 흘리며 주님의 몸 된 교회를 세우신 간증들을 볼 때 크게 칭찬하지 않을 수 없습니다.

수기 공모에 응모하신 목회자들이 지금은 성전 건축을 마치고 승리의 면류관을 쓰셨지만, 개척의 과정을 들어보니 눈물이 앞을 가렸습니다. 간증문을 제출하신 모든 분께 하나님의 위로와 격려가 넘치기를 바랍니다. 이번 수기 공모에 응모하신 많은 목회자가 비록 교회 규모가 작고, 누가 알아주지 않은 길을 가고 있지만, 천국에서는 모두 큰 자요, 영광스런 상급을 받을 자들이라고 확신합니다. 앞으로도 힘들고 어려워도 인내하면서 주께서 맡겨주신 양 떼들을 잘 돌보시며 교회를 견고히 세워 가시기를 부탁드립니다.

이 책은 저자들이 교회를 개척한 후에 수년간 흘린 땀과 눈물의 결정체입니다. 저자들이 쓴 수기들은 무릎으로 쓴 글들이며, 인내의 산물이라고도 할 수 있습니다. 그러기에 이 간증 수기가 더욱 빛나 보입니다. 이 책에서 저자들은 문학적인 재능이나 필력을 자랑한 것이 아니라 하나님의 은혜를 자랑하고, 받은바 축복을 함께 나누는 것이기에 더욱 값집니다. 수기 간증문 한 자, 한 자에 저자들의 땀방울이 서려 있어 각 장마다 감동이 넘칩니다. 이런 간증들이 전국 교회로 확산되어서 또 다른 간증들이 계속 쏟아져 나오기를 기대해 봅니다.

이처럼 귀한 사역에 매진하고 있는 '작은교회더사랑하기운동본부'는 한국 교회를 환하게 비춰 주는 등대와 같습니다. 김영남 목사님께서 섬겨오신 '개척수기 공모전'이 해를 거듭할수록 발전하기를 기원하며, 이 행사를 통해서 전국의 개척 교회의 목회자들에게 용기를 심어주는 계기가 되기를 소망합니다. 이 책에 소개된 목회자들의 개척 수기 간증문은 작은 교회 목회자들과 개척을 준비하고 있는 목회자들에게 큰 은혜와 도전이 될 것입니다. 예비 개척자, 목회자, 신학생, 평신도 등 모든 그리스도인에게 일독을 권합니다.

2014년 1월 20일

사)민족복음화운동본부
총재 이태희 목사 성복교회

소 강 석 목사

그대들이여, 결코 후회하지 않을 것입니다. 거친 황야에서 그 많은 살인 광선과 폭풍이 불어 왔어도 견디면서 끝내 한 송이 순백의 꽃을 피운 것을 결코 후회하지 않을 것입니다. 사실 사람으로 태어나 그리스도를 아는 것만 해도 얼마나 큰 은혜입니까? 그런데 웬 은혜, 웬 사랑인지 하나님의 복음을 전하고 교회를 개척하기 위해 부름 받은 이 시대의 거룩한 영적 전사가 된 것이 얼마나 축복이던가요?

전국 각처에서 공모된 110편의 개척 수기는 한 편 한 편이 눈물이요, 은혜요, 사명이었습니다. 어느 것 하나 간절하지 않은 이야기가 없고 눈물 자국이 묻어 있지 않은 작품이 없었습니다. 오직 주님이 주신 소명 하나 붙잡고 포효하는 사자처럼 온갖 시련과 역경에 맞서 울부짖는 사명자의 절규는 가슴을 뜨겁게 하였습니다. 수많은 작품 중에서 최병선(대전 한사랑교회) 목사의 '죽으면 죽으리라'와 전권희 목사, 강사라 사모(남양주 우리교회)의 '감사와 기도로 세운 기적의 우리교회'를 대상으로 선정하였습니다. 그 외에도 10편의 입선작과 특별 간증 수기도 첨가했습니다.

이번 개척 수기 공모에 수상하신 분들 뿐만 아니라 응모한 모든 분들도 지금까지 가난과 시련, 외로움을 견디며 개척자의 길을 걸어온 것을 후회하지 않을 것입니다. 지난 날의 어려움, 역경이 오늘의 꽃이 되고 면류관이 되어 있지 않습니까? 저 영원한 천국에서 여러분들의 섬김이 꽃송이가 되고 함박 웃음 지으며 쫙 벌어진 석류 열매처럼 붉게 물들어 있지 않습니까? 그러므로 교회가 작고 큰 것이 중요한 것이 아니라 오늘 우리가 하나님이 보시기에 얼마나 기쁨이 되는가가 중요합니다.

　개척 수기 입선작 모음집「작은 교회를 더 사랑하는 성령의 사람들」이 많은 사람들에게 읽혀 질 수 있기를 소원합니다. 그래서 책에 수록된 작품들이 더 많은 꽃으로 피어나고 포도송이가 되어 음녀들이 난무하는 이 시대에 하나님의 도성이 확장되고 부흥의 꽃 길을 여는 밑거름이 될 수 있기를 기도합니다.

2014년 1월 20일

제3회 전국미자립개척수기 공모전

심사 위원장 소강석 목사 새에덴교회, 시인

"작은 교회를 더 사랑하는 성령의 사람들"이 세상에 빛을 보게 되어
하나님께 영광 돌리며, 큰 감사를 드립니다. 이 책은 '사)민족복음화운
동본부'와 '작은교회더사랑하기운동본부'에서 주최한 '제3회 전국미자
립개척수기 공모'에 응모한 110편의 원고 중에서 입상한 간증문들입니
다. 우선 수기 공모에 응모해 주신 모든 목회자들께 죄송한 마음을 전하
고 싶습니다. 사실 모든 원고들이 다 입상작과 다름 없었습니다. 전국
각처에서 보내 주신 생생한 간증문들이 눈물 없이는 읽을 수 없을 만큼
감동적이었습니다.

특히 원고를 보내 주신 모든 목회자들은 열악한 환경 가운데서 눈물
과 땀을 흘리며 주님의 몸된 교회를 세우신 분들입니다. 그러기에 모든
원고들을 다 입상작으로 뽑아드리지 못한 것에 대해 죄송한 마음을 금
할 길이 없습니다. 모든 분들께 상을 드리고 싶었지만, 입상작을 선별해
야 하는 불가피한 상황 때문에 극히 일부 목회자들의 원고만 선정하게
된 것을 무척 아쉽게 생각합니다. 이 지면을 빌려 '제3회 전국미자립개
척수기 공모'에 응모해 주신 모든 목회자들께 진심으로 감사드립니다.

이번 공모전에 입상하신 목회자들의 간증문을 읽어보면 "지극히 작
은 자 하나에게"(마25:40) 쏟아 부은 눈물과 땀 그리고 기도의 진액들
이 얼마나 귀한지 모릅니다. 이 책에 수록된 원고의 주인공들은 한결같
이 "지극히 작은 자 하나에게" 목숨을 바칠 만큼 뜨거운 영혼 사랑의 열

정을 소유했고, 성령에 취한 사람들이었습니다. 그런 배경 때문에 책 제목을 "작은 교회를 더 사랑하는 성령의 사람들"이라고 정했습니다.

　미자립 개척 교회 목회자들은 "작은 영혼을" 구원하기 위해 생을 불사른 분들입니다. 세상에서는 누가 알아주지 않아도, 그 분들의 노고는 이미 천국에 영광스럽게 기록되었을 겁니다. 그 분들이 뿌린 눈물도 천상의 눈물 병에 담아져 있을 겁니다. 이 지면을 통해 전국 각처에서 주님의 몸된 교회를 개척하여 섬기는 모든 목회자들의 노고를 진심으로 치하해 드리면서 하나님의 위로와 축복이 넘치기를 기도합니다. 아무쪼록 이 책의 간증들을 통해서 하나님의 신실하심이 널리 증거되길 기대하면서, 전국의 미자립 개척 교회 목회자들에게 큰 도전이 되길 빕니다.

2014년 1월 20일

작은 교회 더 사랑하기 운동본부
대표회장 김영남 목사 인천새소망교회

네 마음을 다하고 목숨을 다하고
뜻을 다하고 힘을 다하여
주 너의 하나님을 사랑하라 하신 것이요
둘째는 이것이니 네 이웃을
네 자신과 같이 사랑하라 하신 것이라
이보다 더 큰 계명이 없느니라(마가복음 12:30~31)

죽으면 죽으리라

최병선 목사 | 한사랑교회(기감)

최병선 목사
한사랑교회
010-8815-9191
대전광역시 서구 괴정동 110-9번지
http://www.hansarang.name

01

죽으면 죽으리라

최병선 목사 | 한사랑교회(기감)

　3남 4녀의 대가족을 이끌어 가시는 목수 아버지. 넉넉하지 않은 집안의 셋째 아들. 이런 가정상황 속에 어려운 중ㆍ고등학교 시절을 보내게 되었다. 학비를 내지 못해 교무실에 불려가기도 여러 차례였고, 대학 진학은 당연히 꿈꾸지 못한 채 고등학교 졸업과 함께 7년간의 공무원 생활을 하게 되었다. 그렇게 지내던 중 가난한 집안 형편으로 접고 있던 꿈을 다시 펴고자 대학에 진학하기 위해 공무원 생활을 그만두었다. 그리고 고시원에 들어가 모든 것을 걸고 학력고사를 준비하던 중 청천벽력 같은 소식을 듣게 되었다. 공부하던 중에 목으로 피가 넘어오게 되어 약국을 찾아 다니다가 병원에서 진료 받고 검진 결과를 보러 갔다. "뭐하는 사람이냐"는 의사의 물음에 27살의 나이에 재수한다는 것이 창피하다는 생각이 들어 고시 준비한다고 거짓말을 했다. 의사는 "당신은 폐결핵이니 잘 먹고 푹 쉬라"고 했다. 이 말을 듣고 고시원으로 돌아와서 눈물을 흘리며 주저 앉을 수 밖에 없었다. 한 순간에 모든 꿈과 희망이 무너지는 것 같았기 때문이다.

그런데 하나님은 그때 나에게 찾아오셨고 '네 생명은 네 것이 아니라 내 것이다.' 라는 말씀과 함께 나를 다시 일으키셨다. 나는 그 길로 신학의 길을 통해 내 삶을 하나님께 드리기로 결심하고 목원대학교 신학대학에 입학하게 되었다. 신학교를 다니던 중 "그 산지도 네 것이 되리니 비록 삼림이라도 네가 개척하라(수 17:18)"는 하나님의 말씀이 나를 부르신 하나님의 목적으로 와 닿았고, 졸업 후에 교회 개척을 하기로 마음을 굳히게 되었다. 교회 자리를 찾기 위해 졸업한 신학교가 위치한 대전 시내를 자전거를 타고 돌아 보았지만 시작부터 일은 수월하지 않았다. 자리를 알아보는 일도 쉬운 일이 아니었고, 어렵게 얻고 계약하게 된 첫 번째 교회 자리는 근처 감리교회와 가깝다는 이유로 계약을 파기하게 되어 계약금을 떼이기도 했다.

보증금 600만 원에 월 10만 원 개척

그러던 1987년 5월 17일, 대전시 괴정동 우체국 앞 건물 3층 30평을 보증금 600만 원에 월 10만 원의 조건으로 세를 얻어 교회를 시작하게 되었다. 보증금 600만 원도 경제적 여건이 여의치 않아 아내가 교편 생활하면서 모은 200만 원과 어머니의 교회 퇴직금 200만 원, 그리고 형에게 무이자로 200만 원을 빌려 어렵사리 시작하게 되었지만, 교회에 대한 목적과 비전만은 분명했고 확실했다. 교회 이름은 그동안 기도하며 그리고 있던 교회에 대한 소망을 담아 '한사랑교회'라고 붙이게 되었다. "하나님을 사랑하는 교회, 하나님의 큰사랑이 있는 교회"라는 뜻으로 우리 교회를 향한 하나님께서 주신 비전을 이름에 담았다. 또한, 교회 표어로 "하나님께서 기뻐하시며 사람에게도 칭찬받는 교회(롬 14:18)"로 하여 교회의 핵심가치를 나타내도록 했다. 우리 교회가 이 땅에 이런 교회로 설 수 있도록 소원했다. 이 표어대로 되기를 무릎 꿇고 기도하며 교회를 세웠고, 20여 년이 지난 지금도 동일한 표어로 지속하며 한사랑교회 모든 성도들이 핵심가치로 간직하며 실천하고 있다.

개척교회를 막 시작했을 때 아내는 충남 예산에서 중학교 영어교사로 근무하고 있었기 때문에, 주중에는 나와 어머니 두 사람이 교회에서 예배를 드렸다. 수요 예배 시간에는 두 사람이 찬송만 부르다가 교인이 들어오면 그제야 '오늘 은혜 받을 말씀은 ~'이라고 이야기하며 말씀을 전하기도 했다. 어쩌다 새벽기도를 못 나가는 날이면 평소에는 오지 않던 다른 교회 성도가 전화를 했다. 그 교회는 새벽기도 하지 않느냐고 물어 난처한 때도 있었다. 그렇게 개척하고 1년 후, 사모에게 학교 교사를 사표 내고 사모만 하게 할 것인가 학교 교사를 계속하며 사모를 할 것인가 문제를 갖고 갈등하며 기도하게 되었다. 선배 목사님께 조언을 구했다. 선배 목사님 중 절반은 그 좋은 직장을 그만두다니 ……. 계속해야 한다는 답변을 주셨다. 그러나 절반의 선배 목사님들은 복음 전하는 자는 복음으로 산다고 하며 사표를 내라고 하셨다. 결단은 내가 하여야 했다.

후자가 맞는다는 생각이 들어 개척 1년 후 자립하지 않는 교회 재정이지만 집사람에게 사표를 내게 했다. "걱정 마. 쌀 떨어지면 선배 목사님께 쌀 얻어 올게. 그러면 살 것 아냐?"라는 말로 사모를 설득했다. 사표를 낸 후 아내와 함께 어린이 전도와 심방에 총력을 다 했고, 아내의 달란트를 사용해 과외 수업이 금지되었던 당시에 교회에서 무료 영어 공부방을 운영하여 학생들을 공부시키며 전도하게 되었다. 그때의 인연으로 교회에 오게 된 중학교 남·녀학생은 지금 본 교회 집사가 되어 교회를 섬기고 있고, 당시 불신자이던 학생의 부모님은 장로와 권사로 교회의 중추적인 역할들을 감당하고 있다. 최선을 다하여 모든 것을 드린 것에 하나님께서 기름 부으시고 역사하신 것으로 생각한다.

이렇게 개척교회를 하며 결심한 것 중 한 가지는 교회 땅을 사기 전에는 교회 차량을 구입하지 않겠다는 것이었다. 그 당시도 다른 개척교회 전도사들은 교회 봉고차나 승용차를 타고 다니기도 했지만, 끝까지 마음을 지키며 교회 차량 없이 버스 타고 다니고 얻어 타고 다니며 목회했다. 교회에서 차량을 운전해 주지 않아 가까운 교회 가기를 원하는 사람들에게는 그렇게 하도록 쾌히 동의해 주었다. 그리고 매일 기도하는 것과 전도하는 일, 말씀전하는 일에 최선을 다해 목회했다. 사모가 중학교 교사를 사표 낸 후 가정경제는 더욱 어려워졌다. 쌀을 사다 먹을 형편이 되지 않아 라면을 반찬과 국으로 수도 없이 먹었다. 그때부터 라면이 물려 지금은 라면은 쳐다 보지도 않는다. 교회 옆에 쌀집이 있었는데 어쩌다 쌀을 사더라도 그 집에서는 살 수가 없었다. 쌀 한 되씩 사다 먹어야 하는데 쌀 한 되를 사면 전도사는 가난하다고 흉 볼거라는 생각과 창피한 생각이 들어 교회에서 멀리 떨어진 곳에 가서 쌀을 한 되씩 사다 먹었다. 초등학교 2학년이던 큰딸이 음악점수 30점을 받아왔다. 이론은 집에서 내가 가르쳤지만, 실기를 위해 피아노 학원을 보낼 형편이 되지 못해 피아노 실기를 가르치지 못한 것이 원인이었다. 때로는 만원이 없어서 교역자 회의에 참석하지 못하기도 할 만큼 재정적인 어려움을 겪기도 했다.

한사랑교회, 그 시작에 서서

이렇게 재정적으로 어려운 개척교회 상황 속에 91년 부동산 열풍이 불기 시작했고, 이대로 가만히 있다가는 개척교회 월세 내느라 허덕이다가 교회 문 닫겠다는 생각이 들었다. 눈에 보이는 상황은 어려웠지만, 미래를 내다보며 성전 부지를 매수하기 위해 기도하기 시작했다. "첫째, 1억 5천만 원 정도의 성전부지를 주세요. 둘째, 100평 내외의 땅을 주세요. 셋째, 개척한 교회 근처에 주세요." 세 가지 기도제목을 가지고 기도하던 어느 날, 주일설교 제목을 여호와 이레의 하나님 이라고 정하고 설교 준비를 했다. 땅이 천정부지로 값이 오르던 때라 매물로 나오는 땅이 없었다. 설교를 준비하다가 여호와 이레의 하나님 이시라면 한사랑교회 성전부지도 준비해 놓으셨을 것이란 생각이 들어 부동산을 찾아갔다. "알맞은 매물이 어제 나왔습니다." 여호와 이레의 하나님께서 3가지 기도제목에 근접한 땅을 준비하고 계셨다. 매매가 2억 1천7백 만 원, 땅 평수 117평, 기도한 개척교회 근처의 땅이다.

장로님과 상의를 했더니 계약하자고 말씀하셨다. 소유한 교회 재정 전부 1,000만 원으로 계약하고 잔금을 치르기 위해 40일 작정기도를 하였다. 온 교인들이 정성껏 헌금을 했다. 그리고 사모는 15년 학교 선생을 하고 퇴직할 때 받은 퇴직금 전부를 성전 부지 헌금으로 드렸다. 모자란 잔금은 은행 대출을 받아 1991년 3월 15일 감리교 유지재단에 등기하였다. 가진 돈은 없었지만, 그 땅이 하나님께서 우리 교회를 위해 준비하신 땅이라는 확신이 들었기에 계약할 수 있었고, 교회를 섬기는 장로님들과 교우들의 믿음이 있었기에 가능한 일이었다. 등기완료 후 성전대지 구입을 위해 대출한 돈의 이자를 내기 위해 이천 도자기 마을에서 돌구이 판을 직접 도매로 사다가 교인들과 4,000여 개를 팔아 수익금을 건축부지 구입 부채를 갚는 비용으로 충당하기도 했고, 어떤 신학생은 등록금을 내려고 아르바이트해서 모아 놓은 돈을 봉헌하기도 하였다.

당시 성전 터로 구입한 땅에는 방이 6개짜리 한옥이 있었는데, 지하실을 개조하여 교회로 사용하고 1층의 방은 세를 주어 교회 재정에 보탰다. 1층 거실을 유아실로 사용하고 방 2칸은 평소에 사택이 되었다가 주일날은 분반 공부 교실이 되었다. 나머지 방은 세를 놓았다. 지하실은 예배당으로, 1층 방 2칸은 사택으로, 거실은 교육관(?)으로 사용하고 있는데 누가 그런 주택에 세를 들겠는가? 그래서 세를 들겠다는 사람이면 누구든 임대를 주어야 했다. 한번은 술주정뱅이 노인이 입주 하였는데 밤마다 술을 먹고 싸우고 괴성을 질러댔다. 또 옆 방은 방탕한 청년이 세를 들었는데 술집 여자를 번갈아 가며 집에 데려왔다. 하나님은 견딜 수 없는 형편을 경험하게 하셔서 부족한 종에게 인내하는 훈련을 시키신 것이었다.

하지만 더 어려웠던 것은 우리 교회 옆 건물은 가정집이었는데 정해사 라는 절이 있었다. 정해사 중이 절 옆에 교회가 들어왔다고 본격적으로 예배를 방해하기 시작했다. 본격적인 영적 전쟁의 시작이다. 새벽기도 시간에는 어김없이 목탁을 치고 녹음기를 틀어 놓으며 예배를 방해할 목적으로 소란을 피웠다. 주일예배 시간이면 더 심하게 징까지 두드리며 예배를 방해했다. 어렵게 전도해서 교회 오는 사람들이 절 옆에 있는 교회의 현실을 보고 다음 주에는 교회를 오지 않았다. 절 옆에 교회가 있는 것인가? 교회 옆에 절이 있는 것이지. 아무려면 어떤가. 하나님이 살아계신데 ……. 그런데 사람들은 민감하게 반응을 하였고 교회 부흥의 걸림돌이 되었다. 예배를 방해하는 일은 거기서 그치지 않고 절과 주변 주택들이 담합해 '주택 불법개조' 라는 이름으로 구청에 민원을 넣어, 결국 구청에서 교회를 철수하라는 명령이 나오게 되었다. 이 일은 우리 힘으로는 넘을 수 없는 산이었다.

우리가 할 수 있는 유일한 일은 기도하는 것뿐이었다. 그렇게 기도하던 중 하나님께서 주신 지혜로 교회에서 민원을 넣게 되었는데, 당시 임대교회 문제로 법을 개정하는 운동이 벌어지고 있었기 때문이었다. 우리는 '법의 개정이 진행 중이니 유보해 주십시오. 1년 이내로 교회 건물을 새로 건축하겠습니다. 교회는 나라와 지역사회를 위해 일하는 비영리 단체입니다.' 라는 내용의 민원을 넣었고 다시 온 교인들과 합심하여 기도했다. 박수소리도 찬양소리도 내지 못하고 한나처럼 그렇게 말이다. 그러자 기적 같은 일이 벌어졌다. 91년 9월 9일 기존건물이 종교용 도로 바뀌는 일이 우리에게 일어난 것이다! 할렐루야! 이 일은 하나님께 서 살아계셔서 우리의 기도를 들으셨고, 우리의 생각과 마음을 뛰어넘 어 일하신 이라는 것 이외에는 달리 설명할 방도가 없는 일이었다.

간경화 말기 사형선고 앞에, 죽으면 죽으리라 교회 건축

그렇게 기도로 위기를 넘기자 새로운 기회가 우리 앞에 찾아왔다. 교 회 근처에 대 단위 아파트 단지가 들어서게 된 것이다. 당시 '2억 1천 7 백만원'의 성전대지 구입한 부채는 아직도 8천만원이나 남아 있었다. 여기까지 하나님의 도우심으로 왔는데, 이때 쯤 피곤함을 자주 느끼게 되었다. 이상하게 여기고 병원에 가서 검사를 했는데, 간염이 진행되어 만성간염을 거쳐 간경화 말기에 이르렀다는 청천벽력 같은 판정을 받게 되었다. 1994년 충남대학병원 간 담당 의사는 생명을 연장 할 뿐 치료 방법이 없다고 했다. 의사는 내 생명을 포기했지만 하나님은 포기하지 않으셨음을 나는 믿었다. 때문에 거기서 멈출 수 없었다. 병원에서 포기 했으니 하나님의 방법과 민간요법 밖에 방법이 없었다. 온갖 좋다는 민 간요법을 시행하며 기도하며 목회를 계속했다.

얼마 뒤 건강관리 공단에서 나온 무료검진을 아내의 간청으로 받게 되었는데 건강검진 담당의사는 당장 입원할 것을 권했다. 눈물의 기도 밖엔 나오는 것이 없었다. "하나님! 건축할 때가 되었는데 건강이 없으 니 건축해야 합니까? 말아야 합니까?" 그때 떠오른 생각은 하나님의 심판대 앞에 섰을 때 하나님께서 무엇 하다가 왔냐고 물으시면 부끄러울 것 같다는 생각이 들었다. 그래서 그때 '죽으면 죽으리라! 교회를 건축하다 죽든지, 지어놓고 죽든지 하겠다'는 결단을 했다. 그래야 하나님 앞에 섰을 때 드릴 말씀이 있을 것 같았기 때문이다. 그리고 양이 우리를 짓는 것이 아니라 목자가 우리를 짓는 것이기에, 목사가 교회 건축에 앞장 서는 것이 당연한 일이기에 더욱 확고히 결단하게 되었다. 건축하기 전 부흥회를 개최하였다. 전 교우들이 은혜를 받고 정성으로 건축 작정헌금을 했다. 그런데 작정 헌금자 중에 한 청년이 2000만원의 작정헌금을 드렸다. 인간적인 판단으로 드릴 수 있는 형편의 청년이 아니었다. 집회 후 없던 일로 합시다 하고 장로님과 이야기를 나누었다. 얼마 후 그 청년은 이사를 가노라 했다. 그리고 편지를 보내 왔다. 죄송하다는 말과 잘못 작정한 것 같다는 내용이었다. 너무 부담스러웠던지 그 청년은 편지를 보내 온 것이다.

한사랑교회 예배당

몇 년이 지났을까? 그 때 2000만원을 작정했던 청년에게 전화가 왔고 봉헌 하려고 하니 통장번호를 알려 달라고 했다. 얼마 후 정말로 2000만원이 입금 되었다. 하나님이 하신 일이었다. 지하에 본당을 넣고, 1~2층은 어린이집으로, 3층은 사택으로 사용하는 260평의 교회를 설계하였다. 건강도 없고 돈도 없고 있는 것이라고는 오직 하나님을 바라는 믿음 한 가지 뿐이었다. 건강상태는 장로님께만 말씀 드리고 교회에는 비밀로 한 채 건축을 시작했다. 돈도 없고, 교회 옆은 절이고, 민원은 계속해서 들어오고 ……. 힘들고 어려운 싸움을 하며 1995년 11월 5일 교회 건축을 마치고 입당예배를 드렸다. 그런데 나는 여전히 죽지 않고 살아 목회를 하고 있었다. 그리고 그때 깨달았다. 순교는 자기 마음대로 하는 것이 아니라 하나님께서 허락해 주셔야 한다는 것을 말이다.

그렇게 건축을 마쳤지만 1995년 당시 6억의 공사비는 고스란히 부채로 남아 있었다. 그 때 건축을 맡았던 주안건설 박윤종 사장님은 건축공사비를 달라고 채근하지 않고 무한정 기다려 주셨다. 지금도 생각하면 감사 할 뿐이다. 몸도 좋지 않은데 그 때 물질의 압박을 받았다면 명을 달리했을 수도 있었을 것이다. 입당 예배를 드리고 난 후 간경화 병세는 더욱 악화되었고 1998년 부터 본격적인 투병생활을 시작하게 되었다. 지인을 통해 신탄진 을지병원 방사선과에서 검사를 받게 되었는데 결과를 본 의사는 서울 소재 대형병원에 가서 치료 받을 것을 권했다. 급히 서울 아산병원에서 검사를 받고 결과를 기다리며 대전에 내려와 설교준비를 하던 어느 토요일, 나는 의식을 잃고 혼수상태에 빠지며 바로 중환자실에 입원하게 되었다. 가다가 죽을 수도 있다는 을지병원의 만류를 뿌리치고 가족들이 각서를 쓰고 서울 아산병원으로 옮겼다. 그 때부터 구급차를 타고 서울병원 응급실로 실려가 한 달씩 입원하고 퇴원하는 일들이 7 차례나 반복 되었다.

한번은 혼수가 와서 입원을 했다. 시계를 가르키며 몇 시냐고 물어 보는데 도무지 알 수가 없었다. 자녀가 몇 이냐고 물어 보는데도 생각이 나지 않았다. 그 만큼 문제가 심각한 것 이었다. 제 정신이 돌아 와서 집에서 있었던 이야기를 듣고 집으로 전화를 했다. 막내 딸이 전화를 받길래 "은지야 아빠야", "어! 아빠가 나를 알아보네" 혼수증상이 왔을 때 자기도 알아보지 못했던 것에 대하여 놀랐고 초등학생으로 마음의 상처를 받은 것이다. 혼수 합병증이 나타나서 깨어나지 못하면 죽게 되는 것임에도 하나님께서 몇 번의 혼수에도 위기를 넘길 수 있도록 도우셨다. 그렇게 지내던 어느 날 다시 병원에 실려 가게 되었고, 그 날 의사는 아내에게 간경화 말기 합병증인 폐혈증에 의해 3일내에 사망할 확률이 95%니 보고 싶은 사람들 보게 하라는 최후통첩을 받기에 이르렀다. 제주도에 사는 동생들도 오빠의 마지막을 보러 달려 왔던 걸 나중에야 알게 되었다. 의사는 마지막으로 가족들의 얼굴 보게 하라는 선고를 했지만 아내는 의사의 말에 절망하는 대신 "이병은 죽을병이 아니요 이로 인하여 하나님의 아들로 영광을 얻으시게 하려 함이라(요 11:4)"는 하나님의 말씀을 붙잡았다. 폐혈증으로 생사의 기로에 서 있었지만, 아내와 온 교인들은 말씀을 붙잡고 철야 금식 릴레이 기도로 하나님 앞에 매달렸다. 그리고 기적적으로 95%의 사망률의 폐혈증에서 회복되어 퇴원하는 기적을 경험하게 되었다.

평생의 동역자, 사모로부터 간을 이식받다

이런 과정이 계속 반복되며 치료의 길이 간이식 수술밖에 없음을 통보받게 되었다. 하지만 1999년 당시 1억이라는 수술비도 없었을 뿐만 아니라 이식해 줄 건강한 간도 찾을 수 없는 쉽지 않은 상황이었다. 그러나 절망하지 않고 기도하며 하나님의 은혜를 구하며 요양원, 기도원을 전전하며 살고 있었다. 의사는 사형을 선고했으나 그러나 딸이 "아빠 제 간 떼어 드릴 테니 겨울방학 때 수술하세요." 어린 딸이 간을 떼어서라도 아빠를 살리겠다는 효심에 눈물이 났다. 그러나 살고 싶은 욕심에 어느 날 의사에게 중 2학년 딸의 간을 이식 수술 받을 수 있는지 물어 보았다. 의사는 여자이고 너무 어려서 수술이 불가능하다고 하였다. 계속되는 입원과 시한부 생명임을 통보 받고 기도하는 중에 수술 받을 돈과 간을 준비하지는 못했으나 수술 받기로 결심하고 집사람의 간이식 수술이 가능한지 검사를 받았다. 검사결과 ① 혈액형일치, ② 조직이 일치 하므로 수술이 가능하다는 판정을 받았다. 여호와 이레의 하나님이심을 확인하는 순간이었다.

이 일을 통하여 또한 이처럼 하나님께는 부족한 나를 포기하지 않으시고 7전 8기를 준비하고 계셨다. 하나님께서는 부부는 짝지어 주신다는 사실을 믿게 되었다. 하나님은 간 뿐만이 아니라 필요한 1억의 수술비까지 성도들, 가족들, 선배, 동료 목사님들을 통하여 준비해 주셨다. 특별히 하늘문교회 이기복 감독님교회에서는 온 성도들이 정성스런 천사헌금을 통하여 1000만원의 수술비를 보내 주셨다. 1999년 12월 14일

1억 원의 수술비. 22시간이 걸린 나의 이식 수술시간과, 10시간에 걸친 아내의 간 적출 수술시간. 150여개의 피를 수혈 받으며 수술을 받았다. 수술 받은 후 간이식 특수병동에서 회복의 시간은 차마 말로 다 할 수 없는 고통의 시간이었다. 수술 후 며칠 동안 목소리가 나오지 않았다. 목소리가 나오지 않아 손짓 발짓하며 대화를 하였다. 남북 이산가족 상봉시간 보다 더 감격스러운 눈물과 감동의 면회 시간이었다. "살려 주어 고마워. 살아 주어서 고마워." 아내는 간이식을 해주기 위해 간을 떼어낸 곳이 얼마나 쓰렸던지 아내에게 "여보 의사 선생님께 내 뱃속에 메스를 넣고 수술을 마무리 했는지 한번 보아 달라고 말 좀해줘요" 하며 통증을 호소했다. 의사 선생님께 말씀을 드렸더니 사람을 살린 사람이 겪어야 하는 과정이라고 하셨다.

　수술을 한 후 얼마 동안 수술 부위를 쳐다볼 용기가 나지 않았다. 수술 부위의 마취가 풀리면서 느껴지는 말할 수 없는 통증, 고열, 고혈압, 악몽, 불면증 등으로 너무 힘겨운 날들을 보내면서 나도 모르게 말이 튀

첫번째 간이식 수술후 통화

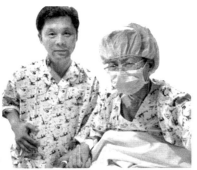

간을 기증한 이승호 목사와 수혜자 최병선 목사
(한국성결신문제공)

어나왔다 '여기가 해병대 훈련소냐?' 수술을 한 후 가만히 누워있게 하
는 것이 아니라 수술한 지 며칠이 지난날 부터 걷는 운동을 하도록 하였
다. 운동을 통해 장 운동을 촉진하여 탈이 나는 것을 예방하기 위한 조
치란다. 운동을 하기 위해 침대에서 내려오는 시간이 족히 3분은 걸렸
다. 허벅지를 찢어 동맥을 빼내 수술에 사용하였기에 다리를 움직일 때
의 고통은 이루 말할 수 없었다. 그렇게 고통스러워 하면서 운동을 하던
어느 날 골고다 언덕을 십자가를 지고 가시는 주님의 고통이 생각났다.

나는 수술 전 마취를 했고 수술 후 진통제를 쓰고 있으며 혈압이 올
라가면 혈압 약을 먹고 밤 잠을 잘 수 없으면 수면제를 먹고 자건만 주
님은 우리의 죄를 인하여 마취도 없이 찢기셨으며 찢기신 후에는 진통
제를 사용하지도 않고 머리에 가시관을 쓰시고 두 손과 두 발에 못 박히
실 때의 고통은 얼마나 크셨을까? 생각하니 주님의 십자가의 고통이 느
껴져 왔다. 258장 샘물과 같은 보혈은 찬송을 부르는데 왜 그리 눈물이
나는지 주체할 수 없었다. 나의 죄 때문에 십자가를 지신 주님의 고통을
생각하니 내가 죄인이라는 사실이 느껴져서 나도 모르게 눈물이 나왔
다. 그때 하루에 한 시간씩 걸어야 장에 탈이 나지 않는다는 의사의 지
시에 따라 걷고 있던 중, 갑자기 예수 그리스도의 갈보리 십자가 사건이
가슴으로 파도쳐 밀려오기 시작했다. 바로 그때 예수님의 십자가를 경
험하게 된 것이다. 지금 생각하니 성령의 역사이었다. 이전에는 살벌하
게만 느껴지던 보혈 찬송이 은혜로 생명으로 다가오기 시작했고, 교회
에서 선포되어야 할 말씀은 철학적인 것도 윤리적인 것도 교훈적인 것
도 아닌 "예수 그리스도의 십자가 보혈"을 선포해야 한다는 것을 깨달

게 되었다.

이 사건을 통하여 목회의 새로운 시각 또한 갖게 되었다. 이제는 내가 담임한 교회의 부흥만을 위해 목회하는 것이 옳은 것이 아니라, 주위의 어려운 이웃과 힘든 교회들에게 선한 사마리아인 처럼 도움의 손길을 뻗는 목회의 비전을 갖게 된 것이다. 앞서 말한 수술 후에 깨달은 새로운 목회를 향한 시각으로 교회 재정사용에 변화를 가져오게 되었다. 교회 건축에 따른 부채를 갚는 일을 먼저 하기보다는, 불우한 이웃을 돕는 일과 개척교회를 섬기는 일을 먼저 하는 것이 옳은 일이라는 마음이 들었다. 그래서 재정적 여건이 더 빠른 시간에 교회 부채를 상환할 수 있는 상황이었지만, 부채를 상환하는 것 보다 어려운 이웃과 개척교회를 돕는 일에 먼저 힘을 쏟았다. 매년 2000여 만원의 예산을 지출하며 선교하고 구제하는 일에 교회재정을 사용했다.

이 뿐만 아니라 투병생활 이후, 교회 옆의 정해사 절은 영적전쟁에서 견디기 어려웠는지 비구니가 떠나고 개척 남자중이 왔다. 더 요란을 피웠다. 그러나 결국 견디다 못해 절이 이사 감으로써 영적전쟁에서 승리하게 되었다. 교회는 계속해서 부흥하여 300여명의 교회로 성장했고, 지하 1층, 지상 3층이었던 교회는 부흥을 통해 새로운 예배실이 요구되어 4층에 새로운 교육관을 증축하게 되었다. 뿐만 아니라 2003년 감리교회의 지도자인 감리사에 무투표로 선출되게 하셨다. 하나님께서는 영적 영역도 넓히셨다. 2007년 감리교 제주지방 연합성회의 강사로 쓰임받는 길을 열어 주셨다.

20년을 넘어 미래의 20년을 준비하며

수술을 통하여 복음의 본질을 통한 하나님께서 원하시는 목회의 새로운 길을 발견하였다. 개척 교회로 재정의 위기에 허덕이던 한사랑교회는 하나님의 은혜로 자립교회를 넘어 다른 교회를 도울 수 있는 교회로 서게 되었다. 하지만 본 교회는 여기서 멈추지 않고 전도 중심형 교회로 교회의 체질을 바꾸며 한사랑교회의 미래를 준비하며 시행했던 사역들이다.

*지역아동 섬김을 위해

- 1996년 3월 한사랑 어린이집을 개원하였다.

- 어려운 가정의 자녀들을 본 교회 한사랑 어린이집에 무료로 입학하게 하였다

- 아동부 축구단을 운영하였다.

*지역사회 섬김을 위해

- 2000년부터 2006년까지는 성탄절 축하 행사를 교회에서 하지 않고, 병원에서 투병중인 환우들과 기쁨을 나누기 위해 충남대학 병원 대전 중앙병원 국군병원 등에서 선물을 나누어 주며 성탄 행사를 진행했다. 2013년에는 8회 옥천 부활원에서 병원 성탄 행사를 기획하고 있다.

- 2007년에는 선한 사마리아 운동을 통해 교회 내의 각 선교회에서 10만원의 자본금을 가지고 장사를 해 남긴 이익금 450여 만원으로 독거노인 돕기, 초·중·고등학교 급식비 지원, 교복 맞춰주기, 태안 기름 유출 사고로 어려운 교회 돕기 등의 구제 사업을 교인들이 자발적으로

진행했다.

　- 2004년부터 2005년까지는 지역 남성 이용실과 연계해 무료 이발 3000명 이발 봉사를 시행했다.

　- 2006년에는 교회 주변 지역의 독거노인들에게 반찬을 만들어 배달하였다.

　- 비영리 사단법인 선한 사마리아인을 출범하려 준비하고 있다.

　*영적 승리를 위해

　- 교회 근처 아파트 단지의 경비원을 집중 전도하며 지역의 영적 전쟁을 선포하고,

　- 어려운 교회와 단체를 위해 매 월 15개의 교회와 2명의 선교사들에게 매 월 선교비를 지원하고 있다

　- 7개의 기독교 기관을 매 월 돌보고 있으며

　- 2007년에는 대전 서 지방 개척 교회 건축에 500만원을 지원하기도 했다.

두 번재 간이식 수술 앞에 다시 죽으면 죽으리라

　한사랑교회가 개척교회에서 자립교회로 성장하여 지역사회를 섬기며 복음화에 앞장서고 있었을 때 불현듯 하나님께서 부족한 종을 간경화 말기에서 다시 살리신 이유를 생각하게 되었다. 하나님의 관심은 오직 영혼을 구원하는데 있으며 이것을 "나"라는 연약한 사람을 통해 이루시길 원하신다는 것이었다. 하나님의 마음을 알게 된 나는 다시 한 번

교회를 부흥시켜 더 많은 영혼을 구원하기로 작정하였다. 투병생활 이후 교회는 하나님의 은혜로 계속해서 부흥하여 갔다. 갑작스런 교회 부흥으로 예배당이 부족해 4층에 교육관을 증축 하였음에도 불구하고 공간이 턱없이 부족했다. 새로운 예배당이 필요하게 되었던 것이다. 그래서 이를 두고 기도하던 중 하나님께서 다시 한 번 성전 이전에 대한 마음을 주셨다. 가장 먼저 사랑하는 아내와 성전 이전 문제에 대해 상의하였다. 그러나 아내는 나의 건강을 걱정하며 "한번 죽으려다 살아났으면 됐지! 무슨 또 성전 이전이에요!"라며 핀잔을 주었다. 그날 이후 우리 부부는 시간만 나면 성전 이전 문제로 옥신각신하며 다투기 시작했다.

　그럼에도 우리 부부의 의견은 좀처럼 좁혀지지 않았고 결국 원로목사님을 찾아가 조언을 구하기로 했다. 원로목사님에게 찾아가 모든 상황을 상세히 말씀드리며 조언을 구했고 원로목사님께서는 "사모는 목사가 결정하는 대로 따라가라"라는 답을 주셨다. 이에 마침내 성전을 이전하기로 결정하였다. 성전을 이전하기 위해 이곳저곳을 알아보던 중 우리교회 인근에 3000평 스포츠 센터가 매물로 나왔음을 알게 되었다. 그 당시 성전 이전을 위해 모아둔 돈은 없었지만 기도하며 믿음으로 건물을 매입하기로 결정하고 계약을 했다. 그러나 두 달 안에 잔금을 치러야했기 때문에 모든 상황이 막막 하기만 했다. 계약 이후 교회는 성전 이전을 위해 함께 기도하며 온 교우들이 정성스럽게 헌금을 했고 건물을 담보로 대출을 받아 잔금을 마련했다. 그러나 잔금을 치르기엔 턱없이 부족한 돈이었고, 건물의 잔금을 치러야 하는 날은 점점 다가오고 있었다. 그런데 잔금을 치르기 전날 수요일 강단에서 헌금기도를 하다 졸도하게 되었다.

아마도 성전 이전 문제로 마음에 크게 부담이 되었던 것 같다.

드디어 2010년 잔금을 치르고 3000평 건물을 기독교 대한 감리회로 재단등기를 완료하였다. 재단등기를 무사히 마친 후 2011년 배에서 무엇인가가 만져졌고 그로 인해 병원을 방문하게 되었다. 병명은 탈장이었다. 그런데 탈장 수술은 한 달이면 완치가 가능하다고 했지만 몇 달이 지나도 수술부위에 탈장 증상은 여전히 호전될 기미가 보이지 않았다. 탈장 담당 교수는 아무래도 간에 이상이 있는 것 같다고 말했고, 급히 간이식 수술을 담당한 교수에게 이 사실을 알렸다. 간이식 수술 담당의는 CT를 찍어보자고 했고 CT 사진 결과를 한참을 들여다보며 말했다. "간경화 재발입니다. 말기입니다. 다시 몇 달 이내에 이식 수술하지 않으면 안됩니다."

또 다시 하늘이 다시 무너지는 것 같았다. 하나님 ! 왜 또 나입니까? 간이식 수술해서 12년을 탈 없이 살아왔고 이제 건강해져서 다시 성전 이전을 위해 건물을 매입했는데 왜 또 나입니까? 왜 또 나입니까? 웬 날벼락이란 말인가? 예기치 못한 의사의 진단으로 앞이 캄캄해졌다. 성전 이전을 위해 1억 건축헌금을 작정하고 대출 받아서 헌금한 마당에 수술비를 어떻게 마련한단 말인가? 또 다시 누가 나를 위해 간을 떼어 주겠는가? 목사이지만 낙심이 될 뿐이었다. 교회사역은 부목사에게 맡기고 요양하기 위해 시골로 들어가 주일에만 나와서 주일 설교만 간신히 했다. 얼마 지나지 않아 다시 황달이 오고 부종이 생기고 피로를 쉽게 느끼고 생명이 꺼져가는 걸 느낄 수 있었다. 기도 밖에 다른 방법이 없었다. 기도하며 간이식을 해 줄 사람을 찾는 일을 했다.

그러던 중에 충주 신성성결교회 이승호 목사님으로부터 연락이 왔다. 나에게 간을 이식해 주겠다는 것이다. 병원에서 간이식이 가능한지 기초검사를 받으니 간이식 적합 판정이 나왔다. 하나님께서 두 번째 간 이식 수술을 위해 필요한 간을 준비해 놓으신 것이다. 2011년 11월 9일에 22시간에 걸쳐 이승호목사님의 간을 2번째 이식 받았다. 이식을 해준 이승호 목사님의 고통이 어떤지 궁금했다. 수술 후 며칠 만에 이승호 목사님을 만났다. 식사도 못하시고 고통스러워 하시는 모습을 보니 눈물이 앞을 가렸다. 나를 살리시기 위해 이렇게 고통을 당하시다니 ……. 이식을 해주고 난 다음 진통제를 맞아야 하는데 이승호 목사님은 진통제를 맞으면 울렁거리신다고 하여 진통제를 맞지 않으니 더 통증이 심했던 것이다. 하나님께서는 이승호 목사님을 통하여 부족한 종을 다시 일으키셨다. 대저 의인은 일곱번 넘어질찌라도 다시 일어나려니와 악인은 재앙으로 인하여 엎드러지느니라(잠 24:16) "기도해 주는 사람이 있는 목사님은 다르네요. 어쩌면 이렇게 2번째 수술인데 순조롭게 수술이 진행될 수 있을까요?" 수술을 집도한 이승규 의사 선생님이 수술을 마치고 회진을 오셔서 하신 말이다.

수술 후 얼마동안 건강이 정상으로 돌아 왔다. 그러나 두 번째 수술 후 6개월이 지난 어느 날 황달이 다시 생기기 시작했다. 재입원 하여 치료를 받는 중에 간에 문제가 생겨 PTBD(경피경간담 배액술) 시술을 해야 한다는 것이다. 인턴 의사의 간단한 시술 이라는 말에 순진한 나는 정말 간단한 줄 알았다. 날을 잡아 PTBD 시술을 받는데 고통은 상상을 초월했다. 옆구리를 부분 마취하고 두 개의 구멍을 내어 간으로 들어가서 간에 생긴 문제를 시술하는 것이다. 두 개의 구멍이 난 위치가 갈비뼈가 있는 옆구리로 예수님이 창으로 찟기신 위치다. 간이식을 받을 때는 전신마취를 하고 수술을 했으므로 아픈 줄을 몰랐다. 그러나 PTBD 시술을 할 때는 간이식을 할 때와 비교할 수 없는 심한 고통이었다. 시술을 받으며 예수님께서 창으로 옆구리를 찔리실 때의 고통은 얼마나 아프셨을까 하는 생각을 했다. 창으로 찔리실 때 물과 피가 나왔다고 하는데 정말 내가 PTBD 시술을 받을 때 물과 피가 나왔다. 이제는 알 것 같다. 예수님이 창으로 찔리실 때의 고통을 조금이라도 알 것 같다. 지금도 옆구리에 두 개의 구멍을 뚫었던 자국이 선명하다. 그 중 한 군인이 창으로 옆구리를 찌르니 곧 피와 물이 나오더라(요19:34)

2012년 수술을 회복하는 중에 새로 구입한 3000평 빌딩으로 성전을 이전했다. 3층을 본당과 교회학교 교실과 사무실로 사용했다. 2층에 중고등부 예배실과 식당 그리고 어린이 전도를 위한 키즈 카페를 마련했다. 4층에 무료 탁구장을 개설했다. 3000평의 건물 중 교회에서 사용하는 것은 약 700평 가량이 된다. 나머지 건물을 임대로 줘서 성전 이전 시 빌딩 매입을 위해 대출 받은 이자를 감당하고 있다. 교회는 안정이 되어 차츰 부흥하고 있으며 소원이 있다면 3000평 건물에 임대 들어와 있는 임대 업소들을 내 보내고 하나님 영광을 위한 지역아동센터, 무료 경노 식당, 원가만 받는 반찬가게, 무료 이발소, 무료 빨래방, 기독카페, 작은 도서관 등을 운영하여 다양한 방법으로 영혼을 구원하는 일에 전심전력하기를 소망하며 기도하고 있다.

두 번째 사망선고를 받고 간이식 수술을 받은 지 2년이 되어간다. 이제는 건강도 회복되고 교회도 안정이 되어 제2의 부흥을 위하여 컵라면 전도, 택시기사 떡 전도, 크로마 하프 레슨 전도를 시행하였다. 또한 하나님께 전도할 수 있는 지혜를 달라고 기도 하여서 발견한 카트 전도로 오늘도 길거리를 나서며 오가는 사람에게 복음을 전하고 있다. 카트에는 희망의 말을 써 놓았다. "내 힘들다"를 거꾸로 읽어 보세요 "다들 힘내" 한사랑교회가 자립교회를 넘어, 지역사회를 섬기는 교회가 되게 하심은 전적인 하나님의 은혜이다. 하나님은 부족한 종에게 두 번씩 생명을 연장시켜 주셨고 두 번의 수술 과정에 너무나 많은 사랑의 빚을 졌다. 이제 사랑의 빚을 갚기 위해 한 영혼 구원하는 일에 더욱 매진하려 한다. 또한 소외되고 어려움 당하는 이웃을 섬기고 돌보는 목회에 전력하려 한다.

지금까지의 모든 걸음을 뒤돌아 보면 이 교회 가운데 어느 한 순간도 하나님의 손길이 닿지 않은 순간이 없고, 어느 한 부분도 하나님의 인도하심 없이 이루어 진 곳이 없음을 고백하게 된다. 그리고 이곳에서 앞으로의 시간들 속에서도 하나님이 지휘하시는 놀라운 은혜의 역사들이 더 놀랍게 계속 되어 나가기를 기대한다. 그리고 부족한 목사에게 간을 제공하였을 뿐만 아니라 두 번의 간 이식을 할 때마다, 또한 교회 부흥을 위하여 아내 이옥구 사모를 인생의 반려자, 목회의 동역자로 주신 하나님께 감사하며 아내에게도 무한한 감사를 한다

뿐만 아니라 육신이 연약한 목사와 함께 끝까지 교회를 떠나지 않고 모든 어려움을 함께한 성도들을 볼 때마다 고맙고 미안하기도 하다. 건강한 몸으로 모든 성도들을 품으며 보살핌을 드려야 하는데 많은 부족

함이 있었음에도 불구하고 기도로 격려하여 주며 함께 동고동락한 성도
들은 참으로 귀한 보배들이다. 이러한 성도들이 있었기에 오늘의 한사
랑교회가 있을 수 있었다고 생각하며 감사하게 생각한다

> 의사는 두 번씩 사형을 선고했으나 하나님은 다시 살리셨습니다.
> 주여! 지금까지 하나님께서 하셨습니다!
> 그리고 앞으로도 더 놀라운 일을 하나님께서 하실 것입니다!

주께서 내 내장을 지으시며 나의 모태에서 나를 만드셨나이다
내가 주께 감사하옴은 나를 지으심이 심히 기묘하심이라
주께서 하시는 일이 기이함을 내 영혼이 잘 아나이다
(시편 139:13~14)

감사와 기도로 세운
기적의 우리교회

전권희 목사 · 강사라 사모 | 우리교회(대신)

전권희 목사 · 강사라 사모
우리교회
010-3703-1656
경기도 남양주시 덕송1로 68

02

감사와 기도로 세운 기적의 우리교회

전권희 목사 · 강사라 사모 | 우리교회(대신)

우리교회는 1997년 11월 15일에 서울 노원구 중계동에 9층짜리 건물 맨 꼭대기 층에다 개척을 시작했다. 157평이나 되는 그 상가건물은 '킥복싱 체육관'으로 사용하던 자리인데, 사업이 되지 않자, 기구들을 방치한 채 오랫동안 비어둔 건물이었다. 그 주인은 당분간 그냥 쓰라고 건물을 빌려주어, 그곳에 우리 가정과 장로님 한 가정을 포함해서 총 7명이 모여 교회를 개척했다. 9층 꼭대기라 교회 간판도 보이지도 않고 또 상가 밀집 지역이라 교회 자리로는 좋지 않은 자리였다. 그럼에도 불구하고 하나님의 은혜로 개척 1년 만에 70여명이 모였다. 70여명이 모였지만 모인 사람들은 대부분이 초신자들이었다. 재정적으로는 넉넉지 못했다. 그래서 처음 8개월 동안은 사례비를 받지 못했다. 하지만 개척 시작부터 시작한 선교와 구제는 중단 없이 계속했다. 간판도 보이지 않는 꼭대기 건물이었지만, 우리는 그 건물을 사도록 해 달라고 하나님께 기도했다.

그러던 중 어느 날 법원으로부터 한 통의 편지가 날라왔다. 그 건물을 경매 처분하게 되었으니, 언제 언제까지 비우라는 경고장이었다. 경고장에는 그 건물의 경매 날짜가 적혀 있었다. 목사님은 재정을 맡고 있던 장로에게, 그 건물이 1억 4천에 싸게 나왔으니 그 건물을 경매 받자고 얘기했다. 그 장로는 목사님의 말씀에 엄청 부담을 느꼈던 모양인지 그때 부터 태도가 달라지기 시작했다. 2차 경고장이 날라 오고, 또 3차 4차 경고장이 날라 왔다. 그런데도 장로는 전혀 신경을 쓰지 않았다. 말로는, 자기가 다 해결할테니 목사님은 아무 걱정하시지 말고 가만히 계시라는 거였다. 계속 경고장이 날라와도 그 장로는 이 핑계 저 핑계 대면서 경매를 미루기만 했다.

성물을 끌어 내리는 집달리들

어느 날, 새벽기도를 마치고 목사님과 둘이서 이 경매 문제를 놓고 늦게까지 성전에서 기도를 하고 있었다. 그런데 갑자기 성전 문을 박차고 검은 양복을 입은 6명의 남자들과 20여명의 집달리들이 들이 닥쳤다. 그러더니 그 6명의 남자들이 성전에서 기도하고 있던 목사님을 밀치듯 끌고 사무실로 들어가더니, 목사님을 에워싸 버리고는 꼼짝을 못하게 했다. 나도 기도하다가 너무 놀라서 "도대체 이게 무슨 일이냐, 얼른 나가지 못하겠느냐"고 소리를 질렀다. 그러다 밖을 내려다보니 건물

아래 5톤 트럭 5대, 사다리차 1대가 줄을 지어 서 있었다. 집달리들은 일제히 달려들어 창문을 다 뜯어 내더니, 강대상이고 의자고 닥치는 대로 집기들을 끌어내어 사다리차에 실었다. 정말 믿겨지지 않는 참담한 상황들이 내 눈앞에 펼쳐지고 있었다. 나 혼자 이리 뛰고 저리 뛰면서 "안돼요. 안돼. 제발 그렇게 하지 말아요 제발" 성물을 끌어 내리는 집달리 한사람 한 사람들을 붙잡고 울면서 매달리며 애원했다. 하지만 그들은 눈 하나 까딱하지 않고 거침없이 손에 닿는 대로 짐들을 마구 끌어 내렸다.

내 얼굴은 이미 눈물로 범벅이 되어 있었다. 그 참담한 현실 속에서 내가 할 수 있는 일이라곤 기도 밖에 없었다. 나는 아수라장이 된 성전 한 가운데 서서 두 손을 들고 "하나님 도와주세요. 하나님 살려 주세요" 그냥 막 소리 소리 지르며 하나님께 울부짖었다. 정신없이 그들이 왔다 갔다 하며 짐들을 끌어 내리는 그 와중에도 나는 두 손을 들고 목이 터져라 소리를 지르며 울부짖고 울부짖었다. 그건 기도가 아니라 절규였다. 하나님 빨리 어떻게 좀 해 보시라는 몸부림과 절규였다. 짐이 다 끌려 나가도록 몇 시간을 서서 소리 소리 지르고 악을 쓰며 울부짖었더니 목에서 피가 나왔다. 한참 후 조용하길래 눈을 떠 보니 성전 안엔 아무 것도 없었다. 나는 텅빈 성전에 주저 앉아 그냥 넋 나간 사람처럼 맥을 놓고 멍하니 앉아 있었다. 그때의 그 절망과 허탈함이란 이루 말을 할 수가 없었다.

그 순간 하나님께 대한 원망이 터져나오기 시작했다. "하나님, 우리가 이 성전 달라고 얼마나 기도 했습니까? 그리고 집달리들이 들어 와서 성물들을 끌어 내릴때, 하나님 도와 달라고, 하나님 살려 달라고 그렇게 애원하며 기도했는데, 그렇게 울부짖었는데, 하나님 이게 뭡니까? 어떻게 이러실 수가 있으십니까? 저들이 하나님의 거룩한 성물을 개 끌듯 끌고 나갈 때 하나님은 뭐하고 계셨습니까?" 그냥 어린아이가 떼를 쓰듯 울부짖듯, 울면서 하나님께 막 따졌다. 그런데 우리 목사님은 너무나 담담하셨다. 사무실에서 풀려나온 후 내 곁에 와서 울고 있는 나를 끌어 안더니 "우리 하나님께 감사하자. 하나님은 반드시 합력하여 선을 이뤄 주실거야"라고 말했다. 그러나 나는 "뭐라구요? 하나님께 감사하자구요? 당신 지금, 이 상황에서 감사가 나와요?"하며 기가 막히다는 듯이 말했다. 그때 법원 관계자 6명이 들어 와서는 목사님과 나를 밖으로 밀쳐 내더니 문을 꽝 닫고 문에다 나무 판대기로 X자를 치고는 못을 박아 버렸다. 아무도 들어가지 못하도록.

나는 평생에 집달리가 그렇게 무섭고 소름 끼치는건 줄 몰랐다. 내려가 밖으로 나가 보니 그 많은 차들은 온데간데 없이 사라져 버렸다. 많은 짐들도 어디로 끌려갔는지 알 수 없었다. 뭐라 표현할 수 없을 만큼 허탈하고 참담했다. '그러나 저러나 이제 당장, 70명이나 되는 교인들을 데리고 어디로 가야 될지 ……. 내일 모래가 당장 주일인데, 그 교인들을 데리고 어디가서 예배를 드려야 하나?' 이런 생각이 드니 정말 막막하고, 막막했다. 더 걱정인 것은 교인들에게 이 상황을 어떻게 설명을 해야 하나? 놀라고 당황해 할 교인들을 생각하니 앞이 캄캄했다. 그때, 교회를 개척한지 1년 밖에 안 되었고, 대부분 초신자들이기 때문에, 교회에 대한 주인 의식이나 애착을 가진 사람들이 별로 많지 않았다. 그래서 "교회가 뭐 이런 일이 있냐"고 실망해서 나가 버릴까봐 그게 제일 큰 걱정이었다. 남편은 3대째 신앙인 이고, 모태 신앙인 이다. 나와 결혼한 지가 27년이 됐다. 그런데 단 한 번도 입으로 하나님을 원망하거나 불평하는 것을 들어 본 적이 없었다. 나도 믿음이 있다고 생각을 했었는데, 막상 그런 상황이 현실로 눈앞에 닥치니까 믿음은 온데간데 없어져 버리고 그냥 막 속에서 원망과 불신이 올라왔다.

교회 건물에서 쫓겨나고, 교인들도 떠나고

그런 상황 가운데서도 우리 목사님은 전혀 요동이 없었다. 그처럼 참담한 현실 속에서도 정말, 눈곱만큼도 원망이나 실망하지 않고 걱정도 하지 않았다. 나는 가슴이 터지고, 불안해서 죽을 것 같았는데 우리 목사님은 너무나 담담하게 "우리 하나님께 감사하자. 여기엔 하나님의 뜻이 있을거야. 반드시 하나님은 합력하여 선을 이루어 주실 거야" 그러면서 "조금도 걱정하지 말라"고 나를 위로하고 안심시켰다. 그런데 우리 목사님의 믿음을 보셨는지, 하나님께서 피할 길을 주시고 우리를 놀랍게 인도 하셨다. 막상 쫓겨나고 나니 어디 갈 데가 없었다. 근처 학교 강당을 알아 봤지만 허사였다. 그런데 멀지 않은 곳에 빈 건물이 하나 있었다. 지하에 한 30여평 되는 건물인데, 공교롭게도 교회로 사용하던 건물이었다. 교회를 하다가 안되니까, 성물을 그대로 남겨둔 채 몸만 빠져 나간 교회였다. 완전 지하에다, 오랫동안 비워 놨던 건물이라 화장실 냄새, 곰팡이 냄새가 지독했다. 그래도 그게 얼마나 고맙고 감사한지! 우리는 지금, 집달리가 와서 다 싣고 가 버려서 강대상도 아무것도 없었다. 그런데 그 곳엔 강단도 있고, 강대상도 있고, 당장 필요한 책상과 의자들이 다 있었다. 그래서 당장 예배를 드리는데는 조금도 지장이 없었다.

주일이 되자 교인들은 교회가 하루 아침에 그렇게 된 것을 보고는 엄청 놀래고 당황해 했다. 그리고 9층 넓은 곳에서 예배를 드리다가 냄새나고 어두 컴컴한 조그만 지하로 내려오니까, 실망하고 웅성대며 우왕좌왕했다. 하지만 단 한 사람도 흩어지지 않았다. 하나님께서 하신 일이었다. 우리 목사님은 그 지하로 들어가, 제일 먼저 그 강대상 앞에다 크게 '감사' 라는 글씨를 써서 붙였다. 그리고 설교 첫마디가 "우리 하나님께 감사합시다"였다. 그날 설교 말씀을 듣고 온 교인들이 눈물바다가 됐다. 그리고 교인들이 더 하나가 되었다. 그런데 그 장로만은 냉담했다. 집달리들이 쳐 들어와서 그 난리를 칠 때, 목사님은 "지금 교회에 난리가 났으니 빨리 오시라"고 전화를 했다. 그런데 그 장로, 권사는 코빼기도 보이지 않았다. 아니, 전화 한 통화도 없었다. 그리고 그 날 저녁 그 집을 찾아 갔을때, 문은 겨우 열어 줬지만, 냉담한 표정으로 바라보며 왜 찾아 왔느냐는 듯이 돌아서 버렸다. 그리고 하는 말이 "여기서 교회를 끝내자"고 했다. 우리는 그제야 알았다. 왜 그렇게 이런 저런 핑계를 대며 경매 받는 것을 미뤄 왔는지 ……. 그것은 교회를 거기서 끝내 버리려고 계획적으로 방치했던 것이었다. 그러면서도 뻔뻔스럽게 교회는 계속 나와 재정을 보고 있었다.

그 지하 교회에서 한 6개월을 지내다가 너무 냄새가 나고 비좁고 하니까, 여기 저기서 빨리 교회를 옮기자는 이야기가 나왔다. 그때 그 장로는 "교회를 옮기려면 돈이 있어야 하는데 나는 돈을 낼 수 없다"고 딱 잘라 말했다. 그런데 서리집사 한 분(현재 시무장로, 건축위원장)이, 자기가 가지고 있던 조그만 빌라를 한 채를 내 놨다. 그걸 팔아보니까, 2천 만원쯤 되었다. 그리고 우리가 사는 집 전세를 빼서 2천하고, 이렇게 저렇게 하고 해서 한 5, 6천이 모였다. 그 돈을 들고 교회 건물을 보러 다녔다. 얼마 후 상계동에 SH에서 분양한 건물을 하나 발견했다. 지하이긴 하지만 100평이 넘는 넓은 상가가 빈 채로 나와 있었다. 전체 금액이 3억이 넘었지만, 당장 보증금 몇 천만 주면, 나머지는 3년 동안 분할로 갚아 나가면 되는 좋은 조건이었다. 그래서 무조건 계약을 했다. 거기에다 좋은 업자를 만나 외상으로 인테리어도 했다. 그렇게 되니 계속해서 수천만 원씩 갚아 나가면서 앞으로 수억 원의 돈을 갚아 나가야 했다. 그런 상황이니 재정을 맡고 있던 그 장로에게 어찌 부담이 되지 않았겠는가? 그러니까 이번에도 또 일을 저질렀다. 그 장로는 작당을 해서 교인들 36명을 싹 끌고 나가 버렸다. 지금 막 이전을 해서 교회가 채 자리도 잡히지 않은 상태인데 …….

아무 것도 염려하지 말고 감사함으로 아뢰라

얼마되지 않는 그 교인 중에 36명이 쏙 빠져 나가 버리니까, 교회가 휑하고 썰렁했다. 그 다음 주에 보니까, 교회 여기 저기 맨 빈자리 뿐이였다. 9층에서 쫓겨나는 그런 기가 막힌 일을 당했고, 또 장로를 비롯해서 교인들 거의 절반이나 나가버렸다. 그 정도가 되니까 교인들이 술렁

거리기 시작했다. 여기저기서 '이 사람도 나간다', '저 사람도 나간다' 하며 금방이라도 교회가 공중 분해 되어 없어져 버릴 것만 같았다. 그때 나는 '아, 이제 끝장인가 보다' 라는 생각이 들었다. 교회적으로 최악의 위기였다. 까딱하다가는 교인들이 흔들려서 다 흩어져 버리고 교회가 완전히 공중 분해될 위기였다. 실제로 우리 교회를 없애 버리려는 사단의 음모가 있었다. 그 장로와 함께 나갔다 들어온 성도를 통해서 뒤늦게 안 일이지만, 그 장로가 나간 사람들을 모아 놓고 실제로 "우리 교회를 뽀개 버리자"고 했다는 끔찍한 말을 들었다. 그러나 몇 차례에 걸쳐 우리 교회를 깨려는 그 사단의 음모에도 주님의 핏값으로 세워진 하나님의 교회는 무너지지 않았다.

경매를 당해 집달리들에 의해 내쫓기는 그런 일을 당한지 얼마 되지 않은데다가, 또 장로가 36명을 끌고 나가는 그런 엄청난 일을 당하다 보니까 나는 그 배신감과 아픔을 도저히 감당할 수가 없었다. 그리고 남은 사람들까지도 계속해서 다 나가버리는 건 아닌가 하는 두려움으로 잠을 못 이루고 있었다. 그렇게 창자가 끊어지는 것 같은 아픔과 고통을 당하며 잠을 못자고 신경을 너무 썼더니 위가 몹시 아팠다. 그냥 아픈게 아니라 칼로 쑤시는 것 같이 아팠다. 병원에 가서 내시경을 찍어 보니까 위가 시뻘겋게 다 헐어 있었다. 나는 더 이상 내게 닥친 그 모든 고통들을 감당하며 버틸 힘이 없었다. 그래서 보따리를 싸 가지고 기도원으로 들어갔다. 하나님과 담판을 짓기 위해서였다. 기도원에 들어가 기도굴에 쳐 박혀서 먹지도 않고 자지도 않고 "하나님, 어떻게 하실 겁니까? 왜 이렇게 나에게 고통을 주십니까? 교회 문제들을 해결해 주시든지,

해결해 주시지 않으려면, 저 그냥 데려가 버리세요. 그냥 이대로 데려가세요. 살고 싶지도 않습니다"라고 떼를 쓰며 부르짖었다. 얼마나 얼마나 몸부림을 치며 악을 쓰고 울면서 기도했는지 목이 다 쉬고 눈을 뜨려고 하는데 눈이 떠지지가 않았다. 눈이 다 짓물러서 엉겨 붙어 눈을 뜰 수 없었다.

그렇게 한참을 기도하는데, 하나님께서 말씀으로 위로해 주셨다. "아무 것도 염려하지 말고 감사함으로 하나님께 아뢰라", "하나님을 사랑하는자, 곧 그 뜻대로 부르심을 입은 자들에게는 모든 것이 합력하여 선을 이루느니라", "너는 마음에 근심하지 말라, 하나님을 믿으니 또 나를 믿으라"는 말씀들이 생각나게 하셨다. 그 동안 수없이 암송하며 읽었던 말씀들이었지만, 그 날은 그 말씀들이 살아있는 말씀으로, 내 가슴에 강력하게 와 닿았다. 마치 주님께서 직접 말씀하시듯 생생한 주님의 음성으로 다가왔다. 그 순간, 나를 짓누르던 그 고통과 아픔, 근심, 걱정, 염려는 온데 간데 없이 사라져 버리고, 마음 속엔 말할 수 없는 평안과 기쁨이 넘쳐 흘렀다. 기도원을 내려 올 때는 얼마나 기쁜지, 찬송을 부르며 날아갈 것 같은 가벼운 마음으로 뛰어 내려왔다. 그리고 나서 하나님이 교회 문제들을 해결해 주셨다. 그후 놀랍게 교회 문제들이 하나씩 해결되었다. 그러면서 교회는 안정을 찾아 갔다.

고난이 봇물처럼 몰려올 때 그 당시에는 몰랐다. 내게 왜 그런 고난을 주시는지, 내가 왜 그런 고통을 당해야 되는지 ……. 너무나 힘들고 고통스러워서 하나님을 원망하고 낙심하고 절망 했었다. 그런데 지나고 보니까, 그 모든 것이 하나님의 은혜였다. 나를 나 되게 만드시려는 하나님의 프로그램이었다. 그런 고난이 없었으면 나는 기도하지 않았을 것이고, 영적인 체험도, 영적인 은혜도 누리지 못했을 것이다. 그때 그 일이 있었기에 나를 기도의 사람으로 만드셨고, 그런 아픔과 고난을 통해서 내 교만과 내 아집을 깨뜨리셨다. 특히 그런 고난을 통해서 나의 못된 성품들을 죽이시고, 나를 낮추고 낮추셔서 하나님만 의지할 수 있는 겸손한 사람으로 만드셨다. 세상 것들로 가득 차 있던 나의 세상적인 욕망들과 욕심들도 제거하셨다. 그런 고난의 터널을 통과한 후 이제는 세상의 모든 것을 포기하고 하나님만을 위해 살아갈 수 있는 믿음의 사람으로 만들어 주셨다. "아, 그래서 나에게 그런 고통이 있었구나! 그래서 나에게 그런 고난을 주셨구나! 그 고난이 나에게 유익이었구나!" 그 제야 그걸 깨닫고 감사하게 되었다.

호떡 전도: 안정과 부흥의 길목에서

그렇게 교회가 안정을 찾은 후, 빚도 다 갚고 교회는 점점 성장하고 부흥해 갔다. 그런데 먼저, 그 빈자리들을 노숙자들이 와서 채워주기 시작했다. 처음에는 한 두 명 오더니, 식사를 맛있게 대접하고, 용돈까지 주니까, 소문을 듣고 나중에는 5, 60명이 몰려와서 교회를 가득 채워 주었다. 어느 날은 술을 먹고 와서 토하기도 하고, 의자에다 오줌을 싸기도 했다. 냄새나고 지저분한 노숙자들 하고 함께 예배드리고 식사를 하니까, 여기저기서 불만들이 터져 나왔다. 심지어 교회를 나오지 않겠다는 사람도 있었다. 그러면 목사님은 달려가서 그 일이 얼마나 귀하고 하나님이 기뻐하시는 일인지 설명하고 달래 주었다. 노숙자들과 함께 앉아 식사하고, 늘 노숙자들을 반갑게 대하니까 우리 목사님은 노숙자들에게 인기가 많았다. 심지어 노원구에 있는 노숙자들이 가장 존경하는(?) 목사님이 되었다.

한번은 재미있는 일이 있었다. 우리 목사님이 봉고차를 끌고 은행에 들어가기 위해서 아파트 앞에다 차를 대려고 하니까, 경비가 나와서 저지하며 차를 대지 못하게 했다. 그러니까 마침 옆에 앉아서 술을 마시고 있던 노숙자가 벌떡 일어나 쫓아 오더니 그 경비의 목덜미를 꽉 잡고는 "너 감히 이 분이 누군줄 알고 차를 못 대게 해? 너 나한테 맞아 죽고 싶어? 이 분은 내가 최고 존경하는 우리교회 목사님이야. 너, 한번만 더 우리 목사님 차 못대게 하면 내가 가만 두지 않을거다" 그러니까 경비가 덜덜 떨면서, 차를 대게 했다. 그리고 그 이후로 우리 목사님이 봉고차를 끌고 그 아파트 앞에 가기만 하면, 그 경비가 얼른 뛰어 나와 아주 친절하게 주차 안내를 해 주었다. 그리고 노숙자들은 가는 곳곳마다 우리교회가 '노원구에서 제일 좋은 교회' 라고 소문을 내 주었다. 성도들은 전도에 불이 붙었고, 매일 같이 나와서 전도했다.

특히 우리교회는 호떡 전도로 유명하다. 봄이면 강원도 청정지역에 가서 쑥을 캐서, 한 차 실어다가 깨끗이 씻어 삶아가지고 냉동시켜 놓는다. 그리고 1년 내내 그 쑥을 넣어 호떡을 굽는다. 속도 땅콩과 갖은 견과류를 넣어서 맛있게 만든다. 그래서 우리교회 호떡은 주민들에게 인기가 많았다. 교회 앞에다 포장마차를 차려 놓는데, 호떡을 굽는 날이면 기가 막히게 알고 많은 사람들이 찾아와서 줄을 서서 기다린다. 이 호떡 전도로 많은 사람이 교회에 나오게 되었다. 호떡 전도가 알려지면서 많은 교회들이 찾아 와서 호떡 굽는 법을 배워 가기도 했다. 이렇게 성도들이 하나가 되어 열정적으로 기도하고 전도하니까 교회는 점점 부흥되어 갔다. 그러니까 노숙자들이 하나 둘씩 자리를 비워 주었다. 그리고 식사 시간만 맞추어 와서 밥만 먹고 갔다. 매주 마다 예배를 마치고 나면, 노숙자들이 쭉 길게 줄을 지어 식사를 기다리는 모습이 장관이었다. 그리고 목사님 말씀이 좋으니까, 한 번 전도 되어 왔다가는 그 자리에서 등록했다. 많은 사람들이 크고 잘 지은 교회들을 옆에 두고도 분당, 일산, 부천, 용인 등 먼 곳에서 찾아왔다. 얼마되지 않아 본당이 빈자리가 없이 가득 가득 찼다. 비록 지하에 있는 상가 교회였지만, 주변에 잘 지어져 있는 교회들 보다도 교인수가 훨씬 더 많았다.

개척한지 10년이 넘자, 이제 성전을 건축하자는 이야기가 나왔다. 그러나 헌금이 들어오면 다 선교하고 구제하고 남는 것이 없었다. 그래서 건축을 하려고 해도 가진 돈이 없었다. 그런 중에 마침 월곡동에 한 80여평 지하에 본당을 꾸민 4층짜리 작은 교회 건물이 하나 나왔다. 지금 있는 상가를 매각하고 은행에서 융자를 좀 받으면 살 수 있는 교회였다. 거리도 멀고, 위치도 안 좋고, 교회 규모도 너무 작고 그래서 망설이긴 했지만 우리 형편에 그것도 감지덕지 하다고 생각되었다. 그래서 당회를 열고 교인들의 의견을 물어서 그 교회를 사기로 결정했다. 그 교회측과도 합의가 되어 계약 날짜와 시간까지 다 정해 놨다. 그런데 계약하기 바로 전날 어떤 교회가 들어와 먼저 그 교회와 계약을 해 버렸다. 정말 믿을 수 없는 어처구니 없는 일이 벌어진 것이다. 그 교회를 산 교회도,

판 교회도 도저히 이해가 되지 않는 일이었다. 모처럼 내 교회를 가질 수 있다는 꿈에 부풀어 기뻐하고 있었는데, 그런 어처구니 없는 일을 당하다 보니, 장로님들과 온 성도들은 실망감과 허탈감에 빠져 있었다. 그런데 우리 목사님은 또 감사하라고 하셨다. 하나님이 분명 합력하여 더 좋은 것을 주실 것이니까 무조건 감사하라고 하셨다.

별내 신도시를 꿈꾸며

그 무렵 우리 교회에서 차로 한 10여분 거리에 별내 신도시가 조성되고 있었다. 그때부터 내 마음은 오직 그 곳으로 가 있었다. "어떻게 해서든지, 별내 신도시! 그곳으로 가야 한다" 그러나 그건 나의 바람일 뿐, 너무나 멀고도 먼 꿈같은 소망일 뿐이었다. 그러나 나는 하나님께 그곳에 성전 부지를 달라고 기도하기 시작했다. 그리고 원주민으로 그곳에 성전 부지를 가지고 계시는 목사님을 찾아가 도움을 구했다. "원주민 교회들 중에 내 놓는 종교 부지가 있으면 우리에게 알려 주셔서 그 종교 부지를 사게 해 달라"고 그랬더니 그 목사님은 대뜸, 건축비를 얼마나 가지고 있느냐고 물었다. 그래서 "지금 예배당으로 쓰고 있는 상가를 매각하고, 이렇게 저렇게 모으면 한 10억 정도는 될 것 같습니다" 그러니까, 그 돈 가지고는 별내에 들어 올 생각을 하지 말라고 딱 잘라 말했다. 땅 값과 건축비를 포함해서 적어도 7, 80억은 드는데, 그 돈 가지고는 어림 없다는 말씀이었다.

그래서 몹시 실망하고, 감히 종교 부지는 받을 생각을 못하고 주변의

그린벨트 땅만 찾아 다녔다. 딱지라도 사서 한 90여평 정도라도 지어볼
까해서 땅값이 싼 그린벨트만 찾아다닌 것이다. 그런데 부동산을 다 찾
아 다녀도, 이미 도시 계획이 완벽하게 끝난 신도시라, 주변에 그런 땅
은 구할 수가 없었다. 마음이 답답했다. 그래서 그 도시 계획 지도를 앞
에다 펼쳐 놓고 앉아서, 그 지도를 뚫어지게 바라보며 "하나님, 여기 어
느 곳이든 좋으니 제발 이 안에다 교회를 지을 땅을 주세요" 그런 식으
로 하나님께 말씀드릴 때마다 나의 마음은 뜨겁게 불타올랐다. 그래서
매일 같이 지도를 펴 놓고 앉아, 간절하게 기도했다. 어느 때는 지도를
펼쳐 놓고 앉아서 하루 종일, 그 펼쳐 놓은 지도만 바라 보면서 "하나님
여기에 땅 주세요. 여기에 땅 주세요. 우리도 들어가 교회를 지을 수 있
도록 여기에 땅 주세요" 마치 실성한 사람 처럼 되뇌이며 하나님께 땅
을 달라고 기도했다. 하루는 마음이 너무 답답하고 우울해서 마음을 달
래려고 집 앞에 있는 불암산 정상에 올라 갔다. 올라 가서 산 아래를 내
려다 보니까, 별내 신도시가 한 눈에 들어 왔다. 땅만 밀어 놓아서 지금
은 아무 것도 보이는 것 없었다. 그곳은 아직 붉은 흙만 보이는 황무지
땅이었다.

　그러나 그 황무지 땅이 나에겐 가나안 땅처럼 보였다. 이스라엘 백성
들이 가나안을 사모하고 그 땅에 들어 가길 그렇게 원했던 것처럼, 나도
그 별내 땅을 너무나 사모하고, 그곳에 들어가기를 간절히 원했다. 그래
서 불암산 정상에 있는 태극기 아래에 쭈그리고 앉아서 하루 종일 땅만
바라보았다. 그리고 매일 이 정상에 올라와 그 땅을 바라보며 기도하겠
다고 마음을 먹었다. 그래서 그 날부터 날씨가 좋든 나쁘든, 거의 매일

정상에 올라와 그 땅을 바라보며 하나님께 기도했다. "하나님, 우리에게 저 땅을 주세요. 저 땅에 들어가게 해 주세요. 저 곳에 하나님의 거룩한 전을 세우게 해 주세요". 그렇게 2년 동안을 산을 오르내리며 하나님께 기도했다. 그런 식으로 산 기도를 시작한지 2년만에 마침내 하나님께서 기도에 응답하셨다. 제7일 안식교에서 받았던 종교 부지 하나가 나왔다. 그런데 그 종교 부지를 놓고 여러 개의 교회들이 경합을 벌였다. 그 중의 한 교회는 아예, 계약금을 싸 들고 다니면서 적극적으로 달려 들었다. 그런데 우리교회는 계약이 되어도 당장 계약할 계약금도 준비되지 않은 상태였다. 하지만 우여곡절 끝에 결국 극적으로, 하나님께서 우리에게 그 땅을 살 수 있는 기회를 주셨다.

그런데 문제는 장로님들이었다. 우리교회는 장로님이 네 분이었다. 네 분 모두 교회를 너무나 사랑하시고, 목사님의 말씀이라면 무조건 순종하는 분들이다. 그런데 건축 문제만큼은, 네 장로님 모두 반대하셨다. 장로님들이 반대하는 것은 당연한 일 일지도 모른다. 우리가 가지고 있는 돈으로 어떻게 7,80억의 공사를 할 수 있겠는가? 누가 봐도 말도 안 되는 소리였다. 장로님 중의 한 분이, 우리교회가 별내에다 건축을 할 수 없는 이유를 A4용지에 여러 장 빼곡히 써서 목사님에게 가지고 왔다. 그 내용을 보니 하나 같이 다 타당한 말이었다. 하나도 틀린 말이 없었다. 그럼에도 불구하고 목사님은 "건축은 하나님이 하신다. 인간적으로 계산해서 반대하지 말라. 반드시 하나님이 하실 것이다" 그러면서 강력하게 밀고 나가셨다. 목사님은 조금도 흔들림이 없으셨지만, 혼자 외롭게 싸우시는 목사님을 바라볼 때 안쓰럽고 측은한 게 마음이 몹시 아팠다. 장로님과 목사님 사이에 계속 이런 의견 충돌이 있으면서, 목소리도 커지고 얼굴도 붉히게 되면서 교회는 긴장감이 감돌았다. "이러다 또 교회가 어떻게 되는거 아냐?" 하는 불안감이 나를 짓누르기 시작했다. 그래서 나는 또 보따리를 싸가지고 기도원으로 들어갔다. 이 번에도 역시 내가 할 수 있는 것은 기도 밖에 없었다.

기도하고 또 기도하며 도전

주일과 수요일에 와서 예배만 참석하고는 매일 기도원으로 갔다. 그렇게 2달 동안 기도했다. 이번에는 떼를 쓰며 달라고 부르짖는 기도를 하지 않았다. "아무 것도 염려하지 말고 오직 모든 일에 기도와 간구로 너희 구할 것을 감사함으로 하나님께 아뢰라"는 말씀을 붙잡고, 그저 하나님께서 이루어 주실 것을 믿고 감사하며 하나님을 높이고 찬양하는 기도만 했다. 그랬더니 마음속의 모든 두려움과 불안은 사라지고 반드시 하나님께서 별내 땅에 하나님의 전을 세우실 것이라는 확신이 섰다. 그러면서 놀랄 만큼 마음이 담대해졌다. 그래서 나는 말씀을 붙잡고 믿음으로 감사하며 하나님을 높이는 기도가 얼마나 능력이 있고 위력이 있는 기도 인지를 알게 되었다. 그리고 마음 속에서 성령님의 음성이 들려왔다. "교회에 돌아가서 온 성도들과 함께 이런 믿음의 감사 기도를 하라"는 음성이었다. 그래서 나는 기도원에서 내가 했던 기도들을 정리하고 기도문을 작성하기 시작했다. 그리고 모든 성도들에게 나누어 주어, 성전 건축 시작 전부터 마칠 때까지 이 기도를 함께 하도록 했다. 이

기도문은, 모든 것이 다 이루어 진 후에 하나님께 감사하며 드리는 기도가 아니다. 그것은 땅도 구입하기 전, 지금 장로들의 반대가 극에 달하고 교회가 쪼개질 위기에 처해 있을 때 드린 기도문이었다. 더구나 그 기도문은 아무 것도 눈에 보이는 것 없고, 손에 잡히는 것 없는, 정말 앞이 보이지 않는 막막하고 캄캄한 터널을 헤매고 있을 때에, 오직 믿음으로 하나님께 감사하며 드렸던 기도를, 그대로 작성한 기도문이었다.

우리교회 성전 건축을 위한 기도문

하나님 아버지, 별내 신도시에 좋은 성전 부지를 주셔서 감사합니다. 우리교회 모든 성도들, 기쁨으로 동참하게 하시고, 성전 건축을 위해 한 마음으로 기도하게 하시니 감사합니다. 하나님이 원하시는, 최고의 설계를 하게 하시니 감사합니다. 땅 값을 완불하게 하시고, 착공하게 하시니 감사합니다. 건축하는 동안, 안전사고 없게하고, 속이는 자 등 방해꾼이 생겨나지 않게 하시니 감사합니다. 성실한 일꾼들을 붙여 주시고, 돕는 자들을 많이 만나게 하시니 감사합니다. 가장 좋은 건축 자재들을, 가장 싼 값으로 구입하게 하시니 감사합니다. 건축하는 동안 재정적인 어려움 없게 하시고, 때마다 일마다 풍성하게 채워 주시니 감사합니다. 좋은 날씨 주시고, 뜻하지 않은 어려움 당하지 않게 하셔서, 건축이 차질 없이 잘 진행되게 하시니 감사합니다.

건축 시작부터 마지막까지 하나님이 친히 개입하셔서 일일이 간섭하시고 인도하여 주시니 감사합니다. 건축으로 인하여 시험드는 자 없게 하시고, 하나님의 전을 떠나는 자 없게 하시니 감사합니다. 성전 건축을 통하여, 하나님의 살아 역사하심과 수많은 놀라운 기적들을 체험하게 하시니 감사합니다. 성전 건축에 참여하는 가정마다 큰 은혜와 복을 받게 하시니 감사합니다. 목사님과 사모님에게 성령의 충만함을 주시고, 성령으로 감동하시고 지혜와 총명을 주셔서 하나님이 원하시고 기뻐하시는 아름다운 전을 짓게 하시니 감사합니다. 건축 후 하나님의 전이 빈자리 없이, 많은 사람들로 차고 넘치게 하여 주시니 감사합니다. 이 모든 일! 하나님이 하셨습니다. 하나님의 은혜입니다. 하나님! 영광을 받으시옵소서. 하나님! 찬양을 받으시옵소서. 이 모든 일을 이루신 하나님께, 감사와 영광과 존귀와 찬양을 올려 드립니다. 지극히 높고 위대하신 예수님의 이름으로 기도합니다. 아멘.

땅을 구입하기 전부터 이런 기도문을 작정해서 온 성도들이 새벽예배, 대예배, 수요예배, 금요 기도회 등 예배 시간마다 한 목소리로 기도했다. 그 기도문은 집에서, 학교에서, 차안에서, 주방에서, 심지어 화장실에서까지, 어디서든 수시로 기도하며 하나님께 감사하고 하나님을 찬양하게 했다. 그리고 성전을 건축하는 동안에는 매일 저녁 7시에 성전에 모여, 한 목소리로 이 기도문을 읽으며 찬송하고 기도했다. 드디어, 하나님께서는 이런 우리의 믿음과 감사와 찬양을 기쁘시게 받으시고, 장로님들의 마음을 움직이셔서 땅을 구입하게 하셨다. 땅을 계약하고 나니까 생각지도 않은 목사님이 1억을, 알지 못하는 분들이 수천만 원씩 헌금을 했다. 그렇게 반대하시던 장로님은 10억을 작정하시고, 나머지 장로님들도 수천만 원을, 그리고 어떤 집사님은 1억을, 그리고 성도들도 너나 할 것 없이 모두 건축 헌금에 동참했다.

그리고 목사님의 고향 친구들이 이자 없이 수억이나 되는 큰 돈을 빌려 주었다. 우리가 교회로 사용하던 상가는 지하에다, 너무 크고 위치도 좋지 않아서 쉽게 팔릴 것 같지 않은 건물이었다. 그런데 하나님께서 적절한 때에 좋은 가격으로 매각하게 해 주셨다 그리고 건축하는 동안에도 계속해서 사용할 수 있게 해 주었다. 하나님께서는 우리가 감사하며 믿음으로 기도 한대로 모든 것을 그대로 이루어 주셨다. 그래서 마침내, 우리는 땅을 파기 시작했고, 교회 골조가 올라가기 시작했다. 하나님의 은혜 가운데 모든 건축이 착착 진행되었다.

건축비를 절감하기 위해서 목사님과 사모인 내가 직접 건축을 하기로 했다. 어렵고 힘든 재정적인 부분은 목사님이 맡아 감당하셨다. 건축비를 모으고, 그 수많은 건축업자들을 만나 상담하고, 자재값, 물건값을 깎고, 계약하고 하는 부분은 목사님이 하셨다 그러나 건축부분 만큼은 목사님께서 내게 맡겨 주셨다. 그래서 설계부터 땅파기, 골조, 내부 설비, 인테리어까지 내가 전부 맡아서 하게 되었다. 나는 건축하는 내내, 하나님께 이런 기도를 드렸다. "하나님, 구약시대에 이스라엘 백성이 성막을 지을 때, 브사렐과 오홀리압을 성령으로 감동시키시고, 그들에게 지혜를 부어 주셔서 하나님의 전을 짓게 하셨던 것처럼, 목사님과 저에게도 성령을 부으시고 성령으로 감동시키셔서 하나님의 지혜로 성전을 건축하게 하옵소서"

기적으로 이루어진 8백석 성전 건축

그래서 교회당을 설계할 때나 인테리어 디자인을 하고 공사를 할 때, 건축 자재를 고를 때, 크기와 길이, 자재의 종류와 색깔, 모양 하나 하나를 선택할 때마다 하나님께 이런 기도를 드리면서 건축을 진행했다. 마침내 하나님께서는 그토록 바라던 별내 땅에 너무나 예쁘고 아름다운 성전을 건축하게 하셨다. 그 간절하고 간절했던 우리의 기도를 들으시고, 그렇게도 사모하고 소원했던 별내 땅에 건축을 허락하신 하나님께 감사드리며 이렇게 다짐했다. "이 엄청난 은혜를 입었는데, 내가 건축을 위해서 무엇을 아끼고 무엇을 주저하고 망설이겠습니까? 하나님의 그 은혜, 그 사랑이 너무 고맙고 감사해서 나는 나의 모든 것을 바쳐, 아니 생명을 바쳐, 이 성전 건축에 임하겠습니다" 이런 다짐과 함께 하나님께 기도를 시작하고 건축이 시작된 후부터 하루도 빠짐없이 새벽기도를 마치자마자, 목사님과 함께 이른 새벽 건축 현장으로 달려갔다. 그리고 밤 늦게까지, 컨테이너 박스에서 그 뜨거운 여름엔 더위와 싸우고, 겨울에는 매서운 추위와 싸우며 1년 3개월 동안 막일 잡일 노가다일 등을 가리지 않고 했다.

그러다 보니 미장 페인트 칠 도배 망치질 톱질에 철끈 묶는것까지 안해 본 일이 없다. 목사님도 건축하느라 무척 고생을 하셨다. 자재들을 지키기 위해 그 추운 겨울에도 컨테이너에서 주무셨다. 다음 날 아침 새벽기도를 하기위해 세수를 하려고 하니까 수도가 꽁꽁 얼어 있었다. 그런데 밖을 내다보니 하나님께서 밤새 눈을 내려 주셔서 눈이 하얗게 소복히 쌓여 있었다. 목사님은 하나님께 감사하며 그 눈을 비벼 세수를 하시고, 그 눈을 녹여 양치도 하셨다. 겨울에 공사를 하다 보면, 추운 겨울에도 공그리를 치지 않을 수 없다. 공그리를 친 날은 그 콘크리트가 얼지 않도록 불을 피워 줘야 한다. 그래서 목사님은 그 추운 현장에서 밤새도록 불을 피우며 밤을 지새우기도 하셨다.

한번은 대형 트레일러에 치어 그 자리에서 쓰러지셨다. 곧 바로 인근 병원에 가서 엑스레이를 찍어보니 허리에 금이 갔다. 병원에서는 당장 입원하라고 했다. 그런데 입원할 시간이 없었다. 목사님은 그 아픈 고통을 참으시면서 건축 현장에 나오셨다.

그 엄청난 건축을 하면서도 건축비를 아끼려고 처음에 소장을 두지 않았다. 물론 현진건설의 김경이 장로님께서 도와 주셨지만, 내가 소장 노릇을 했다. 그렇다고 내가 건축을 해 보거나 전공한 것은 아니다.

김경이 장로님께 이것 저것 묻고 배우며 열심히 노력하다 보니까, 하나님의 은혜로 이것 저것을 알게 하셨다. 설계 도면을 들고 다니면서 인

우리교회 예배 전경

부들에게 지시하고, 혹이라도 인부들이 대충 대충 날림 공사를 하지 않도록 일일이 체크하면서 꼼꼼하게 챙겼다. 하루 종일 그 위험한 공사 현장 속을 뛰어 다니며 일을 하다 보면, 어떤 때는 수없이 매달아 놓은 쇠덩어리 앗시바에 머리가 부딪혀 머리가 깨질 뻔 하기도 했고, 그 무거운 거푸집이 떨어져 맞아 죽을 뻔 하기도 했고, 5m 높이로 엮어둔 철근들이 바람에 쓰러지면서 철근에 덮쳐 죽을 뻔 하기도 했다. 레미콘이 쏟아부은 콘크리트에 빠져 온 몸에 콘크리트 독이 오르기도 했고, 양 손에 인부들이 싼 오줌통을 들고 내려오다 계단에서 발을 헛디뎌 썩은 내가 나는 오줌통을 뒤집어 쓴 적도 있었다. 그러나 하루 종일 현장을 누비며 이리 뛰고 저리 뛰면서도 피곤한 줄 몰랐고, 한층 한층 건물이 올라가며 성전이 지어져 가는 것을 바라볼 땐 마음이 너무나 기쁘고 감사했다. 건축 내내 재정적인 부분들도 하나님께서 순간 순간 어려움 없이 채워 주셨고, 큰 사고도 일어나지 않게 해 주셨다. 건축비도 훨씬 절감되면서 가장 좋은 자재로 1년 3개월 만에 연건평 1,000평이 넘는 지하 2층 지상 4층의 아름다운 성전이 별내 신도시 삼거리 대로변에 우뚝 서게 해 주셨다.

건축 후 불암산 정상에 다시 오르다

건축하느라, 그렇게 수 없이 오르내리며 간절하게 기도했던 불암산 정상에 한번도 올라가지 못했다. 건축을 다 마친 후 다시 불암산 정상에 올라갔다. 내가 늘 별내 땅을 바라보며 기도하던 정상 꼭대기, 태극기 밑에 올라 서니 아무 것도 없이 황량하게 붉은 흙만 바라다 보이던 그 넓은 땅에 하얀 우리교회 건물이 눈에 확 들어 왔다. 그 순간 나는 눈물이 왈칵 쏟아졌다. 이 높은 정상을 수없이 오르내리며 감히 꿈도 꿀 수 없는 저 별내 땅을 바라보며 "저 곳에 성전 지을 땅을 달라고 저 곳에 들어가 하나님의 전을 세우게 해 달라"고, 정말 뼈에 사무치도록 그 땅을 사모하며 애간장이 타도록 간절하게 부르짖었던 그 거룩한 땅에 마침내 우리교회가 우뚝 서 있는 것이었다!

장엄하게 우뚝 서 있는 우리 교회를 보는 순간 나도 모르게 울음이 터져 나왔다. 나는 그 자리에 주저앉아 통곡하듯 엉엉대며 소리내어 울었다. 정말 주체할 수 없을 정도로 눈물이 쏟아져 나왔다. 그 눈물은 한 맺힌 내 가슴 깊은 곳에서부터 흘러 나오는 아니, 너무나 너무나 간절함이 사무친 내 뼈속 깊은 곳에서부터 흘러 나오는 뜨거운 감사와 감격, 기쁨의 눈물이었다! 한 참을 그렇게 울고 난 후 나는 일어나 두 손을 높

우리교회 카페

이 들고 "하나님 만세"를 외쳤다. 그리고 "하나님 감사합니다"를 수없이 외치며 하나님께 영광을 돌렸다. 정말 하나님은 믿음으로 기도하며 감사한 대로 우리에게 모든 것을 이루어 주셨다. "감사로 제사를 드리는 자가 하나님을 영화롭게 하나니 곧 그 행위를 옳게 하는 자에게 내가 하나님의 구원을 보이리라" 아멘!

이 모든 일을 이루신 하나님께 감사와 영광과 존귀와 찬양을 올려 드린다! 그리고 그 먼 거리를 오고가며 건축을 도와주신 현진 건설의 김경이 장로님과 성전 건축을 위해 함께 기도하며 아낌없이 헌신해 주신 건축위원장 김춘호 장로님과 모든 성도들에게 감사드린다. 특히 건축 내내 건축 현장에 와서 온갖 궂은 일을 하며 몸을 아끼지 않고 건축을 도와 준 사랑하는 성도들에게 진심으로 감사의 말씀도 전해드리고 싶다. 새 성전이 세워지자, 매주 3, 40명의 새 신자들이 교회를 찾아온다. 준

우리교회 유아방

공 허가가 떨어지고 예배를 드린지가 3개월도 채 안되는데, 지금 벌써, 800석이 되는 본당 좌석이 거의 차 가고 있다. 우리교회의 성전 건축 과정을 말했지만 실은 우리가 한 일은 아무 것도 없다. 모든 것은 하나님께서 하셨다. 다만 우리는 하나님께 감사하며 믿음으로 기도했더니 하나님께서 친히 이루셨고, 우리에게 이런 놀라운 기적을 베풀어 주셨다. 그 숱한 위기와 고난 속에서 늘 함께 하시며 우리를 지켜주신 하나님! 그리고 우리의 간절한 부르짖음을 들으시고, 우리에게 건축이라는 놀라운 기적을 베풀어 주신 하나님께 무한 감사를 드리며, 모든 영광과 존귀와 찬양을 올려 드린다!!

예수께서 그들에게 대답하여 이르시되 하나님을 믿으라
내가 진실로 너희에게 이르노니
누구든지 이 산더러 들리어 바다에 던져지라 하며
그 말하는 것이 이루어질 줄 믿고 마음에 의심하지 아니하면
 그대로 되리라
그러므로 내가 너희에게 말하노니
무엇이든지 기도하고 구하는 것은 받은 줄로 믿으라
그리하면 너희에게 그대로 되리라(마가복음 11:22~24)

제3회 전국 미자립교회 개척수기 공모전 | **최우수상**

낮에는 일하고 밤에는 기도하고

김윤길 목사 | 순천다정교회(통합)

김윤길 목사
순천다정교회
010-8681-7805
순천시 풍덕동 1284-23

03

낮에는 일하고 밤에는 기도하고

김윤길 목사 ㅣ 순천다정교회(통합)

나는 40세의 나이에 만학도로 신학의 길에 들어섰다. 기나긴 신학 과정을 2005년 3월 10일 53세의 나이에 목사로 임직되어 순천시 풍덕동 1283-3번지 소재한 미선정식당 2층(약30평)을 임대하여 교회를 개척했다. 당시 개척에 동참한 멤버는 부친(현94세)과 아내 그리고 세 자

창립 예배

개척당시 예배

녀와 며느리 그리고 사위 등 7명이었다. 순천다정교회를 여는 첫 예배
는 그렇게 시작되었다. 교회를 시작하면서 나에게는 꿈이 있었다. 누구
나 마음 편하게 신앙 생활 할 수 있는 교회를 만들자는 것이었다. 그래
서 교회명을 '순천다정교회' 로 하고, 창립 슬로건을 '사랑과 정이 느껴
지는 교회' 로 했다. 개척 후 얼마 동안은 많은 어려움도 있었다. 한 성
도를 얻기 위해 여러 가지 방법으로 전도 활동을 하였지만 한 영혼을 교
회에 정착시키는 데에는 많은 어려움이 있었다. 다행히 세월이 흐르니
결손 가정, 경제적으로 어려운 가정, 사회에서 소외받은 사람들이 하나
둘 모여 들었다. 개척 다음 해에는 장년 성도 수가 약 30명에 이르게 되
어 창립 예배를 드렸다.

개척 1년만에 이루어진 성전 건축 계획

우리 교회는 주일이면 11시에 예배를 드리고, 예배 후 교회에서 중식
을 한 후 14:00에 오후 찬양 예배를 드렸다. 장년 30명과 초·중·고
학생 20명이 30평의 예배당 안에서 식사를 하는 것은 쉬운 일이 아니었
다. 그래서 우리들은 새로운 예배 공간을 찾아야만 했다. 가능한 풍덕동
에서 시작하였으니 풍덕동에서 부지를 찾자고 하였다. 상당 수의 성도
들이 풍덕동 인근 주민들이었기 때문이었다. 다행히 당시의 교회에서
약 20미터 떨어져 있는 곳에 약120평 정도 되는 대지 위에 낡은 기와집
이 있었다. 그 집에는 약 80세 된 할머니 한 분이 살고 계셨다. 우리는
그곳을 마음에 두고 기도한 가운데 매입을 시도하였다. 그러나 평당

180만원을 요구하여 그 장소를 포기하고 다른 곳을 찾게 되었다. 그런데 조곡부동산에서 그 땅을 평당 135만원에 구입해 주겠다고 하여 2007년 5월 26일 순천시 풍덕동 1284-23 번지 120평의 땅을 일억오천백오십만원(151,500,000)에 계약하게 되었다.

교회 부지를 구입한 후 교회 건축을 앞두고 우리는 교회 내에 9명의 건축 위원을 선정하였다. 그들에게 모든 건축의 전권을 위임하였다. 건축 위원들은 건축에 대한 원칙을 정하였다. 그 원칙은 외형의 화려함 보다는 최소의 경비로 건축하며, 무리하게 성도들에게 건축 작정 헌금을 하지 않으며, 건축 헌금 봉투도 별도로 만들지 않는 다는 것이었다. 건축을 시작하면 상당 수의 성도들이 교회를 이동한다는 말을 들었기 때문이었다. 우리는 우리교회 형편을 이해할 수 있는 건축 업자를 만나기 위해 4명의 건축 업자를 만나 설명을 들었다. 그후 2007년 10월 14일 신흥공사 대표 원종익과 다정교회 건축 위원장 최원용 그리고 담임목사의 이름으로 풍덕동 1284-23번지의 대지 위에 148.78평 3층 건물을 2억8,000만원에 계약한 후, 다음 날 계약금 3,000만원을 지급했다. 계약을 하면서 교회측에서는 건축에 대한 전문 지식이 없으니 서로를 신뢰하여 설계부터 입주까지 건축 업자가 모두 전담하는 일명 턴키방식 즉 냉난방공사, 통신음향공사, 한전인입, 상수도인입, 오수원인자부담, 개발행위 부담금을 제외한 모든 금액을 업자가 부담하기로 했다.

주민들의 건축 방해와 극한 대립을 물리치고

그러나 건축은 생각대로 쉬운 일이 아니었다. 뜻하지 않게 풍덕동 주변의 주민들이 교회 건축을 반대하며 거칠게 항의했다. 그러나 우리는 순천 시청에 탄원서를 제출했다. 시청에서는 주민들의 반대에도 불구하고 구비 서류에 법적인 하자가 없다고 하여 2007. 12. 14일 '주민들과 협의 하여' 라는 단서를 달아 건축을 허가하였다. 건축이 허가되자 주민들의 건축 반대는 더욱 심해졌다. 교회 부지 위에 '다정교회 건축 결사 반대' 라는 현수막을 붙여 놓고 일부 주민들은 시청을 찾아가 시장실 앞에서 농성을 했다. 주민들의 저항이 3개월 이상 지속되고 날이 갈수록 조직화 되고 거칠어지자 MBC TV 순천 방송국에서 최우식 기자의 취재로 두 차례에 걸쳐 아래와 같이 보도되었다.

2008년 3월 14일 '교회 건립 반대 극한 대립'
순천시 풍덕동 주민들이 주택가 인근 교회 신증축에 반대하고 나서 교회측과의 갈등이 고조되고 있습니다. 순천시 풍덕동 5통 주민들은 지난 해 말, 주민들의 반대에도 불구하고 인근 교회측이 주택가에 부지를 매입해 교회 신축을 강행하고 있다며 건축 허가를 내 준 순천시와 해당 교회측에 소음과 교통불편, 주차난, 지가하락등의 피해를 호소하면서 교회 건축 계획 철회를 요구하고 있습니다. 교회측은 그러나 수년 동안 별다른 민원이 없이 교회를 운영해 왔고 건축 허가 신청 과정도 적법한데다 공사 지연으로 금전적인 피해가 커지고 있다며 주민들의 이해와 협조를 호소하고 있습니다. 순천시는 이에 대해 민원 처리 기간을 연장해 가며 합의를 유도했으나 원만한 합의가 이뤄지지 않아 법적 절차에 따라 건축 허가를 내 줬다며 오는 18일 노관규 시장이 직접 주민들을 만나 합의점을 모색하기로 했다고 밝혔습니다.

2008년 3월 19일 '교회건립반대 주민들 시장면담 ⋯ 답은 없어'
순천시는 풍덕동 일부 주민들이 주택가 인근 교회 신증축에 반대하고 있지만 적법한 행정 절차이기 때문에 교회 건립을 막을 방법은 없다고 밝혔습니다. 순천시는 오늘 교회 신축에 반대하는 주민 대표들과 노관규 시장이 간담회를 가졌지만 주민 민원을 수렴하는 수준에 그쳤다며 적법한 절차에 따라 공사가 추진되고 있어 행정적으로 제재할 수 없다는 입장을 전달했습니다. 순천시는 그러나 주민들이 생활 불편을 호소하고 있는 만큼 교회측 관계자를 만나 이같은 우려를 전달하겠다고 밝혔습니다.

주민들과 합의를 유도하기 위해 그 해 12월 풍덕동 원풍 경노당에서 주민 대표 김숙자 외 15명, 시청 허가 민원과장 외 2명, 그리고 제가 주민들의 요구 사항을 듣고 가능한 범위 내에서 주민들의 요구 사항을 수용하고 합의를 유도하였으나 실패했다. 그 후 수 차에 걸쳐 같은 장소에서 주민들과 만나 소음과 주차난 등을 교회측에서 적극 해결하도록 노력하고 교회가 이웃에게 보탬이 되게 하겠다고 약속하였으나 역시 합의에 실패했다.
2008년 2월 어느 주일에 주민들은 나를 건축 예정지로 나오라고 했다. 나는 그날도 오전 10시 혼자서 현장에 나갔더니 주민 약 10여명이 기다리고 있었다. 주민들은 '이곳을 떠나라' 고 요구했다. 주민들에게 다시 사정했으나 막무가내 였다. 욕설이 오가고 고성이 터져 나왔다. 나는 주일 예배를 드리기 위해 그곳을 빠져 나오려고 했다. 그러나 주민들이 나의 앞 길을 가로 막자 가지 못했다. 그때 핸드폰으로 전도사에게 급박한 사정을 알렸더니 교인들 10여명이 현장에 도착했다. 교인들은 담임 목사를 위협하는 현장을 목격하고 흥분했다. '해도 너무한다' 고 한 여자 성도가 소리를 치자 주민들이 일제히 달려들어 한 바탕 소동이 벌어지는 과정에서 내가 주민들에게 멱살을 잡히게 되어 '그것은 너무했다' 는 어느 주민의 말과 함께 소동이 진정되기도 했다.

이처럼 주민들의 민원이 거칠어지고 폭력 사태까지 발생하니 순천 시장이 나를 불렀다. 순천 시장은 강력부 부장 검사 출신으로 법에 대하여는 해박한 지식을 갖고 있었다. 순천 시장이 나를 설득했다. 서류상 하자는 없어 건축허락을 하였지만 주택가로 주민들의 저항이 날로 거칠어지니 교회 측에서 양보하라는 것이었다. 나는 양보가 불가능한 이유 두 가지를 설명했다. 첫째는 법적으로 하자가 없더라도 민원이 발생하면 교회를 건축할 수 없다는 것은 있을 수 없는 일이며, 다음으로는 건축 업자에게 계약금으로 기 지급한 6,000만원을 되돌려 받을 수 없다는 것이었다. 시장과의 면담도 실패로 돌아갔지만 나는 모든 것을 각오하고 그 다음 날 건축 착공을 시도했다. 그러나 주민들은 건축지 주변을 둘러싸고 앉아 있었다. 입구에는 경운기를 주차해 놓아 포크레인이 진입을 할 수 없었다. 주민들과 다시 한 바탕 소동이 벌어지고 경찰과 시청 직원들이 출동하여 사태는 가까스로 진정되었다.

　주민과 시장의 면담, 그리고 시장과 나의 면담, MBC 방송 보도 등 일련의 과정을 거친 후 시청을 대표한 풍덕동장, 건축 과장 그리고 주민 대표 10명, 교회 측을 대표한 목사 그리고 건축 업자가 2008년 3월20일 19:00 풍덕동 경노당에서 다시 만나 내가 고뇌를 호소하였더니 마침내 주민들이 '3층 건물을 2층 건물로 변경하여 건축하면 허락을 하겠다.'고 했다. 결국 나는 설계를 변경하여 3층을 2층으로 건축할 것을 주민들에게 약속한 후 지금의 다정교회 건축을 시작했다.

　　꿈같이 시작된 건축

　2008년 3월 23일 드디어 건축이 시작되었다. 우리에게는 꿈 만 같은 일이었다. 주민 모두를 찾아다니며 감사를 표해야 마땅하지만 우선 '풍덕동 주민 여러분 감사합니다' 라는 현수막을 건축 현장에 부착하는 것으로 인사를 대신했다. 그토록 어려운 과정을 거치면서 시작된 건축이 순조롭게 진행되었다. 거칠게 저항하였던 주민들도 이제는 다정한 이웃이 되어 '어차피 시작하였으니 부흥하는 교회가 되라' 고 격려하기도 했다. 주민들의 협조가 고마워 풍덕동 5통 통장(박숙자)에게 주민을 위해 사용하라며 100만원의 격려금을 전했다. 하지만 며칠 후 '이 돈을 받으면 우리가 돈 받고 허락해 주는 것이 된다' 며 다시 돌려 주었다. 그러나 건축의 기쁨도 잠시였다. 건축 업자와의 갈등에 대한 우려가 현실로 나타났다. 1차 기성금 6,000만원은 2층 바닥 콘크리트 타설 시 지급하기로 계약서에 약정되어 있었다. 기초 바닥공사가 끝나고 2층 콘크리트 타설까지는 아직도 상당한 시간이 있어 여유를 갖고 있었다.

그런데 4월 초 어느 날 업자는 '계속 물가가 오르고 있으니 1차 기성금 6,000만원을 선 지급하라' 고 요구했다. '그렇지 않으면 나중에 문제가 발생할 수 있다' 고 했다. 우리는 그때서야 계약서를 다시 꼼꼼히 살펴보았다. 제20조(물가 변동으로 인한 계약 금액의 조정)에 의하면 ① 항에 '계약 체결 후 90일 이상 경과한 경우에 잔여 공사에 대하여 산출 내역서에 포함되어 있는 품목 또는 비목의 가격 등의 변동으로 인한 등락액이 잔여 공사에 해당하는 계약 금액의 100분의 3 이상인 때에는 계약 금액을 조정한다' 로 되어 있었다. 이에 당황한 우리는 업자를 전체 교회 앞에 세워 '추후에 이 조항에 근거하여 우리를 괴롭히지 말아달라' 는 요청과 함께 6,000만원을 선 지급하여 주겠다고 했다. 그러자 업자는 웃으며 '염려하지 말라' 고 답했다.

계약금 6,000만원, 1차 기성금 6,000만원 등 1억 2,000만원을 2층 바닥 콘크리트 타설 전인 4월에 지급하였기 때문에 우리는 2차 기성금 6,000만원에 대하여는 어느 정도 시간적 여유가 있었다. 2차 기성금은 콘크리트 구조물 완료시 지급하기로 되어 있었기 때문이었다. 그런데 콘크리트 구조물이 아직 완전한 형태도 이루지 않고 있었던 5월 어느 날 업자는 또 다시 물가 이야기를 했다. 그 때까지만 해도 우리는 업자를 의심하지 않았다. 메스컴에서는 연일 건축 자제값이 폭등하고 있다고 보도하였기 때문이다. 뛰는 물가로 인해 교회에 피해를 주지 않기 위해 후일의 다툼을 피하기 위해 어차피 지급해야 할 금액이니 교회에서 선 지급해 주기를 요청하는 것으로 이해했다.

건축에 대한 경험이 전무한 우리는 업자를 신뢰하고 그의 뜻을 따라 5월 7일 2차 기성금 6,000만원을 지급했다. 건축 착공 후 약 1개월 보름 동안에 1억 8,000만원이 지급되었다. 공정은 35% 정도 진행되었는데 건축비는 약 60%가 집행되었다. '건축비는 공정에 맞추어 지급해야 한다'고 경험자들로부터 수 차 들었다. 그러나 우리는 업자의 기분을 상하게 하고 싶지는 않아 그가 요구한 데로 지급했던 것이다. 그러나 우리의 간절한 바람에도 불구하고 업자는 내부 공사 마감시 지급하기로 한 3차 기성금 6,000만원을 외부 골격이 완전히 갖추어지기도 전인 5월에 또 다시 물가 인상을 이유로 요구했다. 우리는 그의 요구를 따를 수 밖에 없었다. 5월 30일 3차 기성금 6,000만원이 지급되었다. 건축 착공 2개월 만이며, 준공 3개월 전에 전체 건축비 2억 9,000만원의 82%인 2억 4,000 만원이 지급되었다. 마지막 4차 기성금 5,000만원은 준공 완료 후 하자 이행 증권 첨부시 지급하기로 약정되었다.

업자와 갈등으로 고충이 커가고

우리는 이 금액만큼은 준공 완료와 하자 보수까지 마친 후 지급해야 한다고 생각했다. 이제는 건축이 완료된 후까지 돈 걱정은 하지 않아도 된다고 생각했다. 며칠 후 업자는 인부들의 노임을 주어야 하니 얼마만큼이라도 지급해 줄 것을 요청했다. 하지만 준비해 둔 돈도 없었고, 차용하기도 쉽지 않았다. 업자는 심각한 목소리로 말했다. '인부 삯을 재때 주지 않으면 인부들이 교회에 찾아와 행패를 부릴 수 있습니다.' 처음 그 말을 들은 순간 나는 반발했다. '우리가 업자에게 지불할 금액을 다 지불하였는 데도 그런 일이 발생할 수 있다는 말인가요?' 그는 웃는 것으로 대답을 대신했다. 그 미소가 우리에게는 일종의 협박으로 느껴졌다. 나는 완공하기 전까지는 나머지 잔금을 지급하지 않아야 한다고 다짐했다. 그러나 어쩔 수 없이 또 다시 7월 2일에 준공 후 지급하기로 한 5,000만원 중에서 1,000만원을 지급했다. 잔금 4,000만원은 어떤 이유로도 준공 필증이 나오기 전에는 지급하지 않겠다고 다짐했다. 잔금 4,000만원이 남아 있는 상태에서 건물은 점점 완성되어갔다.

그러나 또 다른 문제가 발생했다. 건물이 어느 정도 완성되고 이사할 날을 기다리고 있던 어느 날 뜻하지 않은 사건이 다시 발생했다. 교회 내부 페인트 인부가 작업을 중단하고 더 이상 일을 하지 않았다. 이사할 날은 다가오는데 약 보름 동안 더 이상 작업을 진행할 수 없었다. 모든 작업도구를 그대로 방치해 두었기 때문에 다른 작업도 할 수 없었다. 이유는 업자가 임금을 주지 않는다는 것이었다. 어느 정도 작업을 진행하면 임금을 정산해야 하는데 아무리 사정해도 도대체 줄려고 생각지도 않는다는 것이었다. 다 끝나면 주겠다고 하는데 그 말을 믿을 수 없다는 것이었다. 업자와 페인트공 사이에는 거친 말이 오가고 감정적으로 극한 대립을 하여 목사인 나도 조정하기도 힘들었다. 그런 모습을 보면서 나는 초조하고 불안해지기 시작했다. 입주 날짜를 정해 두고 공사가 중단되어 버리니 답답하기 그지 없었다.

나는 하는 수 없이 친구에게 500만원을 차용해 8월 9일 업자에게 주면서 '이 일을 빨리 해결하라' 고 했다. 8월16일(토) 이사하던 날 페인트 업자는 아직도 분이 덜 풀렸는지 교회 정문 앞에 차를 주차해 두고 치워주지를 않았다. 우리는 사정했지만 그는 업자를 향해 욕을 퍼부었다. 성도들이 모두 나와 직접 손으로 이사 짐을 옮겼기 때문에 많은 어려움이 있었다. 어렵사리 우리는 8월 17일 주일에 입당하게 되었다. 아직 준공 검사가 나오지 않고, 하자 이행 증권도 받지 않고, 비가 오면 옥상에 물이 발목까지 차도록 고이는 등 여러 군데 하자가 발생했다. 준공 검사 필증이 나오면 잔금 3천 500만원만 지급하면 된다고 생각하고 있던 우리들에게 뜻하지 않은 소식이 들렸다.

업자가 건축 위원장 최원용씨에게 물가가 많이 상승했으니 물가 인상분 2천 500만원을 추가해 6,000만원을 교회측에서 더 지급해 줄 것을 요구했다는 것이다. 그 동안의 모든 수고와 노력이 수포로 돌아가는 느낌이 들었다. 배신감도 들었다. 2,500만원이 우리에게는 적은 돈이 아니었다. '건축 업자를 조심해야 한다' 는 말을 수없이 들었으며, 또한 많은 교회가 그런 악덕업자 때문에 고통을 받은 것을 목격했기 때문에 업자 선정에 신중에 신중을 기했다. 건축이 시작되었을 때부터 업자와 인부들에게 틈나는 대로 인사도 하고 접대도 했다. 그러나 결국 이렇게 되고 보니 건축에 대한 즐거움이 모두 사라지고 슬픔과 고통이 마음 속 깊이 스며 들었다.

우리는 더 이상 업자의 요구를 들어 줄 수 없었다. 교회에서 아무런 대답이 없자 업자가 만나자고 하였다. 순천역 앞에 있는 '만남' 이라는 식당에서 그와 마주 앉았다. 나는 그에게 '그동안 갑장(53년 생 뱀띠 동갑)으로서 친구처럼 지냈으니 웃으며 마무리 하자'고 하였다. 결국 나는 교인들의 동의를 받아 500만원을 더 주기로 약속했다. 그러자 그는 '목사님 감사합니다. 제가 2천 500만원을 요구하였지만 실상은 그 정도를 생각하고 있었습니다.' 라고 하며 기쁜 마음으로 나의 제안을 받아 들였다. 그리고 추가 비용 500만원을 받은 후 9월 말까지 모든 공사를 끝내 주기로 했다. 그리고 그 해 9월 10일 등기필 정보 및 등기 완료 통지를 받았다. 추가 요구액 500만원을 포함한 잔금 4,000만원을 추석 전인 9월 12일에 모두 지급했다.

건축 후에 불거진 복병: 법정 투쟁

드디어 모든 것이 끝났다고 생각했다. 지긋 지긋한 건축 과정에서의 고통이 이제는 사라졌다고 생각했다. 그러나 그 평안은 오래가지 못했다. 두 달이 지난 어느 날 업자는 '3,000만원을 더 내어놓아라'고 했다. 교회를 건축하면서 3개월 이상 주민들의 민원으로 건축이 중단되어 그동안 물가 인상으로 건축비가 더 지급되었다는 것이었다. 우리는 망연자실 할 수 밖에 없었다. 개척 교회를 시작한지 3년이 겨우 지난 가난한 교회에 너무나 가혹한 현실이었다. 나는 더 이상 지급할 돈도 없고, 마련할 방법도 없었다. 더 이상 밀릴 수도 없었다. 그래서 '절대 불가' 입장을 통보했다.

그러던 어느 날 사택의 씽크대를 설치한 업자가 와서 씽크대를 손봐야 한다며 사택 문을 열어 주라고 했다. 그때 나는 아무 의심 없이 사택

문을 열어 주었다. 그 분이 떠나고 며칠 후, 사택 씽크대를 확인해 봤더니 물이 흐르는 연결 부분을 훼손시켜 씽크대를 사용할 수 없게 만들어 버렸다. 일은 하였지만 업자가 돈을 주지 않아 그대로 씽크대를 사용할 수 없게 만들어 버린 것이었다. 당장 사택에 들어가 살 수가 없었다. 나의 인내에도 한계가 있었다. 나는 업자에게 전화를 하여 해서는 안 될 욕을 했다. '나쁜 자식들 …' 나는 500만원을 더 주면 마무리 하겠다던 옥상에 목양실 추가 건축과 여러 가지 하자 보수 등 모든 것을 포기했다. 흉물스럽게 남아 있는 목양실과 창고 그리고 건축 장비 등은 모두 그대로 두었다. 그것을 치웠다가는 후일에 그것 찾아내라고 할 것 같았기 때문이었다.

그런데 건축하다 중단한 목양실과 창고가 청소년들의 범죄의 온상이 되고 있었다. 불량 청소년들이 그곳에 들어가 담배도 피우고, 본드도 흡입하여 주민들의 원성을 사기도 했다. 몸과 마음이 다 지친 나에게 업자가 만나자고 하여 다시 역 앞 식당에서 함께 저녁 식사를 했다 그는 아내와 함께 나왔으며 나는 건축 위원장 최원용씨와 함께 그곳에 갔다. 업자는 그 동안에 있었던 모든 약속을 다 부인했다. 나는 그에게 양보할 수 있는 최선의 안을 제시했다. '약속대로 무조건 목양실과 창고 그리고 부탁한 하자를 보수해 주십시오. 그러면 100만원 이상 1,000만원의 범위 내에서 사례를 하겠습니다.' 2008년도 말 우리 교회는 약 1,000만원의 통장 잔고가 있었다. 교회 건축으로 사채 1억, 담보 대출금(농협 조례지점) 3억 등 합계 4억원의 빚을 지고 매 월 230만원 정도의 이자가 발생하고 있었다. 한 달 헌금 수입 금액은 평균 약 400만원 정도 되었다. 부끄럽지만 2009년도 교역자 사례비를 공개하면 목사 월 60만원, 박 전도사 월 40만원, 정 전도사 월 40만원이었다.

업자는 나의 제안을 받고 약간의 호의적인 반응을 보였다. '먼저 그 돈을 주라'고 하였다. 그러나 그것은 받아들일 수 없었다. 이제 더 이상 그를 믿을 수 없기 때문이었다. 그는 가족과 의논해 보고 대답해 주겠다고 하였다. 한 달이 지나도 아무런 소식이 없었다. 그런 어느 날 일억구백사십오만원(109,450,000)을 요구한 청구서를 경위서와 함께 교회로 보내왔다. 그 속에는 이러한 협박성의 문구가 들어 있었다. '한 사람의 기독인으로서 목회자와 법정분쟁을 일으킬 소지는 진심으로 되도록 피하고 싶음, 향후 법정 공방시 상호간에 피해가 미칠 것은 명약관화한 사항임' 그 업자는 이웃 교회 목사가 자기 교회 집사라며 소개한 분이었다. 그는 자신도 신앙인으로서 목회자에게 요구를 들어주지 않으면 법정 소송으로 받아 내겠다는 내용 증명을 보낸 것이다. 나는 이 상황 속에서 하늘을 바라볼 수 밖에 없었다. 그가 법정에 제소하면 어떤 연락이 오겠지 라는 생각에 모든 것을 하나님께 맡기고 초조하고 불안한 나날을 보냈다. 교회에 가면 맨 처음 확인하는 것이 편지함이었다.

그러던 어느날 드디어 올 것이 왔다. 채무이행 최고서가 도착했다. 주식회사 '서일' 대표 이사 서상철이 업자가 다정교회 건축시 사용한 레미콘 대금 구백이십육만오천칠십원(9,265,070)을 업자가 지급하지 않고 있으니 당시 대납을 약속한 다정교회 건축 위원장 최원용씨가 대납하라는 최고장이 왔다. 건축 위원장 최원용씨의 말에 의하면 서일 레미콘 회사에서 '업자대표 싸인과 대리인으로 다정교회에서 싸인을 해 주어야 물건을 줄 수 있다'고 하여 싸인을 망설이자 업자가 '절대 교회에 불이익을 당하지 않게 하겠으며, 피해를 주지 않을 것이니 걱정하지 말고 싸인해 주라'고 하여 서로가 믿고 기분 좋게 출발하기 위해 날인을 해 주었다고 했다. 나는 이 사실을 최고장을 받고서야 알았다. 업자의 소송에 앞서 레미콘회사에서 먼저 소송을 제기한 것이다.

건축의 즐거움도 모두 사라지고 우리 교인들은 모두 슬펐다. 다정한 사람들이 모여 서로 정을 나누고 살자던 교회가 적막강산이 되어 버렸다. 여전도 회원들은 밤이면 밤마다 교회에 나와 철야기도를 하였다. 내 자신은 밤이면 어리석은 내 자신을 생각하며 잠을 이루지 못했다. 나는 최후의 순간까지 차마 그동안의 우정을 위해서도 '법정 소송까지는 가지 않겠지'라고 생각하였다. 그러나 그 희망은 허상이었다. 2008년 12월 22일 고려신용정보 주식회사에서 '미수금변제촉구 및 송무처리안내'라는 내용 증명을 보내왔다. 그 금액이 자그마치 일억구백만원(109,000,000)이었다. 그것을 보낸 후 4일 째 되던 12월 26일 15:11경 고려신용정보 순천지사 김형민 과장이 나에게 전화를 하였다. 내용 증명서를 받고 난 후 나의 답을 듣고 싶었던 모양이었다. 나는 더 이상 아무 말도 하고 싶지 않다고 하였다. 그는 나에게 이렇게 말하였다. "그렇게 해서 목회를 잘할 수 있을 줄 아느냐?", "교회가 가압류 되었다는 것을 아느냐" 나는 더 이상 전화를 하고 싶지 않아 전화를 일방적으로 끊었다.

해가 바뀌었다. 새해에는 새롭게 시작하고 싶었다. 그러나 1월 6일 그토록 피하고 싶었던 그 일이 발생하고 말았다. 순천지원으로부터 소장을 받았다. 그날 오후 4시 55분 소장 받은 사실을 확인한 고려신용정보회사 김형민 과장이 만나서 할 말이 있다고 하며 만나 줄 것을 요구하였다. '1억원을 시간을 주면 갚겠다' 는 말을 녹음해 둔 것이 있다고도 하였다. 처음에는 만날 필요도 없다고 거부하였다. 하지만 한번 만나 보아야겠다고 생각하고 다정교회에서 1월 6일 오후 6시에 만나기로 하였다. 그는 나에게 '이 돈을 갚지 않으면 목회하기가 쉽지 않을 것이라' 고 하였다. 그 자리에서 박치기라도 해버리고 싶었지만 목사이기에 꾹 참았다. 나는 그에게 그동안 있었던 모든 과정을 차분히 설명하고 건축 업자 원종익씨가 건축하다 중단한 목양실과 창고 등 현장을 보여 주었으며, 두고 간 장비들도 보여 주었다. 그리고 부실 공사의 현장 등도 보여 주었다. 그리고 그의 소감을 물었다. "김형민 과장이라면 어떻게 하겠습니까?" 그러자 그는 모든 시설을 돌아 본 후 "안타깝습니다"는 말을 남기고 떠났다.

기적의 승소 판결, 그리고 부흥의 축복

그런 일들로 나는 정신적으로 너무나 지쳐 있었다. 그러나 그 일이 피할 수 없는 일이라면 담담한 마음으로 맞이하고 싶었다. 그리고 제2, 제 3의 또 다른 교회의 피해를 예방하기 위해서도 최선을 다해 성실하게 재판에 임하고자 결심하였다. 어떤 타협도 더 이상 하지 않기로 하였다. 처음 업자를 소개해 주었던 이웃 교회 목사님이 5천만원에 타협을 하라고 종용하였지만 악에게 더 이상 지고 싶지 않았다. 그날 이후 나는 법원에 제출할 답변서를 준비하였다. 저의 미천한 지식으로는 이미 법정대리인을 이용하여 싸움을 걸어온 상대방을 감당하기가 쉽지 않았다. 저의 고뇌가 깊어지고 갈수록 초췌 해지는 목사의 모습을 보고 성도들이 우리도 변호사를 이용하여 법정 투쟁을 하자고 하였다. 그러나 일억 원이 넘는 금액에 변호사 수임료가 400만원 이상이었다. 그 돈이면 우리 교회 한 달 살림이었다. 다행히 우리 형편을 이해한 변호사가 200만원에 사건을 수임하여 주겠다고 하였다. 그래도 모든 서류는 내가 만들어야 했다.

나는 개척에서부터 오늘에 이르기까지 모든 일들을 기억나는 대로 서술했다. 때로는 업자가 작성해 주었던 서류들도 갖추었다. 그 서류를 가지고 변호사를 찾아가 최종적으로 계약하기 전에 다시 한 번 업자를 만나고 싶었다. 그 수임료에 조금 더하여 그와 타협하고 싶었다. 목사로서 법정 소송만은 피하고 싶었다. 목사와 성도간의 피 말리는 싸움이 덕스러울 수가 없었다. 자주 만났던 식당에서 오후 3시에 약속을 하였다. 약속된 시간이 되어도 업자는 나타나지 않았다. 후에 알게 된 일이지만 채무관계를 처리해 준 고려신용정보회사에서 재판에서의 승소를 약속했기 때문이었다. 나는 어쩔 수 없이 발길을 돌려 변호사 사무실을 찾았다. 200만원에 사건 처리를 부탁하였다. 그 날 이후 분하고 억울한 마음에 잠을 이룰 수가 없었다. 승소든 패소든 하루 속히 모든 것이 끝났으면 좋겠다는 생각 뿐이었다. 패소할 경우 '일 억' 은 생각만 해도 숨이 막혔다. 이제는 다른 길이 없었다. 하나님의 도우심 뿐이었다. 우리 다정교인 모두는 절박한 심정으로 통곡하며 기도하였다.

드디어 공판 기일이 잡혔다. 2009년 4월 13일 순천지원 제407호 조정실 재판장 판사 정경현 , 판사 문경훈, 판사 정현설, 법원주사 신영민, 재판은 공개로 진행되었다. 서일레미콘회사의 건과 업자의 건이 병합 심리되었다. 재판장은 먼저 업자 측의 주장을 들은 후 그에 대한 나의 반론을 들었다. 재판장은 저에게 타협에 의사가 있느냐고 물었다. 저는 '예' 라고 대답하였다. 그러나 업자측에서는 타협에 응하지 않았다. 재판장은 저를 나가게 한 후 업자에게 종용을 하였다. 나중에는 업자를 향한 판사의 호통 소리가 법정 밖에 까지 들려왔다. 결국 재판장은 다음과 같이 판결하였다.

1. 원고는 이 사건 청구를 포기한다.
2. 피고들은 이 사건 공사와 관련한 하자 보수, 목양실 등 미시공 부분, 냉온풍기 등 시설 미비부분에 관한 모든 청구권을 포기한다.

교회 건축

교회 완공

3. 원고가 미지급 주식회사 서일에 대한 레미콘 대금은 이 사건 공사와 관련한 부분에 한하여 피고들이 부담한다.

4. 소송 비용을 각자 부담한다.

우리는 승소하였다. 단 우리와 관련이 있는 300만원을 서일 레미콘 회사에 지급하고 사건은 일단락 되었다. 그토록 무더웠던 여름도 지났다. 잠을 못 이루며 고통하던 날들도 지났다. 전화벨 소리에 놀라던 일도 아득한 옛날 일만 같다. 모든 것이 하나님의 은혜로 해결되었다. 꿈만 같았다. 전쟁은 하나님께 속한 것이었다. 개척교회의 시작과 끝은 주님의 일이었다. 우리는 향기 나는 신앙인의 모습으로 하나님의 은혜에 보답하고, 이웃 주민들에게 감사하고 싶었다. 매년 가을이면 온 성도들이 모여 한마음 가을 운동회도 하였다. 교회의 절기 때면 찬양과 축제로 하나님께 영광을 돌려드렸다. 그리고 2011년 5월 29일 순천시장과 이웃 주민 그리고 이웃 교회의 많은 성도들의 참여 속에 헌당식 및 목사위임, 장로 4인, 안수집사 5인 권사 10인의 임직식을 하였다. 그리고 지금은 교회 재적 약 150명, 출석 교인 110명, 아동부 30, 중ㆍ고등부 40명의 조직 교회로 하나님께 모든 영광을 돌려 드리고 있다.

눈물을 흘리며 씨를 뿌리는 자는 기쁨으로 거두리로다
울며 씨를 뿌리러 나가는 자는
반드시 기쁨으로 그 곡식 단을 가지고 돌아오리로다
(시편 126:5~6)

기쁨으로 단을 거두게 하신 하나님

임병록 목사 | 부안 희망교회(합동)

임병록 목사
부안 희망교회
010-2656-2921
전북 부안군 백산면 신죽로 124

04

기쁨으로 단을 거두게 하신 하나님

임병록 목사 | 부안 희망교회(합동)

"눈물을 흘리며 씨를 뿌리는 자는 기쁨으로 거두리로다"(시 126:5)라고 말씀하신 하나님께서 부족한 자를 희망교회로 보내 주시고 눈물로 씨를 뿌리게 하신 것을 감사드린다. 지난 수년 간 기쁨으로 풍성한 단을 거두게 하신 일을 간증하게 되어 모든 영광을 하나님께 돌린다. 나는 부안에서 태어나 농촌에서 신앙 생활을 하면서 농촌 교회에 대한 꿈을 가지고 준비해 왔다. 그러던 중에 1983년 9월 1일에 27살의 청년 전도사(전북신학교 2학년)로 막 결혼하여 부안 희망교회에 부임했다. 그로부터 지금까지 30년 동안 장기 목회를 하게 되었다. 부안 희망교회는 부안읍에서 10Km 떨어진 곳으로 1960년도에 설립되었다. 내가 희망교회에 부임할 당시 교회 현황은 교회당 20평과 사택 15평이 있었고, 교인들은 할머니들 중심으로 15명이 섬기고 있었다.

'뼈를 묻으리라'는 각오로 15명 교회에 부임

교구 마을은 7개 마을에 500여명의 주민이 농업을 주업으로 생활하고 있었다. 교회가 설립된지 23년이 되었는데도 부흥되지 못한 이유가 있었다. 교회 설립자이신 조정호 집사님께서 정신 질환자였는데 부흥회 기간에 강사로 모신 권사님이 안수해 준다고 몸을 때려서 소천하시게 되었다. 전도사님은 밤에 짐을 싸게 되었고 교회에서 사람을 때려 죽게 했다는 소문으로 전도가 되지 않았다. 또한 이 지역에서 잘 살았던 분이 이단에 빠져 재산을 다 잃고 자녀들이 학교도 다니지 못하고 가정이 망하게 되니 교회 다녀서 그렇게 되었다고 하면서 교회에 나오지 않았다. 마을마다 씨족 사회와 불교, 유교와 점쟁이 두 사람이 살면서 지역을 사로잡고 있었다. 나는 하나님께서 희망교회로 보내주신 줄 믿고 희망교회에 뼈를 묻으리라는 각오를 가지고 목회에 임하였다.

내가 학생 때 담임 전도사님들이 이동하시면 마음이 너무 아팠다. 그래서 앞으로 목회자가 되면 이동하지 말고 한 교회만 섬겨야 되겠다고 결심했다. 그리고 전북신학교 교장 목사님이 하시는 말씀이 조금 큰교회 나왔다고 옮겨 다니지 말고 한 우물을 파라고 하신 말씀을 나의 마음에 담았기 때문이다. 하나님께서 내 마음의 기도를 받으시고 한 교회에서 30년 이상 목회할 수 있도록 선히 인도해 주셨으며 이곳에서 퇴임할 것으로 믿고 있다. 처음에 희망교회에 부임해서 아내와 함께 7개 마을을 전도 다니면 쉬어 갈 곳이 없을 정도로 주민들이 냉정했다. 젊은 사람이 할 것이 없어 전도사 한다고 비난하고 받아주지 않았다. 4년 동안 장년은 한 분도 전도되지 않았다.

전임자 전도사님들께서 1~2년 정도 시무하시다가 이동하시는 이유가 경제적인 어려움으로 이동하시는 줄 알았는데 그것이 아니었다. 전도가 안되니까 낙심되어서 이동하시는 것을 알게 되었다. 4년이 되어 장년은 한 분이 전도 되었는데 익산에서 살다가 시댁으로 이사오신 집사님이었다. 전도는 안되고 핍박과 비난과 물질적인 어려움이 있었지만 이곳에서 뼈를 묻으리라고 서원하였기에 인내하며 두 가지 일에 집중하였다.

첫째는 기도하는 일었다. 저녁마다 예배당에 가서 철야하며 하나님께 부르짖었다. '하나님 전도 문을 열어주소서. 이 지역에도 택하신 하나님의 자녀들이 있는 줄 믿습니다. 속히 불러 주셔서 구원받고 지역을 복음화할 수 있게 해 주소서.' 부임해서 얼마 안 되었을 때 교회에서 기도하며 잠을 자는데 꿈을 꾸었다. 내가 강단에서 일어나서 예배당에 앉아 계시는 할머니들을 마구 쫓아내는 것이었다. '빨리 나가. 빨리 나가세요.' 교회당 밖까지 나가서 신발을 들고 던지면서 할머니들을 몰아내었다. 꿈을 꾸고나서 하나님께 기도했다. '하나님 제가 너무 부족해서 몇 분 안되는 할머니들조차도 다 쫓아내면 교회 문을 닫게 됩니다. 제가 부임해서 지금까지 떠나는 분은 없었습니다만.'

이런 고민에 사로잡혀 있는데 며칠 지나 설교를 준비하다가 무릎을 치는 깨달음이 왔다. '할머니들은 교인들이 아니라 교회의 형편이구나!' 희망교회가 설립된 지 23년이 넘었는데도 도움만 받고 있는 것을 다 버리고 자립하라는 뜻으로 생각이 들었다. '아, 그렇다! 보조받는 일

을 중단하자. 자립을 하도록 하자.' 그래서 부안읍교회와 노회 여전도
회의 보조를 중단하고 자립을 결심하고 하나님께 간구하였더니 성도들
을 통하여 재정적인 어려움을 해결해 주셨다. 또한 전도문을 열어 주셔
서 마을에 저의 도움을 받았던 할머니들이 십 여명 나오시게 되고 그 후
그 분 자녀들이 나오게 되었다. 전북신학교에 다닌다고 차를 세 번씩이
나 갈아타고 오가면서 보면, 세상 건물도 잘 건축 되어가는데 희망교회
당은 60년경에 건축된, 종탑도 없는 창고 교회여서 볼 때마다 너무 마
음이 아팠다. 그래서 교회를 볼 때마다 기도했다. '하나님께 예배드리
는 성전이 너무나 초라합니다. 예배당을 건축할 수 있도록 은혜를 베풀
어주소서'

성전 건축과 지역 봉사의 꿈을 꾸며

하나님께서 그 기도에 응답하셔서 기적적으로 건축 헌금을 드리게
되었다. 그리고 쌀 계 100짝 짜리를 들어서 기반을 잡은 후, 마침내 9년
만에 빚없이 건축을 완공할 수 있도록 해 주셨다. 그후 모든 예배가 하
나님께 열납되는 예배가 되었고, 말씀을 통하여 은혜 받는 성도들이 되
도록 설교 준비에 전념했다. 목회자로서 가장 중요한 기도하는 일과 말
씀을 은혜롭게 전하는데 전념했다.

두 번째로 지역주민을 섬기는 교회가 되었다. 지역 주민들이 장차 우
리 교회 성도들이 될 줄 믿고 지역 주민들을 섬기는 일을 찾아서 진력하
였다. 예수님께서 이 낮은 땅에 찾아오신 것처럼 나도 주민들을 돕기 위

해서 찾아 나섰다. 지역 주민들에게 인사하는 일에 힘썼다. 자전거를 타고 가다가도 내려서 인사를 정중하게 드렸다. 처음에는 거북스럽게 여겼지만 자주 인사를 드리니까 친밀감이 생기게 되었다. 그리고 할머니 혼자 사시는 집에 가서 보면 전구가 떨어졌든지 형광등을 갈지 못하는 집이 있으면 갈아 드렸다. 집집마다 자가 수도로 물을 사용하는데 모터가 고장나서 고생하실 때 내가 관심을 가지고 고치다보니 기술자가 다 되었다. 부속을 구입해서 고쳐주고 또 부안에 가지고 가서 수리해서 갖다 주는 등 많은 도움을 주었다.

80년도 당시에는 차가 귀했다. 중고차 12인승을 구입하여 부안에 장을 보러 가시는 분들을 도와 주었다. 전주나 익산에 입원 중에 있는 분을 심방가는데 그 마을 주민들을 모시고 다녀왔다. 한밤 중에 응급 환자가 있을 때 그 당시에는 119가 환자들을 수송하지 않으니까 내가 소방관이 되어 도움을 주었다. 전 주민 모든 애경사에 적지만 봉투를 준비해서 찾아가고 위로해 주고 기도해 주었다. 그렇게 하자 입원하신 분들이

찬양경연대회

퇴원을 하시면 대부분 헌금을 드렸다. 내가 드린 것보다 더 많이 헌금을 하며 고맙게 여겼다. 그리고 내가 부족하기 때문에 1년에 1회 정도 부흥회를 해서 은혜받는 시간을 가졌다. 그런데 10여년 하다가 그만하기로 했다. 지역 주민들이 부흥회할 때 봉투를 들고 인사차 다 오신다. 교회는 나오시지 않고 인사차 오셨다가 가신다. 그런 모습을 보고 주민들에게 폐를 끼치는 것 같아서 부흥회를 그만하기고 했다.

농촌에서는 6월, 7월은 보리 베기 탈곡과 모내기로 제일 바쁘다. 주일과 수요일 외에는 보리 탈곡을 도와주고 못자리 판을 떼어서 모내기를 도와 주었다. 그러다보니 완전히 농부가 되었다. 내가 농촌 출신이고 농고를 졸업하고 농사일이 몸에 배어 주민들을 돕는데 많은 도움이 되었다. 겨울철에 한 주민에게 전화가 왔다. "전도사님, 중국 여행 가실래요?" 가고는 싶지만 돈이 없다고 말씀드리니 경비를 다 부담할테니 같이 가자고 했다. 그래서 아내와 함께 중국 여행까지 다녀왔다.

희망교회 지역에 초등학교가 있어 유초등부와 중고등부 학생들이 많이 있다. 나는 중학교 3학년 때부터 주일학교 교사와 찬양대원을 했다. 그렇게 자라다보니 어린이와 학생들을 매우 좋아하게 되었고, 그들을 잘 돌본다. 그들에게 과자를 주고 운동장에서 놀아주고 해서 교회로 인도했다. 어른들은 한 분도 안 나오시는데 아이들은 70여명, 중고등부는 40여명 나오게 되어 예배당을 가득 채웠다. '앞으로 10년만 지나면 다 우리 교회 일꾼들이다' 라고 생각하며 양육했다. 지금은 그들이 장로, 집사가 되어 충성하고 있다. 도시 교회에서 여름철과 겨울철에 오셔서 성경학교를 해 주셔서 너무 좋았다. 세월이 지나서 1995년경에 초등학교가 폐교가 되었다. 농촌에서는 학교에서 매년 운동회를 하는데 동네 주민들 잔치날이다. 그런데 학교가 면소재지로 통합이 되었다.

기적의 전도 열매들로 성전을 채우고

우리 교회에서 지역 주민을 위한 운동회를 하기로 결의하여 매년 5월 어버이날 즈음에 지역 주민 초청 체육대회를 했다. 7개 마을 대항으로 약식 게임을 해서 1등 30만원, 2등은 25만원, 3등은 20만원씩 드리고 오신 분들은 1만원 이상 선물을 준비해서 드렸다. 또 신평리, 죽림리 두 리가 전체 줄다리기를 해서 이기면 삽을 드리고 지면 호미를 드렸다. 돼지를 잡고 식사를 잘 준비해서 대접해 드리니 전 지역주민들이 다 참석했다. 주민들은 자기마을이 이기기 위해 거의 빠짐없이 모여서 응원하는 등 운동회가 주민 잔치로 변했다. 운동회 때는 기관장님들도 오시고 칭찬을 많이 해주셨다. 그 외에도 어려운 이웃을 선정하여 구제하고 홀로 사시는 노인들을 돕기 위해 매주 여전도회에서 반찬을 만들어 배달해 드리며 돌봐 드렸다. 그렇게 해서 주민들이 하나가 되었으며, 전도

성경퀴즈대회

부안 희망교회 예배전경

의 문이 열려서 마을마다 구역이 세워지고 중심적인 분들이 교회에 나오시게 되었다.

하나님께서 전도하는데 귀신도 사용해 주셨다. 마을에서 부자이고 덕인이시고 자녀들도 현대건설 소장과 교사 등이 있는 가정에 어머니가 정신병이 생겼다. 원광대병원에 가도 낫지 않았다. 자녀들을 절에다 입적시키고 공을 드리던 분이 병원에 입원해 있으면서 익산 시내 십자가 불을 보면서 왠지 교회에 가면 살 것 같은 생각이 들었다고 했다. 그래서 남편 분에게 부탁해서 집에 오셔서 우리 교회에 나오셨다. 남편은 교회에 데려다 주고 가셨다. 그 분이 그 길로 고침 받고 교회를 물질로 크게 섬기며 권사님이 되셨다. 한 분이 나오면, 그 지역의 다른 분이 또 정신병이 들었다. 저와 집사님들이 가서 열심히 기도하고 찬송하고 예배를 드리면 병이 나았다. 그러면 또 교회에 나왔다. 동네마다 한 두 가정씩 귀신들리게 해서 전도를 해 주셨다. 귀신들린 아들 때문에 동네 점쟁이를 찾아 왔는데 그 점쟁이가 잠시 없었다. 그 동네 사는 집사님이 귀신을 떼려면 희망교회에 나오면 고침 받는다고 전도해 주셔서 한 달을 작정하고 매일 기도했더니 청년이 완쾌되어 잘 섬기고 가정을 구원해 주셨다.

처음 교회에 나오시던 분들은 대부분 동네에서 제일 어렵고 힘든 가정이었다. 새벽에 교회에 나와 눈물로 마루를 적시며 기도했다. 울면서 기도하는 소리가 마을에 들린다. 기도 소리를 듣고 교회 동네 사람들이 교회를 핍박했다. 왜 재수없게 새벽마다 교회에서 우는가 모르겠다고 듣기 싫어 죽겠다고들 말했다. 그런데 그 가정에 하나님께서 복 주셔서 자녀들이 육사에 가고 취업도 잘해서 자녀들이 잘 되었다. 동네에서 자식 제일 잘된 분들이 되게 해주셨다. 그래서 주민들이 깨달았다. '아! 나도 교회에 다녀야겠다.' 그런 식으로 어려움을 당한 분들이 교회에 나와 기도하시며 문제도 해결받고 예수님을 만나게 되어 일꾼이 되었다. 처음 교회에 나오셨던 할머님들이 잠이 없으시니까 밤 12시에도 오시고 1시에도 오셔서 저희 사택에서 쉬었다가 새벽기도를 드리고 가셨던 일들이 많았다. 첫사랑으로 뜨겁게 기도하게 해 주었다. 교회가 평안하고 부흥하게 되었다. 교회 주변의 땅을 주민들이 교회에 드렸다. 교회 옆의 논 주인은 자기 논을 교회에 내 놓았다. 그러나 교회에서는 그 논을 받지 않았다. 그랬더니 일 년 동안 농사를 안 짓고 풀밭이 되게 했다.

전도사 13년 후 목사 안수받고 성지 순례까지

그후 600평 대지에 교회를 건축하는데 땅을 정비해야 할 일이 생겼다. 그런데 7개 마을의 트랙타가 8대나 동원되어서 자원하여 흙을 다 메워 주었다. 그때는 돼지 2마리를 잡아서 한 다리씩 나눠 주었다. 그런 사연들과 함께 600평대지 위에 먼저 교회당을 건축했다. 얼마나 기쁘고 감격스러웠는지 모른다. 몇 년 지나 사택도 건축하고 또 몇 년 지나 교육관을 건축하여 농촌 교회로써는 시설이 잘 갖춰진 교회가 되었다. 세월이 지나다보니 노인 문제가 심각해졌다. 몸이 불편해서 도시에 사는 자녀들 집에 가시면 그 길로 땅 한 번 밟아보지 못하고 갇혀 계시다가 돌아가신다고 말한다. 가셨다가 못살겠다고 다시 오시는 분들이 생겼다. 그 동안 교회를 섬겼던 분들이 힘없게 되니 가기 싫은 도시로 가시는 것이 매우 마음이 아팠다. 그래서 노부모님들을 모시기 위해서 시설을 만들었다. 한 분, 한 분 입소해서 저희 부부가 부모님처럼 모셨다. 노인들을 모시다보니 아내가 고생이 많았다. 정신이 안 좋으신 분이 오셨는데 비가 오려고 하면 더 이상해졌다.

어느 날 심방을 다녀 왔더니 노인 분들이 시설에서 나가서 찾아오는데 고생을 하기도 했다. 힘들지만 어르신들을 모시고 섬기니 주변 사람들이 너무 좋게 저희를 봐 주셨다. 그러나 시설이 갈수록 좋은 곳이 생기다보니 지금은 운영을 하지 않고 있다. 그렇게 주민들을 섬기는 일에 전념하다보니 내게 부족한 것이 있었다. 전북신학교 4년을 졸업하고 총신대학원에 입학해야 되는데 입학시험에서 떨어졌다. 아직 젊으니까 하면서 충실히 준비하지 못했더니 또 떨어졌다. 전도사 혼자 목회하고, 지역 주민을 섬기면서 신대원 진학 시험을 볼 때가 꼭 1월 첫 주여서 성탄절 준비 등에 힘쓰다보면 또 준비하지 못해서 무려 5번을 떨어졌다. 다음 해 11월에 제직회에서 결정을 하셨는데 저를 2달 동안 휴가를 주어 서울에서 공부할 수 있도록 경비를 다 주기로 했다. 그렇게 결정해 준 교인들에게 너무 감사드렸다. 주일은 이웃 교회 장로님께 부탁하고 오후와 수요일은 남 집사님들이 준비해서 인도했다. 교인들은 '전도사님은 일체 내려오지 말라' 고 말했다.

나는 총신대학원 기숙사에 얹혀 살면서 도서관에서 입학 시험을 제대로 준비해서 시험을 치뤘다. 시험을 보고 오는 날 집사님들이 부안 터미널에 마중 나오셨다. "전도사님, 합격하지 않아도 걱정마십시오." "아닙니다. 이번에는 합격한 것 같습니다." 시험 발표 결과 합격해서 온 교회가 잔치를 했다. 서울로 총신대학원을 다닐 때 집사님들이 새벽 기도회와 수요 예배를 맡아서 인도해 주셔서 아무 어려움 없이 졸업하게 되었다. 1996년도에 전도사 13년하고 목사 안수 받은 후 11박 12일로 성지순례를 보내주셨다. 귀국하는 날 인천 공항까지 관광 버스를 타고 오셔서 현수막에 "축. 희망교회 임병록 목사 부부 성지순례 귀국" 이라고 써서 들고 환영해 주셨다. 같이 가셨던 분들이 다 놀라고 신문 기사 내용이라고 했다. 하나님의 크신 은혜였다. 메마른 땅에 씨를 뿌리며 섬겼을 때 기쁨으로 단을 거두며 섬김을 받았다.

지금은 하나님의 은혜로 7개 마을을 복음화해서 장년 140명 정도 모인다. 어느 마을은 안믿는 가정이 3가정 남았고, 5가정 남게 되었다. 마을마다 3/4, 2/3 정도 마을마다 복음화가 되었다. 안믿는 분들도 우리 목사님, 우리 희망교회라고 자연스럽게 말씀하시며 기쁘게 여기시고 자랑해 주셨다. 이단들이 와서 전도해도 조금도 두렵지 않았다. 앞으로 교회 나가면 희망교회에 나간다고 하시며 거절하기 때문이다. 하나님께 영광을 돌린다. 하나님의 은혜로 지역 복음화를 이루고 든든히 서 가는 중에 사랑과 대접만 받게 되니까 하나님 앞에 가서 상받지 못할 것이 두려웠다. 서원한 것은 있고 해서 하나님께 기도했다. '하나님 어떻게 사역을 해야 합니까?' 아직 50세인데 일을 할 것을 구했습니다. 농촌 소득 증대를 위해서 일해 볼까도 생각했는데 목사로 부름을 받았으니 안될 것 같았다. 고민하며 기도하는 중에 부안에 교회를 세우고 섬기기로 했다.

부안읍을 성시화 시켜 주옵소서!

기도 중에 '부안 우리 고향, 내 고향을 대한민국에서 가장 예수 믿는 사람들이 많은 곳으로 만들어야겠다'라고 다짐했다. 그리고 '부안읍 성시화를 이루게 해주세요'라고 기도를 시작했다. 부안읍은 10Km 떨어졌는데 그 곳에서 장로님과 30여명의 성도님들이 출석하고 있었다. 장로님은 새벽마다 차량을 이용하여 오가시는데 눈이 오는 겨울에는 염려가 되었다. 또 성도님들이 주일 낮에만 나오시니 믿음이 자라지 않았다. 그런 이유로 부안읍에 부안 희망교회 지교회를 세우기로 작정하고 장로님들께 말씀드렸다. 그랬더니 장로님도 매우 좋게 여겼다. 제직회에서 결의했는데 부안읍 상가 자리를 알아보니 2층, 3층은 많이 있었다. 그런데 부안에서 나오시는 자매님이 한쪽 다리가 불편했기 때문에 엘리베이터가 있는 곳을 찾아보니 부안에는 별로 없었다. 한 건물 50평이 있는데 한 달에 110만원을 주어야 할 곳이었다. 내가 "농촌교회로써는 부담이 됩니다"고 말씀드렸더니, 장로님이 "만약에 월세를 못 내면 제가 감당하겠습니다"고 했다.

그렇게 해서 부안에 지교회를 설립하기로 결정하였을 때 너무나 기뻤다. 지금도 주님의 사역이 이렇게 재미있을 수가 없다. 그런데 전혀 계획에 없던 지교회가 설립되니 월세를 내는 것만이 아니라 비품을 준비해야 하는 일이 생겼다. 또다시 기도했다. "어떻게 합니까? 강대상과 의자며 앰프시설, 전기시설 등을 어떻게 합니까?"라고 하나님께 작정하고 밤마다 기도했다. 그랬더니 하나님께 기도하는 중에 '우리 노회에서 통합한 교회'가 떠올랐다. 한 교회가 성물을 안쓰고 있었다. 새벽 기도 후에 그 교회 목사님께 전화를 드렸더니 갖다 쓰라고 해서 가서 보았더니 우리 교회를 위해서 준비해 놓은 것처럼 전체를 옮겨 오게 되었다. 1000만원을 빌려 피아노와 앰프시설을 했다. 그러나 반주자, 지휘자, 차량이 문제였다.

그래서 다시 기도했다. "하나님이 부안에 지교회를 설립해 주셨지요. 부안읍을 성시화 시켜 주실 줄 믿습니다. 첫 예배드릴 때부터 피아노도 치고 찬양대를 할 수 있게 해주세요." 이렇게 기도하고 있는데 연락이 왔다. 피아노를 구입하는데 우리 교회 집사님 친구가 익산에서 대리점을 하고 있는데 대리점을 그만두고 부안 처갓집으로 이사 오신다는 소식이었다. 그 분이 섬길 교회를 찾고 있다는 것이었다. 피아노 대리점 집사님은 조율사이며 어머님이 권사님이시고 형님이 목사님이시고 자신은 지휘자였다. 아내는 피아노 학원을 하고 있었다. 그 분들이 첫 주부터 오셔서 찬양대 지휘, 반주등을 하게 되었다. 놀라운 방법으로 하나님께서 응답해 주셨다. 교회당 시설은 이웃 교회 청년 집사님께 부탁해서 앰프, 영상을 서울에서 구입해서 설치했다.

2006년 9월 15일 설립 예배를 우리 교인들끼리 조용히 드렸다. 그런데 예배 시간이 문제였다. 고심 끝에 새벽 기도를 본교회 4시, 지교회 5시, 주일낮 본교회 9시반 지교회 11시, 주일학교 예배 본교회 2시, 중고등부 예배 지교회 2시 등으로 정했다. 오후 예배 본교회 4시 지교회 7시까지 내가 혼자 감당했고, 장년부 예배까지 주일은 6번 인도했다. 전도사님은 교육 기관을 맡았다. 그래도 재미가 있었다. 얼마나 기쁘고 재미

있었는지 모른다. 50평에서 30여명 모시고 2007년 1월까지 예배를 드렸다. 1월 중 대심방을 하는 중에 몸이 아팠다. 병원에 가서 보니 대상포진이 생기고, 당이 생겼으니 약을 주시면서 다음 날 오라고 해서 검사해 보았더니 당이 생겨서 약을 먹어야겠다고 했다. 그 후에 몸 관리를 생각하여 본교회는 전도사님이 새벽 기도와 주일 오전 예배를 인도하고 내가 오후 예배를 인도했다.

나는 부안 지교회에서 자면서 의자를 만지고 다니면서 하나님께 기도했다. '하나님 이 자리를 채워주세요. 이 자리가 가득 차게 해주세요. 주님 부안읍을 주시옵소서.'라고 간절히 간절히 기도했다. 그러는 중에 한 분 한 분 전도가 되었다. 자리가 채워졌다. 그런데 찬양대 연습을 한 곳에서 하니까 불편했다. 그래서 또 기도했다. "하나님, 찬양대 연습실과 식사를 할 수 있는 장소를 주세요.'" 그렇게 기도했더니 교회 옆의 50평 앞부분을 임대해서 사용하는 삼성화재 부안 대리점이 전화국 자리로 이사간다고 했다. 그 말을 듣고 곧바로 "하나님, 옆의 50평을 쓰게 해주세요."라고 기도했다. 그런데 월세가 100만원, 관리비가 20만원이었다. 교회당 월세와 부속 건물의 월세를 합하면 200만원, 관리비가 40만원으로 거의 250만원을 감당해야 했다.

지역 주민을 섬기는 교회로

그러나 하나님께서 넉넉히 감당하도록 해 주셨다. 50평 예배당과 50평 식당에 찬양대 연습실로 사용하니 너무나 좋았다. 모든 것을 감사 감사 할 뿐이다. 그런데 계속 전도가 되었다. 50평이 협소해졌다. 또 하나님께 기도했다. 어느 날 건물 주인이 건물을 판다고 했다. 그때 "우리는 땅을 사서 교회당을 건축해야 되니까 살 수는 없다"고 답했다. 그런데 자꾸 사라고 해서 3억 500만원을 주고 100평을 샀다. 교인들이 헌금해서 1억은 준비하고 2억은 건물을 담보로 빌려서 샀다. 건물을 산 후 벽을 헐고 예배당을 100평으로 만들었다. 4층 50평이 마침 빈자리가 있어 월세로 준비하여 식당과 찬양대 연습실로 사용했다. "주님!, 감사합니다." 매년 빚을 갚아 나가 9000만원 남았다. 지금은 내가 부안지교회를 전념하고 본교회는 전담 부목사님을 모시고 잘 진행하고 있다.

나는 부안지교회를 설립하면서 우리교회가 부안지역을 위해서, 유익을 주어서 지역을 섬기는 교회가 되어야 하겠다고 하나님께 기도했다. 그래서 장애인을 섬기는 교회가 되기로 하고 지적 장애인 부안군 지부를 설립하여 군청에서 명단을 받아 심방하여 소식을 전했다. 4층 식당을 지부로 설립하고 매주 월요일 모임을 가지고 프로그램을 진행하고 있다. 주일은 남은 음식에 보충해서 식사를 대접한다. 찬양노래 부르기, 꽃꽂이, 한글 배우기, 한 달에 한 번식 야외 나가기 등을 했다. 지적장애인들이 너무 좋아한다. 내가 월요일에 차로 태워 와서 진행한다. 주일 오후부터 월요일 새벽에 전화가 온다. "내일 데리러 오지요? 오늘 데리러 오지요?" 빠지지 않고 차량 운행을 해도 기다리고 기다리는 마음을 읽을 수가 있다. 때론 지적장애인들이 분별없이 전화를 해댄다. 그럴때면 괴로울 때도 있다. 그러나 기쁨으로 감당하고 있다. 지적장애인 부모님들이 얼마나 좋아하시는지 모른다.

이러한 교회 사역 소식을 부안군에서 알고 군의원님들이 재정을 지원해 주셔서 간사도 두었다. 우리 교회에서 많은 후원을 하여 운영하고 있다. 그리고 장애인 연합회에 연결이 되어 장애인을 섬기는 일을 해서 장애인 관계자와 장애인들이 많이 출석한다. 간사님이 계시니 교회 사무원을 두지 않아도 되었다. 6만여명이 살고 있는 작은 부안에서 좋은 일을 하는 교회로 소문이 나니 하나님께 영광이 되고 전도가 되어 매우 기쁘다. 그런데 4층 50평을 평일날 거의 안쓰는 것이 안타까웠다. 매월 월세는 나가고 있었다. 그래서 평일에 문을 열고 청소년 쉼터로 개방을 했다. 우리 교회 건물이 5층인데 건물 내에 학원이 두 곳이 있다. 그 학생들이 저녁에 식사도 못하고 간식을 먹을 곳이 없는 것을 알고 우리 교회에서 밥과 반찬을 준비해서 놓고 자유롭게 먹을 수 있도록 했다. 그 랬더니 학생들과 부모님들과 학원 관계자들이 매우 좋아했다.

이처럼 지역을 위해서 섬길 때 관계 전도를 통하여 자연스럽게 전도가 된다. 그 결과 하나님께서 부안지교회 장년 170여명, 중고등부 20명, 유초등부 40명을 모이게 해 주셨다. 전서노회 110개 교회에서 제일 어려운 교회, 문 닫게 생겼던 교회를 세우셔서 노회를 섬기게 하시고, 이제는 부안군을 섬기게 하셨다. 본 교회 지역을 전도해서 지역 복음화를 이루게 하시고, 부안읍을 복음화하고 세계 선교를 위한 비전을 가지고 지금도 재미있게 기쁘게 목회하고 있다. 간증할 수 있도록 기회를 주셔서 주께 영광 돌려드리고, 감사드린다.

성령님과 함께 10년을

고미연 사모 | 시은좌순복음교회(순복음)

고미연 사모
시은좌순복음교회
010-3322-6891
원주시 서원대로 308-20

05

성령님과 함께 10년을

고미연 사모 | 시은좌순복음교회(순복음)

2003년 11월 29일 친정 언니들 2가정, 그리고 지인의 가정과 함께 32평 지하에서 남편이 전도사 시절 내 나이 30세, 남편 36세 때 창립 예배를 드렸다. 거기서 내가 너와 만나고 속죄소 위 곧 증거궤 위에 있는 두 그룹 사이에서 내가 이스라엘 자손을 위하여 네게 명령할 모든 일을 네게 이르리라"(출 25:22). 속죄소 곧 시은좌, 은혜의 자리라는 말씀을 가지고 교회 이름을 시은좌순복음교회라고 지었다. 우리 교회에 들어오는 모든 사람들이 모두 하나님을 만나기를 소망하며 은혜가 베풀어지는 자리가 되기를 바라면서 교회 이름을 지었다. 돌아보면 시작부터 순간 순간마다 성령님께서 간섭하지 않으신 것이 하나도 없다. 창립을 준비하며 특별 기도를 할 때, 친정 아버지께 이상한 일이 생겼다. 특별히 건강의 문제도 없으셨는데 몇 주째 화장실 대변을 못 보신다는 연락이 왔다. 가까운 거리도 아니어서 어렵게 모시고 와 기도회 때 함께 합심 기도를 했다. 그랬더니 너무도 신기하게 금방 깨끗해지셨다. 친정 아버지의 치료가 우리에겐 하나님의 동행하심의 증거가 되어 큰 힘이 되었다.

은혜의 자리, 시은좌 교회를 개척하며

창립 예배를 시작으로 매일 저녁 기도회를 하고 또 새벽에는 새벽 예배를 하루도 빠짐없이 드렸다. 그렇게 6개월이 지났다. 드디어 기다리던 첫 성도가 들어왔다. 나와 함께 직장 생활을 하던 직원이었는데 그를 전도했다. 교회는 처음이라는 그가 9년 4개월이 지난 지금은 얼마나 큰 사람이 되었는지 모른다. 그에게도 많은 어려움과 아픔, 아직도 진행 중인 많은 일들이 있지만 잘 이기고 견디며 여기까지 함께 왔다. 그에게 하나님의 끝없는 풍성한 사랑과 축복이 넘치기를 정말 간절히 기도한다. 첫 성도를 시작으로 하나님께서는 매달 꾸준히 한 영혼 한 영혼을 보내 주셨다. 지체 장애로 거동이 불편한 사람, 우울증으로 하루 하루를 어둠 가운데 사는 사람, 몸은 불편하고 생활은 가난에 찌들어 희망이 없어 보이는 사람들도 많았지만 한 영혼 한 영혼이 얼마나 귀하고 소중한가! 하나님은 우리에게 몸과 마음이 많이 아픈 사람들을 보내 주셨다. 최선을 다해 성도들을 섬기려고 노력했다.

그렇게 1년이 가까워 올 때 남편은 목사 안수를 받기 위해 준비하며 앞으로의 목회를 위해, 그리고 자신의 영성을 위해 40일 금식을 결단하고 금식에 들어갔다. 정말 어렵게 40일을 끝냈다. 금식이 끝나면서 하나님께서 보내 주신 5명이 한 가족인 이 가정은 그때부터 지금까지 충성스런 모습으로 하나님 앞에 열심을 내고 있다. 어렵고 힘들었던 40일이였던 만큼 이 가정을 시작으로 이 후에 부어 주신 하나님의 놀라운 축복은 말로 표현할 수 없다. 목사 안수를 받고 첫 침례식을 가지던 날 얼마나 기쁘던지 … 우리 교회를 통해 구원받는 그 영혼들을 바라보니 얼마나 심장이 뛰던지 … 개척을 하고 3년이 될 때까지, 지금도 빠른 속도는 아니지만, 계속 꾸준히 성장 되고 있다. 많은 일들을 다 표현 할 순 없지만 후두암을 고치신 놀라운 일, 우울증과 대인 기피 공황 장애로 머리를 들어 사람과 눈도 못 마주치던 형제가 서서히 치료가 되어 결국은 그가 이루고자 하는 일을 이루는 것을 보았다. 하나님께서 하시는 일들은 정말 놀랍다.

남편은 특별히 육신의 질병과 또 마음의 상처로 인해 병이 든 성도들을 위해 특별한 기도를 해 주었다. 밤이 맞도록 기도하며 아픔을 들어주며 그렇게 많은 시간을 보냈다. 개척을 해서 지금까지 남편은 잠시도 교

겨울철 소외된 이웃에게 연탄나누기

시은좌순복음교회 예배전경

회를 가만히 두지 않는다. 매달 작은 일이라도 성도들이 참여 할 수 있는 일을 만들었다. 매주 중보기도 모임, 매주 화요일은 전도의 날로 차와 음료수, 화장지, 사탕 등을 가지고 나가 전도한다. 그리고 얼마 되지 않는 성도들이었지만 전 교인 체육대회, 2~3명이라도 어르신 성도님들을 위해 봄 가을이면 바깥 나들이, 겨울이면 소외된 이웃에게 연탄 나누기, 이웃을 섬기기 위한 사랑의 바자회등 작은 교회임에도 불구하고 재정의 50% 이상을 나눔과 섬김을 위해 사용했다. 그래서인지 주변의 믿지 않는 많은 사람들에게도 좋은 이미지를 심어주는 교회가 되었다.

치유의 기적과 양육으로 꾸준히 성장해

또 나는 사모의 자리에서 할 수 있는 일들을 생각해 보며 처음엔 혼자, 그리고는 몇 명의 여자 성도들과 함께 이사하는 성도들의 집을 찾아가 이삿짐을 함께 싸며 집 청소도 해 주며 정을 쌓아 나갔다. 지금도 이 봉사는 계속하고 있다. 사업장을 시작하는 성도들과는 함께 개업 인사를 다니며 가가호호 개업 떡을 돌리기도 했다. 그렇게 매일을 성도들과 함께 잠시도 가만히 있지 않았다. 개척을 하고 2년이 조금 넘었을 때 작은 교회는 하고 싶지만 정말 잘 안되는 것이 있다. 양육 시스템이다. 양육을 위한 많은 세미나를 다녀 보았고 적용도 해 보았지만 양육 시스템이 자리를 잡기란 너무 어려웠다. 그러던 중 온누리교회의 일대일 제자양육을 알게 되어 시작하게 되었다. 처음 교회에 나온 초신자부터 수십 년을 다닌 집사까지 양육을 해야겠다는 판단이 되면 무조건 일대일 제자 양육을 했다. 그래서 정착이 되고 믿음의 뿌리를 내리게 된 성도도 여럿 있다.

어느 날 일대일 양육 과정을 마친 한 자매가 너무 고마워하며 편지를 썼다. 양육을 마치며 "나도 사역자가 되어야겠다. 순종하자"하고 결단하며 행동으로 옮긴 건 처음이라고 하며 감사의 편지를 썼다. 편지를 읽으며 또 그 자매의 신앙 생활을 보며 하나님 앞에 너무 감사했다. 잘 해준 것도 없는데 너무 바빠 제대로 신경도 못 써줬는데 이런 감사의 편지를 받으니 부끄러웠다. 그렇지만 하나님께 감사했다. 하나님께서 그에게 감동 주시고 깨닫게 하셨기 때문에 그에게 놀라운 일이 일어났음을 난 알고 있다. 결국 성령님이 하신 일이다. 그렇게 지금까지 계속 일대일 양육을 하고 있다.

지금 우리 교회에서 하는 양육은 처음 온 새 가족을 위한 새 가족반 4주 그리고 일대일 제자 양육이 전부이다. 그렇다 보니 문제는 아직도 함께 양육을 할 성도를 세우지 못했다는 것이다. 양육자를 세우기 위해서는 또 다른 어떤 과정을 거쳐야 할 것 같은데 쉽지 않다. 양육자를 위한 과정, 큐티 모임 같은 여러 모임들을 갖고 싶지만 남편과 내가 전부를 하기엔 너무 벅차다. 늘 아쉬움은 우리 교회도 얼른 부교역자들이 많아져서 사역을 함께 나눴으면 하는 바람이다. 감사하게도 작년부터 교육부에 전도사님 한분을 모셨다. 그래서 중.고등부와 청년부를 맡겼다. 중·고등부와 청년부를 바라보면 더 감사하지 않을 수 없다.

개척 예배를 드리고 첫 주부터 주일학교 예배를 드리기 시작했다. 1명을 데리고 시작한 주일학교가 지금도 꾸준히 어린 영혼들을 전도하고 양육하여 학생부로 올려 보내고 있다. 처음엔 혼자 1명을 시작으로 2년이 조금 넘었을 땐 주일학교가 33명까지 성장이 되었다. 주일학교에 처음 전도된 자매가 있다. 동생은 4학년, 언니는 5학년 때 처음 우리 교회를 나왔다. 홀어머니 밑에서 자라는 아이들이어서 상처도 많고 아픔도 많은 아이들이다. 그렇지만 이 아이들이 믿음으로 자라 지금은 청년부뿐 아니라 우리 교회에서도 중추적인 역할을 맡고 있다. 얼마나 든든하고 기특한지 … 그렇게 혼자 시작한 교육 부서가 지금은 주일학교, 중·고등부, 청년부로 자리를 잡아 골고루 성장하며 그 빛을 발휘 하고 있다.

　남편은 교육부서에 물질을 아끼지 않는다. 특별히 여름 행사를 통해 아이들이 복음과 은혜를 경험하게 하기 위해 열심히 기도로 준비한다. 그리고 온 성도가 한 마음이 되어서 그들을 위해 기도와 헌신을 하게 하므로 주일학교부터 청년에 이르기까지 모든 아이들이 하나님을 경험하게 된다. 어디에다 내 놓아도 손색이 없는 주일학교 교사들의 준비와 영성, 그들로 인해 여름 성경학교와 매 주일 드리는 주일 예배가 얼마나 은혜가 넘치는지 … 또 언제나 꾸준히 자기 자리에서 맡겨진 일에 충성을 다하며 헌신하는 중.고등부 교사들, 현재는 청년부의 교사는 따로 세우지는 못했지만 전도사님께서 혼신의 힘을 아끼지 않는다. 그래서 더 든든히 세워지는 청년부! 너무 사랑스럽고 감사하다. 현재는 주일학교 25명, 중고등부 17명, 청년부 17명이지만 앞으로 하나님께서 더 많은 구원받는 영혼들로 성장시켜 주실 것을 믿고 바라본다.

6년만에 기도대로, 성전 부지를 주신 축복

또 남편은 개척 초부터 찬양에 많은 비중을 두었다. 그래서 빠듯한 재정이지만 좋은 악기를 하나 하나 구입했고 또 아이들을 직접 학원을 보내 가르쳐 결국 찬양팀을 만들었다. 그렇게 만든 찬양팀이 지금은 5개의 찬양팀으로 구성이 되어 시간 시간마다 은혜를 끼치고 있다. 그래서 악기 소리와 찬양 연습 소리로 교회는 매주 시끌시끌하다. 행복하다. 매년 청.장년 평균7~8명 정도가 침례를 받았다. 이 또한 얼마나 감사한 일인가! 교회를 이동해 오는 성도도 있지만 예수님을 처음 믿는 초신자들도 매년 꾸준히 보내 주신다. 그래서 일 년에 한번 있는 침례식은 우리 교회 잔칫날이다. 주일학교부터 장년에 이르기까지 모든 성도가 함께 나가 축복해 주며 삼겹살 파티로 맛있는 점심을 먹으며 즐거운 시간을 보낸다.

남편은 초신자든 기존 성도든 하나님께서 보내 주시면 먼저 목장(구역)에 넣었고, 남.여선교회를 통해 교제를 나누게 하고 일대일 양육으로 정착시켰다. 상황이 이렇다 보니 남편과 나는 예배 뿐 아니라 심방과 양육 등 여러 다른 사역들로 늘 바쁘게 움직일 수 밖에 없었다. 이 또한 너무 감사한 일이다. 작은 교회 할 일이 없다고 하는데 처음부터 잠시도 한가한 시간이 없었던 것 같다. 늘 이렇게 시간을 보내다 보니 마음 한 구석엔 아린 마음으로 바라 볼 수 밖에 없는 이가 있다. 하나 뿐인 아들이다. 남편은 처음부터 개척하고 목회가 안정되면 그때 낳자고 했다. 그런데 손주를 너무 기다리시는 시부모님의 마음을 외면할 수 없어 하나님께 기도하며 아이를 낳았다. 하나님이 키우시지만 부모의 입장에서 바라볼 때 해 줄 수 있는 것이 너무 없고 늘 시간에 쫓겨 사는 부모 때문에 아이는 외로움 속에서 성장하는 것 같아 마음이 아프다. 하나님이 주신 나의 자녀도 믿음 안에서 잘 자라게 하고 싶은데 늘 신앙의 사각 지대에 놓여 있는 것 같아 답답하다. 그렇지만 건강하게 바르게 자라 주는 것 같아 다행이고 감사하다.

이렇게 5주년이 되었을 때 처음으로 안수집사와 권사를 세웠다. 기쁨과 은혜의 시간이었다. 하나님의 일꾼을 세운다는 건 뜻 깊은 일이다. 또 그때 세워진 일꾼들은 지금까지 충성스런 모습으로 헌신하고 있다. 지하의 성전이 비좁아 건축을 위해 기도를 하던 중 하나님께서는 6년째 되던 해 2009년 12월 18일 406평의 건축 부지를 주셨다. 406평의 부지를 기도 제목 그대로 주셨다. 기도 제목 첫째, 기존의 성전에서 그리 멀리 않은 곳에, 둘째, 너무 외곽으로 벗어나지 않기를 그래야 기존의 성도들이 불편 없이 차 없이도 성전을 찾지 않겠는가! 셋째, 우리 형편을 아시니 형편에 맞도록 주십시오. 기도 제목대로 그리 멀지 않은 곳에 도심 속에 형편대로 주셨다. 도심 속에 있지만 전원 교회처럼 뒤쪽에는 작은 산이 있어 사계절을 볼 수 있고 느낄 수 있는 너무 멋진 곳을 주셨다.

기도하고 준비했지만 우리 교회도 역시나 건축으로 인한 시험을 피해가지 못했다. 건축에 부담을 갖고 불평을 하며 교회를 나간 성도들이 있었다. 건축을 시작하니 성도들의 믿음이 보이고 교회에 대한 애착의 정도가 보였다. 남편은 "모두 현재 그 자리에서 지금 처럼만 하면 재정에도 아무 문제가 없고 우리의 아이들과 몸이 불편한 성도님들이 더 좋은 환경 속에서 더 은혜로운 예배를 드릴 수 있다"고 부탁했다. 그러나 "하나님의 뜻이 아니라며, 목사의 영성이 바닥을 친다"며 저주를 하고 나간 성도들도 있었다. 남편과 나는 건축에 대한 어려움보다 그런 성도 들에게 받는 상처와 스트레스가 더 힘들고 괴로웠다.

지하에서 지상으로 탈출시켜 준 은혜로운 건축

어려운 형편 속에서 성도들은 건축 헌금을 하기 시작했다. 장애의 몸을 가지고 사격 선수로서 국내, 국외 대회에서 힘들고 어렵게 딴 값진 금메달들을 건축 헌금으로 선뜻 내 놓은 유집사님. 그는 몇해 전 남편을 먼저 보내야 하는 아픔을 겪었다. 또 새벽부터 밤 늦게까지 식당 일을 하며 아들을 키우는 성도, 우울증을 앓고 있는 딸의 치료와 생계를 위해 쉴 틈 없이 일 해야 하는 성도 등 일일이 열거할 순 없지만 건축에 함께 동참 했던 성도 한 사람 한 사람의 얼굴은 지워지지 않는 내 기억 속에 저장되었다. 그렇게 피와 땀이 묻어있는 헌금들이 모아지기 시작했고 건축은 시작되었다.

2010년 9월 12에 기공 예배를 드리고 2010년 10월 4일 성전 건축을 시작하였다. 약 4개월에 걸쳐 진행된 건축은 2011년 1월 31일에 완공 되었다. 1층은 110평으로 예배실, 사무실, 식당, 화장실. 2층은 사택과 목양실 34평으로 지어졌다. 남편은 매일 새벽, 새벽 차량 운행을 시작으로 새벽 예배, 수요예배, 금요철야예배, 주일예배 빠짐없이 예배를 드리며 하루도 빠짐없이 건축 현장에서 건축의 모든 과정을 진행하였다.

너무 감사하게도 공사를 하는 기간 동안 한 건의 사고도 일어나지 않았고 모든 것이 계획대로 잘 진행이 되었고 좋은 사람들을 만나 예상한 금액의 공사 비용으로 건축을 마쳤다. 건축할 때를 떠 올리면 그때 함께했던 성도들의 모습이 잊혀지지 않는다. 그 해 겨울은 유난히도 추웠던 것 같다. 그렇지만 따뜻한 성도들의 마음이 주위의 모든 상황과 날씨까지도 따뜻하게 느껴지게 했던 것 같다.

매일 하루도 빠짐없이 퇴근과 동시에 박카스를 사들고 오셔서 그날의 일이 다 끝나면 주변을 깨끗이 청소 해 주신 안수 집사님, 직장인지 교회인지 구분이 안 될 정도로 목사님과 붙어 계시며 함께 몸으로 힘쓰며 헌신하신 또 한 분의 안수 집사님과 중풍으로 인해 몸이 불편함에도 불구하고 뭐든 도움이 되었으면 하는 마음으로 처음부터 끝까지 함께한 최 집사님, 매일 국수를 끓여 참을 준비해 주신 여자 집사님들, 사업장 일은 뒷전으로 하고 오셔서 함께 망치질을 해 가며 새벽부터 밤늦게까지 땀을 흘리며 일 해 주신 안 집사님, 적기 적소에 전기며 음향 시설을 잘 설치해 주시는 안수 집사님, 그 외 현장에 자주 오시지는 못하셨지만 매일 새벽으로 함께 기도하며 힘을 주신 성도님들, 추위에 떨고 있는 남편을 보고도 내복을 입혀야겠다는 생각을 못한 나에게 목사님 내복이라며 꼭 입히시라고 내복을 사 주신 이 권사님 등 모두 눈물겹도록 고마운 분들이다.

그 외에도 성전 의자, 강대상, 바닥 타일, 화장실 타일, 주방 씽크대, 도배지, 장판 등 일일이 발품을 팔아가며 구입한 성전의 성구들과 건축 자재들, 일일이 열거 할 순 없지만 건축을 하는 동안 자신의 자리를 지키며 믿음으로 바라 봐 주신 성도님들. 그래서 우리 교회는 은혜롭고 예쁘게 건축되었다. 지하에서 지상으로 함께 탈출한 믿음의 전우들! 그들을 결코 잊을 수 없다. 함께 수고하고 헌신한 성도들, 그들의 노고에 하나님의 특별한 축복이 있기를 기도한다. 하나님께서는 매년 평균 10가정의 새로운 가족들을 보내 주신다. 지금은 새로운 곳에서 처음 만나는 성도들과 함께 은혜의 추억들을 만들어 가고 있다. 기쁘고 행복하다.

떨림과 두려움으로 드린 창립 예배가 올해 10주년을 맞이 했다. 그래서 얼마 전 10주년 기념 임직 감사 예배를 드리며 장로, 안수집사, 권사를 세웠다. 기쁨과 은혜 가운데 드린 임직 예배로 인해 교회가 한 층 더 성장한 것 같아 더욱 감사하다. 아직도 부족함 투성이고 안개 속에서 허우적거리는 것 같지만 그 안개 속에서 한 걸음 한 걸음 인도하신 하나님, 앞으로도 인도하실 하나님을 더욱 신뢰한다. 돌아보면 연약한 믿음 때문에 내 짐을 주님께 맡기지 못한 채 너무 마음 아프고 심장이 울렁거려 잠 못 이루는 밤도 많았지만 한 영혼 한 영혼이 믿음으로 세워지는 것을 보며 기쁨을 느낄 때가 더 많았던 것 같다. 특히 목회가 너무 힘들어 하루 건너 한 번씩 목회의 보따리를 쌌다 풀었다 할 때 늘 뒤에서 마음의 버팀목이 되어주신 친정 부모님께 감사드린다. 교회가 힘들어지고 남편의 얼굴에 근심과 걱정이 드리워 질 때마다 함께 마음 아파하며 기도해 주신 시부모님도 감사의 일 순위다.

마지막 순간까지 섬김의 길을 가련다

올 봄 시아버님께서 대장암 진단을 받으셨다. 남편과 나는 너무 마음이 아파 어떻게 해야 할지를 몰라 하나님 앞에 나아가 무릎을 꿇었다. 그런데 기적 같은 일이 또 일어났다. 어느 날 주무시고 일어나신 아버님의 베개가 피로 흠뻑 젖어 있었다. 의사들도 놀라 모두 이곳저곳을 다 검사해 봤지만 그 혈액이 어디서 나왔는지 알 수가 없었다. 그렇지만 우린 안다. 하나님의 치료하심이다. 처음 진단과는 달리 병원에 입원하여 하나 하나 검사와 수술을 진행하시던 아버님은 대장암 1기로만 끝나고 항암 치료나 그 외 다른 치료는 하나도 받지 않으셔도 된다고 하셔서 수술 후 퇴원하셨다. 그리고는 지금도 열심히 운동하시며 건강을 회복해 가고 계신다. 우리 가운데 함께 하시고 역사 하시는 하나님께 뜨거운 눈물로 감사했다.

예전에 남편과의 결혼을 며칠 앞두고 갑자기 두려움이 엄습해 왔다. '결혼을 하면 사모의 자리에 있어야 하는데 잘 할 수 있을까? 과연 할 수 있을까? 어떻게 해야 하지?' 그런 두려움 때문에 도망치고 싶었다. 그때 답답한 마음으로 작정 기도를 한 적이 있다. 마지막 날 밤 비몽사몽간에 들려주셨던 주님의 음성이 지금도 잊혀지지 않는다. "두려워 말라 내가 너와 함께 함이니라 놀라지 말라 나는 네 하나님이 됨이라 내가 너를 굳세게 하리라 참으로 너를 도와 주리라 참으로 나의 의로운 오른손으로 너를 붙들리라"(사 41:10).

이 말씀은 지금도 여전히 나에게 힘과 위로가 되어 주신다. 이제 남편의 목회가 삼분의 일 지점에 온 것 같다. 남편과 나눈 대화 중에 이런 대화가 있었다. 남편이 나에게 물었다. "당신은 목회가 뭐라고 생각해?" 내 대답은 "섬김이지!" 다시 초심으로 돌아가 섬김의 자리에서 순종의 마음을 다시 다잡으며 주님께서 예비하신 길을 걸어가야겠다. 험하고 어두울 때도 많지만 하나님께서 나를 위해 계획하신 축복의 길임을 잘 알고 있기에 오늘도 감사함으로 나아간다. 우리 가운데 끊임없이 역동하신 성령님! 그 성령님을 오늘도 찬양한다. 할렐루야!!!

예수는 영원히 계시므로
그 제사장 직분도 갈리지 아니하느니라
그러므로 자기를 힘입어 하나님께 나아가는 자들을
온전히 구원하실 수 있으니
이는 그가 항상 살아 계셔서 그들을 위하여 간구하심이라
(히브리서 7:24~25)

제3회 전국 미자립교회 개척수기 공모전 | **우수상**

행복한 개척자

박영민 목사 | 새광명교회(기감)

박영민 목사
새광명교회
010-4756-1191
서울시 구로구 개봉2동 259-13

06

행복한 개척자

박영민 목사 | 새광명교회(기감)

1989년 나는 아무 것도 모른 채 경기도 연천군 한탄강 주변에 있는 34년 된 백의교회로 첫 목회를 나갔다. 아는 사람도 없고, 한 번도 가본 적이 없는 위도 상으로 38선이 그어진 한탄강 줄기에 높은 산 중간 자락에 등대처럼 서 있는 백의교회는 지나면서 보기에는 사진 속에 나오는 유럽의 어느 교회처럼 아름다워 보였다 하지만 막상 부임해 보니 황량하기 짝이 없었다. 89년 11월 28일 서울보다도 5℃가 낮다고 하는 몹시도 차가운 초겨울에 백의교회에 이삿짐을 풀었다. 첫 목회지로 이사하는 것이라 부모님과 형제들이 함께 했다. 당시 이삿짐을 풀 주택은 번개칠 때의 섬광처럼 벽에 금이 쫙~ 가 있는데다 다 쓰러져가는 열 평 남짓한 건물이 전부였다. 부엌이라고 붙어 있는 것이 버려진 창고보다도 더 허름했다. 벽돌 쌓고 미군들이 사용했던 스레트를 얻어 지붕을 덮었지만 구멍이 뻥뻥 뚫려 비만 오면 부엌과 방에 온통 양동이를 즐비하게 놓아야 했다.

이사하는 날 살림살이를 다 정리해 주고 난 후에 집으로 돌아가시며 고생할 며느리를 생각하며 어머니께서 하염없이 울면서 가셨다고 한다. 짐을 정리할 것도 별로 없었지만 어느 정도 정리하고 첫 번째 수요 저녁 예배를 맞았다. 누구나 마찬가지겠지만 첫 교회 부임 설교하는 것이 얼마나 가슴 떨리는 일인가? 찬양이 시작되고 대표 기도 시간이 되었다. 교회가 내홍(內訌)으로 어려웠다는 것 외에 아는 것도 없고, 아는 사람도 없기에 '권사님 계십니까?' 라고 묻자, 할머니 권사님 한 분이 손을 들었다. 그래서 대표 기도를 부탁했다. 기도 처음부터 끝까지 교회가 하나 되게 해 달라고 얼마나 간절하게 기도하시는지 울면서 기도를 드렸다. 그런데 예배당 밖에서 갑자기 우르릉 쾅쾅 쿵쿵하는 떠들썩한 소리가 들려왔다. 무슨 소릴까? 아마 지금 같았으면 무슨 일인지 눈뜨고 봤을 텐데 그 때만해도 기도 중에는 눈뜨면 안 되는 줄로만 알았던 순수한 나는 무척 궁금해 할 뿐 눈을 뜰 수 없었다. 그리고 기도가 다 끝날 때까지 인내심을 발휘하며 눈을 감고 기도를 드렸다.

두 파로 나눠진 첫 목회지에서

그런데 이게 웬일인가? 기도 전에는 분명 29여명이 참석했던 사람들이 절반이나 없어졌다. 이유인즉 목사님을 쫓아낸 사람을 왜 대표 기도를 시켰느냐는 것이었다. 11년을 목회한 환갑 직전의 목사님이 계셨는데 목사님 편에 있던 성도들이 목사님을 쫓아낸 편의 사람을 기도시켰다고 기도 중에 다 나가 버린 것이었다. 결국 그날부터 나는 기약이 없는 금식 기도에 들어갔다. 어려서부터 고향 교회에서 자연스럽게 배웠기 때문이다. 목 금 토 … 수요 저녁 예배에는 힘 있고 박력 있게 설교하던 전도사가 갈수록 새벽 기도 시간에 첫 날과 같지 않자 성도들이 아내에게 물었단다. "전도사님 어디 편찮으세요?". 아내 역시 아무것도 모르고 시집 왔다. 신학을 공부했기 때문에 자연스럽게 훌륭한 목사님들의 중매가 줄줄이 들어 왔지만 자기는 목회자 사모는 안한다고 다 거절했었는데 군대를 갓 제대한 복학생에게 눈이 멀어 시집을 왔기 때문에 목회에 대해서는 아무 것도 모를 뿐 아니라 준비도 되어 있지 않은 상황이었다. 지금 같았으면 다르게 둘러 댔을텐데 금식 기도 중이라고 얘기를 했단다. 그때 양쪽 대표 두 권사님들이 찾아와 물의를 일으켜 죄송하다고 앞으로 이런 일들이 없을 테니 금식을 그만 하란다.

하여튼 응답을 3일 만에 해 주시어 금식을 3일로 끝나게 해주신 하나님께 정말 감사를 드렸다. 이렇게 빨리 응답해 주시다니 ……. 아내와 더불어 감사 기도를 드렸다. 그러나 문제는 그때 부터였다. 매 월 마지막 주에 월례 회의가 있었는데 예배를 마치고 회의만 열면 사사 건건 서로가 반대하는 것이었다. 한 쪽이 의견을 내놓으면 한 쪽은 무조건 반대한다. 정말 난감한 상황으로 89년 11월부터 90년 따사한 봄빛을 보는 5월까지 교회는 방향 없이 달리는 돗단배 처럼 표류 중이었다. 이런 저런 문제 때문에 금식 기도와 철야 기도를 밥 먹듯 하는 것이 첫 목회였고 행사였던 것 같다. 나는 나이도 어린데다 너무 부족한 것을 느꼈기 때문에 항상 새벽 3시에 일어나 말씀을 준비하고 기도했다. 첫 부임지에서도, 부목사 시절에도, 개척하고 나서도 매일 3시에 일어나 빠지지 않고 새벽기도를 준비하고 기도했다. 이것이 나의 부족한 부분을 메꿀 수 있는 길이라고 생각했기 때문이다. 그 부족함을 만회하고 목회자다운 목회자가 되기 위해 더 무릎을 꿇어야 했고, 더 책을 읽어야 했고, 더 성경을 붙잡은 이유였다.

강한 전율로 다가온 "내가 너를 도우리라"는 말씀

5월 어느 날 새벽, 지금도 그렇지만 평소에 새벽 기도를 하고는 잠을 자지 않았는데 그날은 무척 피곤하여 새벽 기도 후에 잠시 눈을 붙였다. 그런데 잠시 눈을 감고 살포시 잠이 드는 순간 "내가 너를 도우리라"는 음성을 들었다. 너무나 깜짝 놀랐다. 더 놀란 것은 얼마 후 성경을 읽는데 이 말씀이 바로 이사야 41장 14절에서 어렵고 힘든 상황에서 이스라엘에게 똑같이 말씀하고 계신 것을 보고 온 몸이 전기에 감전되듯 전율이 흘렀다. "내가 너를 도우리라"는 하나님의 말씀을 듣기 전에는 성도님들이 호랑이처럼 무서웠다. 회의를 하면 회의를 하는 것이 아니라 서로가 서로를 반대하고 헐뜯고 욕하다가 끝났던 것 같다. 그런데 어제까지만 해도 성도들이 호랑이처럼 무서웠었는데 '내가 너를 도우리라'는 음성을 듣고 난 후로 나에게 신기한 일이 벌어졌다. 성도들이 무서운 존재가 아니라 고양이 같이 귀엽고 사랑스러운 존재로 보였다.

이때부터 교회에 새로운 봄 기운처럼 훈훈한 바람이 불기 시작했다. 목회도 소신껏 주님만 바라보며 열심히 달렸다. 분열되었던 교회가 하나 되고, 비록 시골 교회였지만 서서히 부흥되었다. 교회 학교도, 중·고등부도, 심지어 청년들도 부흥하였다. 첫 목회를 나가 너무 힘들고 지쳐 하나님께 울면서 밤새워 따진 적도 있었다. '하나님 제가 목회하러 왔지 이곳에 싸우러 왔습니까?' '이 사람들이 하나님의 백성 맞습니까?' 묵묵 부답이던 주님께서 "너 나를 사랑하느냐?"고 물으셨다. 그때 "주님 제가 주님을 사랑하지 않으면 왜 아무 연고도 없는 38선까지 와서 이 고생을 합니까?" "그럼 내가 사랑하는 성도들을 너도 사랑하라"고 말씀해 주셨다. 이 말씀이 베드로에게 하신 말씀이었고 성경에 기록된 내용이라는 것을 전혀 생각 못하며 주님과 대화하며 기도드렸다.

1991년 여름 양수리 수양관에서 별세목회 연구소 이중표 목사님이 인도하던 전국목회자 세미나에 참석해서 기도하는 중에 내게 있어서 목회의 방향을 잡는 아주 중요한 사명을 주님께서 주셨다. 너는 앞으로 목회자를 깨우고, 교회를 건강하게 세우라는 사명이었다. 시골에서 아무것도 모르는 새파란 전도사로서는 도저히 감을 잡을 수 없던 사명이었다. 내 목회하나도 제대로 할 수 없는 전도사에게 이런 사명을 주신 것 자체가 말도 안되는 사명이었지만 할 수 있는 것이 기도뿐이었기에 하나님의 뜻을 이루는 종이 되게 해달라고 날마다 철야와 금식을 반복하며 목청껏 부르짖어 기도할 뿐이었다.

풍파 많던 교회가 하나님의 은혜 가운데 안정 되어지면서 자연스럽게 부흥하여 장년 성도가 100여 명을 넘었고 중고등부 60여명 청년부

20여명으로 어느 목사님이 오셔도 되겠다는 마음이 들었다. 아무 것도 몰랐지만 사명 따라 살겠노라고 첫 부임지를 뒤로하고 개척하기 위해 1995년부터 부담임 목사의 길을 걷기 시작했다. 부담임하는 이유는 오직 하나였다. 교회 개척을 너무하고 싶은데 개척 자금이 없는 나에게 부담임으로 교회를 섬기면 개척을 시켜준다니 이것은 나에게 복음과도 같은 가장 기쁜 일이었다. 부담임으로 봉사하는 일이 야곱이 사랑하는 라헬을 위해 외삼촌 라반을 섬기는 일이 칠년을 수 일 같이 여겼던 것 것과 같았다.

그토록 꿈을 꾸던 교회 개척의 길이 열리고

쏜살같이 지나간 부담임 목회 4년 6개월이 지났다. 그러나 내 가슴은 늘 개척 교회의 꿈으로 꽉 차 있었다. 그런데 개척할 때 힘이 되어 줘야 할 사모가 '우리는 부목사 체질이야, 그러니 개척하려면 혼자하세요'라며 개척을 극구 반대했다. 개척의 꿈을 품고 부목사로 봉사하다가 다른 사람도 아닌 개척할 때 가장 힘이 되어 줘야 할 아내에게 뒤통수를 맞은 것이다. 부목사 아내로 지내면서 장구, 플룻, 가야금, 영어, 일어, 종이접기, 만돌린, 피아노, 요리, 꽃꽂이 …… 등 교회와 동사무소에서 문화교실 강좌만 개강하면 배우는 것을 너무 좋아했던 아내는 일 주일 내내 따라 다니며 배웠다. 이런 아내를 하나님께서 만지기 시작하였다. 1998년 여름 휴가를 기도원으로 가자는 것이다. 아내는 절대 기도원 스타일이 아니다. 크게 기도하는 것도 싫어하고, 기도원에 가 본 적도 없었다. 그런데 웬일인지 기도원엘 다 가자고 한다.

8월 26일이 들어간 한 주간 담임 목사님께 말씀드리고 교회에 휴가를 받아 흰돌산 기도원으로 올라갔다. 그때가 전국 목회자 세미나도 있어 여러 가지로 도움도 되고 유익할 것 같아 그렇게 하기로 했다. 아내는 기도원에 올라가면서 '이렇게는 사모 노릇을 못하겠으니 하나님께서 계시다면 만나 주시든지 데려 가시든지 분명하게 보여 달라'고 하나님께 떼를 썼단다. 사생 결단을 하고 매일 밤을 철야하며 기도하다가 하나님의 강력한 은혜를 입기 시작하였다. 목회 10년 만에 하나님을 체험하는 순간이었다. 그 이후로 부터는 형식적으로 드리던 모든 예배에 두 눈이 짓무를 정도로 강물같이 흘러나오는 눈물의 예배를 드리게 되었고, 기도드릴 때마다 하나님과 교통이 이루어지는 기도를 드리게 되었다. 기도원에서 하나님과 교제가 있은 후에는 개척에 대해서 나보다 더 열정을 갖고 재촉까지 하였다.

하나님은 교회 개척을 위해 첫 목회지에서 내게 꿈과 사명을 주셨고, 그 사명을 온전히 이루기 위해 아내를 개척을 위한 소중한 파트너로 만들고 계셨다. 담임 목사님께 개척을 하고 싶다고 말씀드린 후 다방면으로 개척 장소를 찾아 다녔다. 거의 매일 구로구, 강서구, 금천구, 인천, 김포 할 것 없이 눈만 뜨면 개척지를 찾아 다녔지만 장소가 괜찮으면 개척비용이 부담되고 개척 비용에 맞추다 보면 지하 창고 한 칸 정도 밖에 얻을 수 없었다. 한번은 순복음교회를 개척했던 지하 60평인데 성구에 앰프 시설까지 완벽하게 구비되어 있었다. 심지어 개척했던 순복음 교회 여목사님께서 자기가 500만원 헌금해 주고 자기의 가족도 내가 개척하면 우리 교회에 나오겠단다.

　얼마나 감사하고 고마운지 하나님께서 순탄한 길을 열어주시어 탄탄대로가 열리는 듯 했다. 그런데 보증금 4천 만원에 월100만원. 가진 것이 한 푼도 없었기에 개척 비용이 부담은 되었지만 교회에서 개척 자금 2000만원에 월 100만원씩 1년 동안 지원해 준다는 약속을 받았고 2000만원은 은행에서 신용 대출해서 해결하면 될 것 같아서 부동산과 계약하기로 마음먹고 담임 목사님께 보고를 드렸다. 이튿날 담임 목사님과 함께 계약을 하러 가고 있는데 부동산에서 전화가 왔다. 건물 주인이 월 120만원은 되어야 한다고 갑자기 20만원을 올려 달라는 것이다. 결국 계약하는 것을 포기하고 돌아왔다. 그날 밤 돌아와 잠을 자면서 이상한 꿈을 꾸었다. 그 건물 옥상에 성물들이 쌓여있는데 뱀들이 꿈틀거리고 하나님께서 막고 계시는 꿈이었다. 이튿날 부부가 앉아서 계약 않기를 잘했다며 서로를 위로했다. 이곳 저곳 개척할 만한 곳은 다 다녀봤지만 성사되는 것은 한 건도 없었다.

　그러던 어느 날 화요일 밤에 꿈을 꾸었다. 어느 건물 2층으로 들어가는데 그 건물 안에서 목사님이 나오면서 우리 교회는 부흥해서 바로 옆쪽으로 교회를 지어서 나아가야 하니까 목사님이 오셔서 개척하면 부흥할 것이란다. 그 교회를 나와서 2차선 길을 아내와 함께 걸어가는데 1m~3m 쯤 되는 수 백 마리의 뱀들이 발 디딜 틈도 없이 우리가 가는 길을 막고 있었다. 큰 빗자루로 뱀들을 다 쓸면서 지나갔다. 일을 마치고 돌아오는 길에 이번에는 큰 용이 길을 막고 있는데 힘이 없어 보였다. 아내와 둘이 뛰어 넘어갔다. 꿈을 꾸고 난 다음 날 수요 예배 시간에 꿈을 꾼 간증을 하며 개척을 위해 기도해 달라고 부탁하였다. 그런데 하나님께서 아내에게 광명 1동 쪽으로 가라고 응답하셨단다. 비가 부슬부슬 내리는 토요일 아침 일찍부터 광명 1동에 있는 부동산들을 아내와 함께 두드리며 개척지를 찾아 나섰다. 토요일이라 그런지 대부분 문을 열지 않았다.

그런데 유독 광은부동산에는 불이 켜져 있었다. 인사하며 들어갔다. 이곳에 상가 나온 곳 없습니까? 말을 듣자마자 아주 가까운 지하로 우리를 인도했다. 유도 도장을 하다가 며칠 전에 이전했단다. 지하로 들어가면서 혼잣말로 "지하는 아닌데"라고 하자 "그럼 어떤 상가를 원하시나요?" "네, 저희는 교회를 개척 하려고 하는데 지상 건물은 없나요?" "그럼 진작 말씀하시죠, 바로 옆에 교회가 땅을 사서 나가면서 나온 건물이 있습니다. 저는 광은교회 장로입니다, 20여년 부동산하면서 토요일에 나온 것은 오늘이 처음인데 사실 일하러 나온 것이 아니라 오늘 교회 결혼식이 세 곳이나 있어 서류 하나 가져 갈 것이 있어 잠깐 나왔다가 목사님이 들어 오셔서 만나 뵙게 되었습니다." 그러면서 개척교회 자리로 인도해 주었다. 그런데 꿈에서 본 것과 똑 같이 목사님이 나오면서 "우리는 옆으로 교회를 지어서 나가는데 목사님이 오시면 부흥할 것입니다"라고 말씀하신다. 어찌되었든 교회를 개척하게 되어 얼마나 기뻤는지 그것은 나에게 행복 자체였다.

온 가족이 개척 사역자로 섬기며

2000년 6월 22일 너무나 가슴 떨리고 날아갈 듯 행복하며 기다리고 기다리던 꿈에 그리던 교회가 개척되었다. 지하 1층 지상 3층의 건물인데 지하는 조립하는 공장이고 1층은 게임방과 식당 2층은 교회 3층은 주인이 살림을 하는 건물이었다. 건물 평수는 개척하기에 아주 아담한 40평이었는데 개척한다니까 양가 친척에 친구 목사님들 그리고 부목사로 섬기던 교회에서 200여명이 들어오니 앉을 자리는 그만두고 늦게 오신 분들은 들어오지도 못하고 밖에서 계시다가 인사만 하고 돌아가신 분들도 계신다. 부교역자로 섬기던 교회에서 개척자금 2000만원을 해주셨고, 신한은행에서 2000만원 신용 대출해서 보증금 4000만원을 만들어 계약을 했고 월 35만원씩 월세를 내야 했다. 주택이 없어 교회 옆에 2평도 안되는 곳에 방을 만들고 아내와 두 딸은 그곳에서 잠을 자고, 나는 방이 비좁아 1년 정도 강대상에서 기도하며 지냈다.

뜨거운 초여름 부산하게 개척 예배를 드리고 첫 주일을 맞이하였다. 나는 큰 딸이 말 귀를 알아들을 때부터 "너는 피아노 배워서 아빠 개척하면 피아노 쳐야 돼"라고 시간만 되면 세뇌 교육 시키듯 말해 주었다. 그런데 감사하게 4살 때부터 열심히 피아노 연습을 하더니 초등학교 4학년 때 개척을 했는데 너무 반주를 잘해 주었다. 둘째 딸은 아빠가 큰교회에서 부교역자 시절 찬양 인도 할 때 옆에서 돕는 싱어들을 봐서 그런지 개척하자마자 자신도 교회를 위해 무엇인가 해야 겠다는 각오로 "아빠 제가 싱어하면 안돼요?"란다. 그래서 개척하면서부터 아빠는 찬양 인도와 설교 담당, 엄마는 예배 후의 간식과 주일 점심 식사 담당, 큰 딸은 반주 담당, 작은 딸은 싱어 담당으로 온가족이 교회를 섬기는 사역 자로 하나님께 영광 돌리며 개척이 시작되었다. 문제는 개척은 했지만 주일이 되니 40평도 너무 커 보일 정도로 텅 빈 채로 예배를 드렸다. 그래도 감사했던 것은 부교역자로 섬기던 교회 성도님들이 그 교회에서 9시에 드려지는 2부 예배를 드리고 우리 개척교회에 와서 11시 예배에 참석해 주시던 분들이 두 분이 계셨는데 한 분은 지금 신학을 공부하고 우리 교회 전도사님으로 섬기고 계신다.

새광명교회가 개척되는 과정에서 일어났던 간증들을 찾아 오셔서 전해주신 분들이 계신다. 한 분은 강남에 있는 교회를 다니시는 분인데 새벽 기도회는 부목사로 섬기던 교회에 오셔서 드리던 여자 권사님이시다. 이 분은 다른 교회를 섬겼지만 가장 큰 소리로 가장 오랫동안 기도를 하시는 분이셨다. 매일 소리 높여 해가 뜰 때까지 기도하다가 모든 사람이 다 돌아간 후에 마지막에 집에 가시는 권사님이신데 하루는 열심히 기도하다가 환상을 보았단다. 그 환상은 많은 사람들이 흰 가운에 파란 명찰을 하고 어딘가로 가고 있더란다. 그래서 흰 가운과 파란 명찰을 한 그 사람들에게 "가운 어디서 났으며 파란 명찰은 무엇이냐?"고 물었더니 "이것은 하나님께서 새광명교회 개척 하는데 헌금한 사람들에게 주시는 상급"이라고 했단다. 이 환상을 본 후 교회 개척이 하나님을 기쁘게 하시는구나라고 생각해서 곧 바로 개척 헌금을 가지고 오셨다. 이 권사님은 개척 헌금만이 아니라 개척 후에 1년 정도 매주 화, 목요일에 오셔서 교회 홍보와 전도에 열심을 내 주셨다.

또 한분은 남편은 은행 지점장이시고 본인은 여의도 순복음교회 집사님이시었다. 역시 부담임으로 섬기는 교회가 있는 아파트 단지 바로 옆에 사시면서 새벽 기도를 나오셨던 분이시다. 이 집사님은 나와 비슷하게 새벽 3시면 교회에 와서 기도하시던 분인데 교회 개척을 한다는 광고를 들었지만 별 관심 없이 기도하시던 분이시다. 그런데 몸이 피곤하고 안 좋아서 큰 병원에 갔더니 자궁암이라는 판결을 받았다. 수술 날을 잡고 기도하기 시작했는데 기도 중에 병원에 수술비를 갔다가 주느니 하나님께 드리는 것이 좋겠다는 생각이 들더란다. 그래서 남편이 기념일마다 반지, 목걸이, 귀걸이, 팔지 등 선물해 주셨던 것을 헌금 봉투에 가득 담아서 개척 헌금에 써 달라고 가지고 왔다. 이 집사님에게도 놀라운 일이 일어났다. 수술을 앞두고 진단을 다시 받았는데 암덩어리가 깨끗하게 없어 졌다는 것이다. 너무 이상해서 두 번이나 다시 검진을 해 봤지만 역시 깨끗해졌다는 결과가 나왔다는 것이다. 이 집사님도 우리 교회가 광명시에서 개봉동으로 이전해서 오기까지 개척 교회에 새벽마다 기도해주신 소중한 집사님이셨다.

성도가 없으니 오직 기도와 전도로

이런 간증들을 들으며 하나님께서 개척 교회를 위해 일하고 계신다는 생각이 들면서 얼마나 기쁘고 황홀하게 개척했는지 모른다. 딸 둘을 포함한 우리 식구 네 명은 정말 교회를 사랑하기도 했고 교회를 위해 열심을 다했던 개척 멤버들이었다. 모든 예배 1시간 30분 전에 두 딸과 나는 교회 청소를 깨끗하게 하고, 한 시간 전에 나는 찬양인도를 준비하고 큰 딸은 반주자로 작은 딸은 싱어로 아내는 예배 후 간식 준비로 철저하게 준비된 예배를 드렸다. 하루는 주일 저녁 예배를 드리는데 모르는 분 내외가 예배 시간 전에 찬양 준비를 하는데 들어 오셨다. 이 지역으로 이사 오셨는데 저녁 예배드리러 우리 교회 앞을 지나가는데 어린 아이의 찬양 소리가 너무 아름다운 천사의 소리처럼 들려서 들어 왔다는 것이다. 그 저녁에 예배드리고 등록해 우리 교회의 큰 일꾼으로 섬겨 주셨다.

개척하고 성도들이 없으니 심방할 가정도 없고 성경 공부 할 대상도 없고 목사가 해야 할 일들이 기도와 전도 외에는 아무 것도 없었다. 그래서 매주 월요일부터 토요일까지 3년 정도를 눈이 오나 비가 오나, 여름이나 겨울이나 매일 전도를 나갔다. 연천에서 첫 목회 할 때 산전 수전 어려움을 다 겪으면서도 전도해서 부흥을 경험 했던터라 개척하고

세미나 인도

전도하는 것은 행복한 출발이었다. 새벽 3시에 일어나 성경보고 기도하기 시작하다가 다섯 시에 새벽기도회를 인도하고 아침을 먹고 전도를 나갔다. 광명 1동 2동 3동 그리고 철산 1동 2동, 개울을 건너 서울 개봉동을 매 주마다 한 집도 빠지지 않고 빌라 아파트 개인 주택을 돌아다니며 전도를 계속 했다. 전도하다가 욕도 많이 먹고 이상한 사람으로 의심받는 일도 많았지만 복음을 전하느라 수고 많다고 식사를 대접하는 따뜻한 집사님들도 계셨고, 더운데 수고하신다고 시원한 음료수와 물로 대접해주신 예수님을 믿는 분들도 많았다. 이 분들의 위로가 나에게는 큰 힘이 되었고 천사를 만난 것처럼 위로가 되었었다.

어느 겨울에는 지역을 샅샅이 돌며 빌라를 오르락 내리락하며 문을 두드리고 사람이 나오면 복음을 전하고 없으면 전도지를 대문에 꽂으며 다니는데 한 번은 50대 아주머니가 5층까지 계속 전도지를 다 빼면서 따라왔다. 그러면서 하는 말이 "아저씨 뭐하는 사람이예요?" "예, 저는 새광명교회 목사입니다" "목사가 왜 빌라를 다 찾아다닙니까?" "네, 전도하고 있는 겁니다." "나는 천주교회 20년을 넘게 다녔는데 신부님이 전도하는 것을 본적이 없어요, 무슨 목사님이 전도를 합니까?"라며 나를 무엇인가 훔치러 다니는 사람으로 의심하는 눈초리였다. "네?" "목사니까 전도 해야죠, 저는 소방서 옆에 있는 곳에 개척한 새광명교회 목사입니다" 그런데도 믿지 못하겠다는 의미로 고개를 갸우뚱 거리며 한참 동안 쳐다보다가 "이런 짓 하지 말라"며 떠나간 천주교인도 있고, 초인종을 딩동 눌렀는데 팬티 바람으로 "뭐야"라며 현관문을 열면서 소리 지르는 남자, 집안에서는 소리가 나는데 열어주지 않는 사람, 들어보지도 않고 "됐어요"라고 대꾸하는 사람들도 있었다.

한번은 유모차를 밀고 가는 30대 초반의 어머니에게 "예수님 믿고 구원 받으세요, 좋은 일이 일어날 겁니다"라고 말하며 전도지를 주며 다가갔다. 그런데 갑자기 저를 매서운 눈으로 쳐다보며 "저는 OO교회 집사예요"라는 매몰 찬 대꾸를 하며 지나갔다. 부부싸움을 하고 나와서 그랬는지 기분 언짢은 일이 있어서 그랬는지 몰라도 OO교회 집사가 나에게 화풀이 하는 것 같아 지금도 그때 일을 생각하면 마음이 아프다. 그래도 교회만 생각하면 행복했고, 영혼 구원을 생각하면 전도는 행복한 하루를 살아가게 하는 필수 비타민과 같은 활력소였다. 전도를 하면서 느꼈던 것은 매일 전도를 나가서 하루에 약 400여명의 자연인을 만났다. 그 중에 어려울 때 교회에 다녔던 사람, 어른이 되어서 교회에 다니다 쉬는 사람, 상처를 받아서 교회에 안다니는 사람, 이사 오면서 교회를 쉬게 된 사람, 직장 다니느라 바쁘게 생활하다가 교회를 못나가는 사람들을 만나게 되었는데 그런 사람들 중에 전도된 사람들이 생겨나기 시작했다.

내가 매일 전도 다니는 것을 본 지역 사람들이 저 교회 목사님 열정이 대단하다며 이사 오는 사람들에게 우리 교회를 소개시켜 주는 사람들, 심지어 처음 믿는 사람에게 복음을 전해서 우리 교회에 보내 주는 사람들이 생겨나기 시작했다. 얼마나 감사한 일인가? 그런데 내 열심을 보시고 하나님께서 보너스로 주변 사람들의 입을 열어 복음을 전하게 하시고 교회가 부흥하도록 힘을 주신 것 같다.

개척 첫 해부터 계속된 전도행전

　개척한지 1년 정도 되었을 때에 일어난 일이다. 저녁에 강대상에서 기도하다 잠이 들었는데 갑자기 누군가가 밤 늦게 교회 문을 쾅쾅 두드리는 것이 아닌가? 강대상에서 잠을 자기 때문에 옷을 입고 있어서 벌떡 일어나 문을 열고 보니 주인집 아저씨였다. 주인집 아저씨는 술에 만취해서 "목사님 우리 집사람 어떡합니까?" "무슨 일입니까 사장님?" "우리 집사람이 폐암 말기래요" "무슨 말씀이세요? 건강하시던 분이?" "어깨가 결려서 세브란스 병원에서 진단을 받았는데 폐암 말기랍니다. 어떻게 합니까 목사님?". 이 일이 계기가 되어 3층에 있는 주인집에 들어가 복음을 전하기 시작했다. 너무 감사한 것은 평소에 개척하는 목사를 싸늘한 눈으로 쳐다 보시던 주인 아주머니께서 복음을 받아들이고 교회에 나오기로 했다. 병원 진단으로는 얼마 살지 못한다고 했는데 1년 정도 살다가 돌아가셨다. 1년 정도 연명하신 것은 복음을 받아들이기 위한 하나님의 은혜였는데 나는 돌아가시는 순간을 지금도 잊지 못한다.

　보증금 4000만원에 월35만원 했는데 이 분이 예수님을 믿고 나서 자주 와서 예배를 드려 달라고 했다. 멀지도 않고 계단 열 칸만 올라가면 되기에 일 주일에 화, 목요일 두 번 심방 예배를 드렸다. 그런데 예배를 드리고 나면 꼭 십만원씩 헌금을 드렸다. 월세를 드리는 것 보다 더 많은 액수를 헌금해 주셨다. 매주 두 번씩 예배드릴 때 예수님은 하나님의 아들이시며 이 예수님을 믿으면 하나님의 자녀가 되기 때문에 하나님 아버지의 집인 천국에 들어간다는 소망을 매 번 전했다. 그런데 이 주인집 아주머니는 그것이 너무 좋았다고 한다. 일년 정도 지난 어느 토요일 저녁 10시쯤 전화가 울렸다. 의사 선생님이 이제 얼마 남지 않았으니 준비하라고 하셨단다. 전화를 끊고 세브란스까지 단숨에 달려갔다. 얼굴이 퉁퉁 부어 있었지만 정신은 너무 정상이었다. 마지막 임종 예배를 드리고 났는데 이 성도님께서 제 손을 꼭 잡고 "목사님 감사합니다. 목사님께서 말씀하신대로 저 천국갑니다" 이 소리를 듣는 순간 얼마나 감격스럽던지 눈물이 주르르 흘러 내렸다. 이 광경을 옆 침대에서 보고 계시던 암 환자들이 자신들에게도 기도해 달라고 한다. 늦은 밤이었지만 암 병실에 있는 모든 분들을 위해 복음을 전하고 기도해 드렸다. 한 영혼이 구원의 확신을 갖고 세상을 떠나는 일이 목사에게 얼마나 흥분되며 행복한 일인지 경험을 해보지 못한 사람들은 모를 것이다. 장례식을 은혜롭게 잘 마치고 자연스럽게 남편과 아들 가정의 식구들, 딸과 자녀들이 교회에 등록해서 행복하게 교회를 다녔다.

　개척하고 2년 정도가 지났을 때였다. 주일 새벽 기도회를 인도하고 집에 올라갔는데 사모가 눈이 퉁퉁 붓도록 울면서 "목사님 나는 다른 교

세미나 인도

회 가서 예배드리면 안돼요?"라고 한다. "무슨 일 있었어? 왜 그래?" "우리 교회가 너무 무서워요?" "왜 그러는데 … " 그날 새벽 기도를 하고 00 여집사님이 얼마나 사모에게 퍼 부었든지 목소리만 들어도 소름이 끼치고, 눈 빛만 생각해도 너무 무서워서 교회를 못가겠다고 한다. "그래도 어떻게 하겠냐? 훈련 과정이니 잘 견뎌내자"고 위로한 적도 있었다. 사실 아내만큼 교회에 헌신적인 사람도 없었다. 도시는 아니지만 부유한 가정에서 어려움 없이 귀여움과 사랑을 독차지 하며 자랐던 아내였다. 3남 7녀 중에 막내로 태어나 얼마나 예쁘고 귀여웠든지 어머니는 그만두고 아버지께서 중학교 때까지 업고 다니셨단다. 사랑을 많이 받고 자란 사람이라 사랑할 줄 알며 넉넉한 가정에서 자랐기에 모든 것이 넉넉했다. 그리고 개척 전에 하나님을 체험한데다 남편을 존중하기 때문에 다른 개척교회 사모님들도 그렇겠지만 정말 헌신적으로 주님과 교회를 섬겼던 아내다. 마음씨도 천사와 같아 성도님들이 아내를 부를 때 '명품 사모님' 이라고 불러준다. 아내를 사람들이 좋아하는 사모님 중에 아주 소중한 명품이라는 뜻으로 명품 사모라고 지어준 것이다. 이런 아내가 "다른 교회 가서 예배드리면 안돼요?"라는 말을 들었을 때 마음이 얼마나 아팠으면 저런 말을 할까 생각해보면 지금도 미안한 마음이 들고 내 가슴이 아플 정도다.

사실 개척하고 1년 넘도록 아내가 주일 예배 후에 점심을 준비해서 대접했다. 아내는 교인은 열 명도 안 되었지만 늘 50명분의 식사를 준비했다. 예배 참석한 성도님들이 맛있게 드시고 나면 나머지는 친정어머니가 꼭꼭 싸서 시집간 딸에게 싸 주듯 교회 나오지 않는 남편 드리라고 포장해 주었다. 아내에게 쓴 소리를 잘하는 집사님이 하루는 "사모님이 하신 음식은 너무 맛있는데 다음 주에는 콩국수 먹으면 좋겠다"고 했단다. 막내로 자라서 해주는 음식 먹기만 하다가 시집을 왔기 때문에 처음에는 남편인 내가 김치를 담글 정도로 음식을 할 줄 몰랐는데 교인이 콩국수 먹고 싶다니까 친정 언니들에게 콩국수 만드는 방법에 대해 사방 팔방으로 전화를 하더니 시장에 가서 콩 한 말을 사와서 그 한 말을 다 담갔다. 그 콩이 불으니 우리 집에 있는 그릇 이란 그릇에 다 차고 넘쳐났다. 초등학생 두 딸과 새벽 3시까지 콩 국수 연습해서 다음날 콩 국수를 만들었는데 정작 본인들은 콩 냄새만 맡아도 역겹다며 먹지 못했다. 그토록 사랑하며 섬기며 헌신했는데 참지 않는 몇몇 사람들 때문에 가슴아팠던 일들도 있다. 그러나 지나고 보니 모두가 우리를 단련하여 아름답게 쓰시려는 하나님의 훈련 기간으로 여겨진다.

행복한 교회, 행복한 목사로

겨울이 지나면 봄이 오듯이 아픔의 계절이 지나가고 교회가 4~50명으로 제법 북적 북적했다. 점심 먹을 장소도 그렇고 화장실도 그렇고 자연스럽게 교회를 옮겨야 되는 것 아니냐는 말들이 나왔다. 그런데 이때가 광명 KTX역이 생기면서 광명 땅이 덩달아 치솟아 올랐다. 주인이 바뀌고 월세를 몇 갑절로 올려 달란다. 그래서 하는 수 없이 이전 장소를 찾아야 했는데 서울 개봉동에 광명시 땅값보다 반값 하는 땅들이 있었다. 지하 1층에 2층짜리 빌라 4채를 대출 받아 리모델링해서 이전을 했다. 이사 할 때만해도 너무 아름답고 아담한 공간의 교회였는데 2년 만에 놀랍게 부흥하여 강대상 있는 곳까지 꽉차게 되었고, 통로에 작은 의자 놓고 예배를 드리는 진풍경이 이루어졌다. 더 이상 용신할 수 없게 된 때에 교인들의 입에서 이제는 자연스럽게 교회 건축에 대해서 이야기가 나왔다.

그런데 하나님께서 놀라운 일을 행하셨다. 옆에 있는 교회가 어려운 것을 꿈에 보여 주셨는데 그 교회에 찾아갔더니 목사님께서 교회가 부도 직전인데 인수해 달라는 것이었다. 그래서 우리 교회와 맞바꾸고 빚을 우리가 떠안고 현찰 2억 5천만원을 드리고 서로 바꾸었다. 그런데 그 교회는 내가 부담임목사로 섬길 때 아파트 재개발하던 곳에서 목회하게 해달라고 기도하던 바로 그 자리였고, 개척나와서 그 교회 앞에서 매일 전도하며 "하나님 이런 교회 우리에게 주시면 너무 좋겠습니다"라고 소원하던 교회였다. 개척 13년을 맞이하면서 가장 행복한 교회 가장 행복한 목사로 서울, 경기, 인천, 대전, 충남, 강원 등 목회자 세미나를 인도하며 부흥회로 건강한 교회를 세우는 사명을 이루게 해주신 하나님 은혜에 늘 감사드리며 "나의 나 된 것은 하나님의 은혜입니다"라고 고백할 수밖에 없다.

새광명교회 예배당

반석 위에서 물이

곽길영 목사 | 꿈을이루는교회(합동)

곽길영 목사
꿈을이루는교회
010-6223-7745
대구광역시 달서구 신당동 1721-4, 6층

07

반석 위에서 물이

곽길영 목사 ｜ 꿈을이루는교회(합동)

"이스라엘 자손의 온 회중이 여호와의 명령대로 신 광야에서 떠나 그 노정대로 행하여 르비딤에 장막을 쳤으나 백성이 마실 물이 없는지라. 백성이 모세와 다투어 이르되 우리에게 물을 주어 마시게 하라 모세가 그들에게 이르되 너희가 어찌하여 나와 다투느냐 너희가 어찌하여 여호와를 시험하느냐. 거기서 백성이 목이 말라 물을 찾으매 그들이 모세에게 대하여 원망하여 이르되 당신이 어찌하여 우리를 애굽에서 인도해 내어서 우리와 우리 자녀와 우리 가축이 목말라 죽게 하느냐. 모세가 여호와께 부르짖어 이르되 내가 이 백성에게 어떻게 하리이까 그들이 조금 있으면 내게 돌을 던지겠나이다. 여호와께서 모세에게 이르시되 백성 앞을 지나서 이스라엘 장로들을 데리고 나일 강을 치던 네 지팡이를 손에 잡고 가라. 내가 호렙 산에 있는 그 반석 위 거기서 네 앞에 서리니 너는 그 반석을 치라 그것에서 물이 나오리니 백성이 마시리라 모세가 이스라엘 장로들의 목전에서 그대로 행하니라. 그가 그 곳 이름을 맛사 또는 므리바라 불렀으니 이는 이스라엘 자손이 다투었음이요 또는 그들이 여호와를 시험하여 이르기를 여호와께서 우리 중에 계신가 안 계신가 하였음이더라"(출 17:1~7).

성경의 므리바 맛사

이스라엘 모든 백성들이 신 광야를 떠나 이곳 저곳을 옮겨 다녔다. 물론 하나님의 말씀대로 모세의 인도를 받아 순종했다. 그렇게 순종하고 마침내 르비딤에 도착했지만, 그곳 에서도 마실 물을 구할 수 없었다. 마침내 이스라엘 백성들이 순종의 한계를 보이고 본색을 드러내며 모세에게 대들었다. "우리에게 마실 물을 주시오" 그리고 불평도 늘어놓았다. "왜 우리를 애굽에서 데려왔소? 우리와 우리의 자식들과 우리의 가축들을 목말라 죽게 하려고 데려왔소?" 목소리를 높이며 돌로 쳐죽이려고 했다. 마치 하나님이 계시지 않은 것처럼 원망하고 대들었다. 모세는 하나님께 기도했다. "이 백성에게 어떻게 해야 합니까? 이들이 당장이라도 나를 돌로 때리려 합니다."

그때 하나님께서 모세에게 말씀하셨다. "나일강 하수를 치던 지팡이를 들고 나가 호렙산 반석을 쳐라. 그리하면 거기에서 백성이 먹을 수 있는 물이 나올 것이다" 마침내 모세와 이스라엘 백성들은 그곳 므리바 맛사에서 마실 물을 얻을 수 있었다. 그후 모세는 그 역사적인 장소 므리바 맛사에서 영원히 잊을 수 없는 신앙고백을 기록한다. "이곳, 므리바 맛사는 여호와께서 우리와 함께 계신가, 계시지 않은가 하고 여호와를 시험한 곳입니다. 그래서 이곳을 맛사라 부르겠습니다. 그리고 이곳은 이스라엘 백성들이 나와 다툰 곳이기도 합니다. 그래서 이곳을 므리바라 부르겠습니다" 이렇게 탄생한 곳이 므리바 맛사다. 지도자 모세에게 밀어닥친 한계와 위기상황에서 얻은 귀중한 목회 간증임에 분명하다.

목회 사역의 위기 - 성서 공단에 서다

꿈이 있어도 위기는 필연적인가 보다. 1998년 부임한 상가 교회에서 8년 목회를 하던 중 임대 기간이 만료되던 어느 날 건물주는 상상할 수 없는 보증금과 임대료를 요구했다. 40명의 성도들로서는 도무지 견딜 수 없는 금액이었기에 2005년 대구 성서 공단으로 교회를 옮겨야만 했다. 공단의 한 공장 기숙사를 임대한 꿈 많은 한 목회자의 목회가 새롭게 시작되는 듯했다. 그러나 그 꿈은 인적이 드문 지역이라는 또 한 번의 현실의 벽에 부딪치고야 말았다. 하지만 그렇다고 해서 쉽게 꿈을 포기할 수는 없었다. 하나님께서 나를 성서 공단으로 보내신 뜻을 부지런히 찾고 또 구했다. 그리고 마침내 그 꿈을 찾아냈다. 마치 사도 바울이 이방인들을 위한 사도인 것처럼 성서 공단에 있는 외국인들을 향한 전도자의 사명이 하나님께서 제게 주신 비전이라고 믿었다. 그리고 열심히 참으로 열심히 교회를 섬겨 나갔다.

사실 성서공단에 낯선 목회자 곽길영 목사에게나 타국 땅 대구 성서 공단의 낯선 이방인들에게는 반드시 이루어야 할 꿈이 있었다. 각자의 꿈은 달랐지만 반드시 그 꿈을 이루어야겠다는 열망만은 한결 같았다. 그래서 나도 성서 공단에서의 목회에 대한 새로운 비전을 품에 안고 교회 이름을 "꿈을이루는교회"로 바꾸었다. 그러나 세상의 꿈도 그러하지만 하나님의 꿈을 꾸는 목회자도 도전을 받고 심지어 방해를 받기도 한다. "꿈을이루는교회"란 교회 이름이 너무 세상적이고 신학적으로도 문제가 있다는 선배의 지적은 다소 건강한 문제 제기로 여겼기에 충분히 견딜 수 있었다. 하지만 목회자로서 견딜 수 없었던 것은 그렇게 목회 열심을 냈음에도 불구하고 아무런 열매가 없는 것에 대한 좌절감과 이루 말할 수 없는 고통이었다.

2006년부터 목숨을 건 새벽 기도회에 이어 새벽부터 저녁까지 전도지를 들고 열심히 그렇게 열심히 온 공단을 뛰어다녔다. 그러나 아무런 열매가 없었기에 한 목회자의 꿈은 곧 한계 상황에 내몰릴 수 밖에 없었다. 그 상황에서 꿈으로만 살던 한 젊은 목회자가 할 수 있는 것은 아무것도 없었다. 오직 하나님의 긍휼하심을 기다리는 것 뿐이었다. 그렇게 꿈 많은 한 목회자의 비전이 좌절되는 듯 했다.

맛사(MASSAH)가 마사 커피로

절체 절명의 위기 상황에 놓인 한 젊은 목회자를 하나님께서 그냥 내버려두지 않으셨다. 2006년 11월 새벽 아직 어둠이 채 가시지도 않은 그 어둠 가운데 놓인 한 목회자에게 강한 빛으로 말씀하셨다. 그날 새벽

출애굽기 17장 묵상하던 중이었다. 그때 하나님께서 주체할 수 없는 강력한 메시지 이스라엘의 한 지명을 내 심장 안으로 밀어 넣어주셨다. 그 이름이 다름 아닌 "맛사"(MASSAH)였다. 꿈 많은 한 목회자에게 밀어 닥친 거부할 수 없는 좌절과 저항할 수 없는 한계 상황이었다. 자칫 하나님을 시험하고 원망할 그 순간에! 하나님께서 "하나님을 시험하다"는 뜻인 "맛사"(MASSAH)라는 한 지명을 계시해 주셨다. 결코 이 곳 성서 공단이 다툼과 시험의 "맛사"(MASSAH)가 아니라 반석에서 물이 쏟아 나오는 축복의 땅이어야 한다는 명령이었다. 그렇게 하나님께서는 목회 위기 재정 위기라는 앞뒤가 보이지 않는 상황에서 "마사"(MASSAH)라는 교회 카페의 이름을 주셨다. 이것이 바로! 마사 커피 브랜드의 태동이다.

"맛사"(MASSAH)가 "마사 커피"로 연결된 것은 갑작스런 것은 아니었다. 내가 처음 커피를 맛본 것은 2005년 여름이었다. 생각해 보면 우연히 "D커피 전문점"에서 맛 본 한 모금 커피가 나에게는 자연스럽게 마사 커피로 이어졌다. 그렇게 처음 커피 맛을 본 후 매일 마셨던 한 잔의 아메리카노 커피의 맛은 날마다 위기로 치닫는 목회 상황과는 달리 점점 깊어져만 갔다. 그리고 마침내 찾아온 목회위기, 하나님 앞에 무릎을 꿇을 수밖에 없는 그 한계 상황에서 주어진 한 이름 "맛사"(MASSAH)가 "마사 커피"로 연결된 것은 어찌 보면 자연스러운 하나님의 섭리로 밖에 설명할 길이 없다.

당시 성서 공단에 놓인 그 땅의 낯선 목회자 곽길영과 타국 땅 낯선 곳에서 꿈을 이루고자 모인 이방인들에게는 이루어야 할 꿈도, 이루고 싶은 꿈도, 좌절되거나 포기할 수 없는 꿈을 꾸는 꿈쟁이들이었다. 그렇기에 자연스럽게 꿈 많은 한 젊은 목회자에게 카페 문화사역을 통한 선교 사역이라는 비전이 주어졌던 것이다. 꿈을 이루는 한 이름이 주어졌기에 그 꿈을 이루고자 모험을 해야만 했다. 하나님의 응답에 걸맞게 이천 만원의 거금을 들여 물론 빚으로 에스프레소 커피 머신을 구입했다. 성서 공단 꿈을이루는교회에 카페를 꾸미고 필요한 장비 일체와 인테리어를 갖추고 카페 사역을 통한 선교 사역을 시작했다.

찾아오는 교회 마사 커피 & 마사 커피 아카데미학원

"꿈을이루는교회 카페"는 2000년 들어 급작스럽게 매력을 잃어가는 한국교회 앞에 "찾아오는 교회"라는 하나의 응답이었다. 교회 안에 설

바리스타(BARISTA) 전문학원

치한 카페는 지역과 함께하는 사역을 통해 커피 교육을 꿈꾸게 되었다. 그 구체적인 사역이 마사 커피 아카데미학원이었다. 마사 커피 아카데 미학원은 바리스타(BARISTA) 학원생을 훈련시키는 기관이다. 당시 대 구 달서구에는 커피 전문 양성 교육기관이 한 곳도 없었다. 때문에 나는 반석에서 물을 내는 기적 같은 일들을 혼자 감당해야만 했다. 우선 '한 국 커피 교육 협의회' 라는 바리스타 자격증을 수여하는 기관으로부터 학원 등록하는 과정, 남부 교육청에서 커피 전문학원으로 등록하는 과 정을 모두 거친 후에야 마사 커피 아카데미학원을 탄생시킬 수 있었다. 당시만 하더라도 커피 전문학원이라는 생소한 학원의 여러 양식들을 직 접 만들고 가표를 산정하면서 남부 교육청에 등록시킬 수 있었다.

그렇게 커피 바리스타 학원을 세워 놓았지만, 바리스타를 가르칠 강 사는 나 자신이 맡을 수 밖에 없었다. 때문에 밤을 새워 가면서 커피와 씨

바리스타(BARISTA) 학생 훈련 강의

름하였고 강의를 준비했다. 오직 교회 카페 사역을 통해 "자비량 선교" "지역주민과 함께 하는 전문성 있는 교회 카페 선교"만을 생각하며 열정을 불태워 나갔다. 다행히 당시 커피바리스타 과정에 등록 신청한 사람들 대부분이 교회 카페를 준비하는 사람들이었다. 물론 불과 며칠 만에 커피바리스타 과정 안내 전단지를 보고 찾아온 사람들도 상당수 있었다. 순수한 열정과 자비량 선교에 대한 강한 열망에 비하여 전문 지식적인 면에서는 상당히 부족한 상태였다. 그러나 한 가지 분명한 사실은 꺼지지 않고 불타는 선교 열망이 오늘날 마사 커피를 태동시켰다는 것이다.

자비량 목회의 태동, 프랜차이즈 김해점 오픈

교회 카페 사역을 통해 복음을 전하고 자비량 선교에 대한 열정과 비전이 하나님께로부터 온 것임을 확실히 보여준 사건이 급하고 강하게 찾아왔다. 부족하지만 강렬한 커피 바리스타 학원을 시작한 지 몇 주 지나지 않아서 김해에서 한 부부에게서 한 통의 전화가 걸려왔다. 김해에서 커피 전문점을 오픈하려는 부부가 곧장 대구로 달려왔던 것이다. 나를 처음 대한 부부의 반응은, 목회자가 이런 사업 아닌 사역을 하는 것에 놀라면서도 교회 카페 사역의 열정을 가진 자비량 선교 비전에 깊게 공감하면서 너무나 쉽게 계약서를 작성했다. 그 결과 탄생한 것이 마사 커피 전문점 1호 김해점이다. 2006년 6월 이 기적 같은 상상할 수 없는 일이 내 눈앞에 펼쳐졌다. 오직 하나님의 은혜였음을 그 누가 부인할 수 있으랴! 너무나 감격스러운 일이라, 평소 나를 사랑하고 기도해 주시던 이도형 목사님과 몇 분의 목사님들이 함께 오픈 감사 예배를 통해 하나님께 영광을 드릴 수 있었다. 커피 전문점을 오픈하는 데에 있어 목사들의 주도로 예배로 시작했다는 것도 또 하나의 간증이었다.

이후부터 성서 공단 꿈을이루는교회 카페에서 시작한 바리스타 교육과 커피전문 프랜차이즈 사역은 성장에 성장을 더해 나갔다. 나는 제1호 김해점 오픈을 계기로 더 큰 꿈과 비전을 가질 수 있었다. 스타벅스를 능가하는, 그러면서 개혁교회 브랜드 그것도 선교 브랜드를 마사 커피라는 이름으로 전 세계에 매장을 오픈하는 꿈 말이다. 자칫 불평과 시험 그리고 다툼의 땅이 될 수 있었던 성서 공단 그 맛사를, 하나님께서는 반석에서 물을 내는 기적으로 마사 커피를 시작하게 하셨다. 아주 보잘 것 없는 곳에서 가장 초라한 모습이었을 때 마사 커피는 시작되었다. 오직 하나님의 은혜로 시작한 마사 커피의 커피 향기는 곧 그리스도의

Book Cafe

향기를 드러내는 마사 커피 프랜차이즈가 되기를 기도하며 출발했다.

내가 처음 이 사역을 시작할 때 꿈은 자비량 목회를 위해 필요한 몇 개의 커피 전문점이었다. 그런데 그렇게 기도하며 출발한지 6년째인 2013년 10월 현재, 전국 50개 마사 커피 전문점을 오픈한 큰 축복을 받았다. 그 처음 시작은 교회 카페였다. 마사 커피 프랜차이즈의 창업 목표는 교회 카페도 일반 커피 전문점 못지 않게 더 품격화된 커피 생산을 하는 데에 있었다. 또한 교회 카페에 대한 부정적인 시각도 바꿔보고자 하는 뜻도 있었다. 그리고 교회 카페가 교인들만의 공간에서 벗어나 지역과 지역 주민들과 함께하는 공간으로 탈바꿈하고 싶었다. 하나님 나라 선교에 대한 새로운 비전임에 틀림없다는 확신으로 일을 해 나갔다. 그렇게 발생하는 수입금으로 선교사를 파송하고 또 자비량 선교는 물론 지역 교회와 노회를 섬기는 사역을 감당하는 것이 교회 카페의 시작임과 동시에 마사 커피 프랜차이즈의 중요한 목표였다.

마사 커피 프랜차이즈와 함께 성장하는 꿈을이루는교회

마사 커피를 통해 얻어지는 수입은 재정적인 면에서 목회의 안정을 찾아가는 계기가 되었고 종전에는 생각하지도 못한 일들을 생각하게 되었다. 그것은 하나님께서 주신 사업장을 통해 세상을 향한 하나님의 위대한 선교적 사명을 감당하는 것이었다. 먼저 지역과 함께하는 교회 사역으로써 행한 일들은 바로 지역 어린이를 위한 도서관 사역이었다. 평일 도서관 운영을 통해 저소득 자녀에게 도서를 대여하는 헌신이었다.

현재 도서관은 대구 달서구에서는 가장 규모가 큰 어린이 전문 도서관이 되었다. 사실 교회·규모로 본다면 도저히 상상할 수 없는 사역이었다. 그럼에도 불구하고 지역 주민과 어린이들이 마음껏 이용할 수 있는 양질의 도서를 비치하고 그들에게 나눠줄 수 있는 도서관으로 자리매김을 할 수 있음에 감사할 따름이다.

뿐만 아니라 대형 교회만이 행할 수 있는 단독 선교사 파송이라는 일을 적은 수의 성도들이 모인 꿈을이루는교회에서 2013년 1월 19일 베트남 호치민에 단독 선교사를 파송하여 위대한 하나님의 사역을 감당하는 교회로 자리매김을 하게 되었다. 이것이 하나님이 주신 축복이요 은혜임을 간증하지 않을 수 없다. 이제 꿈을이루는교회는 지역과 함께하는 건강한 교회로 성장하고 있으며, 또한 문화 사역의 요람의 장으로 세계 선교의 새로운 장을 여는 위대한 하나님의 명령 앞에 순종하는 교회로 그 사명을 감당하는 일들을 꿈꾸고 있다. 이러한 꿈은 자비량 비즈니스 선교를 통해 교회가 재정적인 안정을 찾았기에 가능한 일이라 생각된다.

마사 선교회의 태동

마사 커피 프랜차이즈가 성장하면서 많은 선교 후원을 감당해 나갔다. 하지만 마사 커피 프랜차이즈의 창립 목적인 선교를 보다 더 전문적이고 조직적으로 하기 위해 2012년 6월 9일 마사 선교회가 태동하게 되었다. 대구사랑교회(강대환 목사)에서 설립된 마사 선교회는 선교 기관으로서 단독 선교사 파송, 미자립 교회 후원은 물론 자비량선교를 위해 세계 곳곳에 있는 선교사들과의 밀접한 유대와 협력을 강화해 나가고 있다. 마사 선교회는 일차적으로 전 세계에 스타벅스를 능가하는 마사 커피 전문점을 세우고, 이를 통해 전 세계에 마사 커피에 담긴 하나님의 복음을 전하는 사명을 감당하고자 한다. 즉 세계 모든 곳을 시험과 다툼의 땅, 그 반석에서 물이 쏟아져 나오는 축복의 땅이 되게 하겠다는 비전이 곧 마사 선교회의 비전이다.

일차적으로 마사 커피, 마사 선교회는 전 세계에 파송된 선교사들이 자비량 선교를 행할 수 있도록 지원하는 사역을 하는데 그 중점을 두고 있다. 우선적으로 마사 선교회는 베트남 비즈니스 자비량 선교라는 이름으로 활동을 하고 있다. 현재 선교사들은 현지에서 선교를 하면서 여러 가지 어려운 일들을 경험하고 있다. 그것은 복음을 전하는데 있어 문화적인 접촉점을 찾는 것과, 그곳에서 안정적으로 선교를 행할 수 있는 도구가 없다는 것이다. 어느 정도 기간이 지나도 선교 현지에서는 재정적인 자립을 하지 못해 늘 불안한 사역을 하고 있으며 비자문제 또한 적절하게 해결하지 못한 가운데 언제 추방될지 모르는 선교지에 하루 하루 하나님 나라를 위한 헌신을 하고 있다.

이러한 지금의 현실에서 마사 선교회는 각 나라에 파송된 선교사들에게 효과적으로 복음을 전할 수 있도록 그들에게 문화적 접촉점을 가지게 하고 복음을 전할 수 있는 도구를 주려고 한다. 바로 카페 사역을 행할 수 있는 선교사님에게 카페를 세워 주는 것이다. 카페를 통해 일정 수입을 발생시키고 현지인과 접촉점을 가지게 되며 아울러 그들에게 복음을 전해 현지 교회를 세우는 데 그 목적을 두고 있다. 뿐만 아니라 마사 커피, 마사 선교회는 한국의 교회마다 카페를 세우고 지역과 함께 하는 사역을 하도록 돕는 선교 기관이요, 커피 맛의 차별화, 인테리어, 전문적인 운영을 지원하는 기관이다. 우리 기독교 문화가 과거 세상 문화 가운데 복음적인 기독교 문화를 통해 그들을 리드했던 것처럼, 카페 사역을 통해 세상 가운데 하나님의 복음과 문화를 알리는 도구로 효과적으로 사용하기 위함이다. 특히 최고의 문화, 카페 사역을 지원함으로써 지역 주민과 밀접한 관계를 가질 수 있도록 하는 데에 그 목적을 가지고 있다.

"선교사가 가는 곳에 마사카피가 있다"

현재 한국교회는 87%가 미자립 교회다. 이런 현실 가운데서 미자립 교회가 스스로 자생력을 가지고 경제적인 독립과 더불어 지역과 함께하는

열린 공간을 창조하여 하나님의 복음을 효과적으로 전할 수 있도록 쓰임 받는 교회가 되도록 돕는 것이 마사 카페와 마사 선교회의 목적이다. 마사 카페와 마사 선교회는 지역과 함께하는 교회가 되는 도구로써 카페 사역을 지원하고, 그 일들을 통해 교회 카페가 세상의 카페보다 더 전문적이고, 더 수준

높은 품격있는 카페를 선보이도록 할 꿈도 갖고 있다. 그것은 곧 교회에 대한 새로운 이미지를 창출하는 동시에 교회를 찾아오는 카페 공간으로 만들어가는 새로운 전도 전략이기도 하다. 이를 통해 교회가 지역을 섬길 수 있는 계기를 마련할 수 있고 무엇보다도 미자립 교회가 교회 카페를 통해 자립하고 성장할 수 있도록 지원할 것이다.

마사는 복음이다. 마사 커피는 복음이다. 마사 커피는 하나님 나라 확장에 최적의 조건을 가진 하나님의 강력한 복음의 무기다. 전 세계에 커피 전문점 마사 커피가 들어가면 그것은 곧 한 명의 선교사가 들어가는 것이며, 동시에 한 교회가 세워지는 결과를 가져오는 것이다. 이는 이슬람의 물량주의와 자비량 선교의 한계 상황 그리고 비자 연장이라는 현실적 어려움에 처해 있는 전 세계 선교사들에게는 시원한 생명수가 될 것임에 분명하다. 그 마중물 역할을 마사 커피, 마사 선교회가 감당하려고 한다.

"선교사가 가는 곳에 마사 커피가 있습니다" 이것이 마사 커피의 최종 목표다. 그 일을 위해서 도심에 운집한 교회마다 마사 커피 전문점이 세워지기를 기대하고 있다. 그 곳에서 자연스럽게 찾아오는 사람들에게 예수 그리스도의 복음이 강력하게 전해질 것이 분명하다. 마사 커피는 전 세계 단독 선교사 파송을 꿈꾸고 있다. 마사 커피는 신개념 자비량 선교 시스템이다. 때문에 자비량 선교와 전도를 꿈꾸는 한국의 많은 농어촌 교회와 도시의 많은 미자립 교회에게 마사 커피가 하나님의 복음을 전하는 강력한 선교 무기로 사용되어지기를 소망한다.

지금까지 지내온 건
하나님의 은혜

임보배 사모 | 오순절교회(합동보수)

임보배 사모
오순절교회
010-8263-0190
춘천시 북산면 추곡2리 788-2

08

지금까지 지내온 건 하나님의 은혜

임보배 사모 ｜ 오순절교회(합동보수)

소심하고 대인 공포증이 심한 나는 노래가 유일한 자랑거리라 성악가가 되고 싶었다. 또한 어려운 형편의 사람들을 잘 이해하고, 아이들 심성과 소질 개발을 잘 해 주며 힘과 용기와 사랑을 주는 좋은 모범된 교사가 꿈이었다. 하지만 너무 내성적이라 여군을 지원하면 씩씩해질까 싶어 여군 지원까지 다짐하며 중학교를 다녔다. 그런데 어느 날 목이 아프기 시작하더니 몇 개월이 지나면서 허리 통증, 다리 통증으로 심하게 시달려 도저히 아픔을 못 견디자 선생님께서 반 강제로 병원에 데려가셨다. 그 결과 허리 디스크가 너무 심하여 애기도 못 낳고, 빨리 수술을 해야 한다는 진단이 나왔다. 중학교 1학년 때 부모님께 수술 동의서에 싸인을 받으라는 날벼락 같은 소리를 듣고, 어리고 여리던 나는 두렵고 처량한 마음에 눈물이 쏟아졌다.

순종을 결단하자 통증이 사라져

그때 요한복음 11장에 죽은 나사로를 살리신 예수님이 떠올랐다. "내 말이 네가 믿으면 하나님의 영광을 보리라"(요 11:40). 그때가 교회 부흥회 기간이었는데 1주일 수술 연기 후 이것이 내게 주신 좋은 기회다 싶어 지푸라기라도 붙잡는 심정으로 하나님께 기도했다. 그런데 강사님이 갑자기 내 허리를 안수하셨다. 그제서야 하나님은 지금도 살아 역사하시고 간절히 기도하는 자의 기도에 응답하시며, 어제나 오늘이나 영원토록 동일하신 하나님이심이 믿어졌다. "하나님 감사합니다. 이전까지는 돈이 제일인 줄 알았는데 아프고 보니 생명이 가장 귀하네요. 이 다음에 돈 많이 버는 사장 부인이 되서 주의 일에 많이 헌신할게요"라며 기뻐 고백하는 순간 "네 입으로 가장 귀한게 생명이라고 하지 않았냐? 난 너에게 가장 귀한 생명을 줬는데 넌 왜 덜 귀한 물질을 바치냐? 너도 가장 귀한 생명을 바쳐라".

그 순간 나는 헌금함에 제 목을 짤라서 드려야 하는 줄 알고 깜짝 놀랐다. 그런데 알고보니 하나님의 일을 하는 주의 종을 도와 생명 바쳐 주의 일을 하는 사모가 되라고 친히 부르시는 사명이라는 것을 알게 되었다. "목숨이 음식보다 중하고 몸이 의복보다 중하니라"(눅 12:23.) 그 전엔 사람들을 대할 때 옷, 차, 집 ……. 눈에 보이는 것으로 판단하며 대했다. 하지만 그때부터는 그 사람 속에 길이요 진리요 생명이신 예수님이 계신지 아닌지로 보이게 되었다. 그때부터는 '생명되신 예수님을 믿지 않는다면 죽은 사람이나 마찬가진데 좋은 의복, 좋은 집, 좋은 음식, 좋은 차가 무슨 소용있나' 라고 생각하며 영안이 뜨여지기 시작했다. 그래서 여자로서 가장 귀한 일이 사모라는 걸 깨닫고 나서 목숨 살려 주신 하나님께 두 말 할 것 없이 사모의 길 가겠다고 순종하기로 결심했다.

그런데 그 순간 그토록 아프게 괴롭혔던 통증은 오고간데 없이 사라졌다. 그후부터는 그토록 부끄럼이 많던 내가 어느 누구 앞에서든 담대히 하나님 높이며 찬양하며 전도하는 사람이 되었다. 이제보니 성악가 대신 하나님 찬양하고, 세상 지식 대신 최고의 진리의 말씀인 성경을 가르치는 교사가 되었다. 군인보다 더 씩씩하고 담대한 하나님 나라의 군사로 부르심을 받았으니 너무 너무 감사할 따름이다.

나의 남편은 태중에 있을 당시 시부모님이 나무를 하다가 큰 아름드리 나무가 쓰러지며 머리를 맞혀 그 당시 충격으로 죽음의 문턱에서 5개월 때 미성숙된 눈동자로 태어나게 되었다. 사춘기 시절에 방황하며 보내다가 친구의 전도에 못이겨 교회에 출석하게 되었다. 그때부터 남편은 십자가의 복음을 듣고 신앙 생활을 하던 중 회개하고 성령 체험도 했다. 그는 예수님을 전해 주는 전도자가 되겠다고 서원했고, 25살의 나이에 신학교를 진학하여 1학년때 잠시 휴학한 후 개척한 상태였다. 남편은 신학생이었지만 189평의 대지에 24평 건축되어 50여명의 성도가 모일정도로 열심히 목회했다.

어느 날 나는 당시 신학생이었던 남편의 개척 교회에서 철야 기도를 참석하게 되었다. 그날 막차를 놓쳐 하루 밤을 교회서 머물며 기도하는데 예배 후에 전도사님으로부터 충격적인 고백을 들었다. "나를 위해 기도해 주는 사모가 되어 주세요." 그 무렵 나는 2년 동안이나 미국에 있는 형제와 교제 중이었다. 더구나 한 달 후면 부모님과 그 형제가 한국에 나와 친정 부모님과 인사 후 나를 미국으로 데려가기로 약속이 되어 있었다. 그런데 그런 고백을 듣게 되니 자신도 없고 황당했다. 나는 기도해 보고 결정을 내리겠다고는 했지만 믿겨지지 않았다. 다음 날 새벽 예배때 여전히 반주하며 찬양을 인도하시는 전도사님을 보며, '친구들이 내 눈이 호수같다고 하는데 어떻게 저렇게 생긴 사람과 평생을 살아? 사람이 눈을 봐야 얘기를 하는데 … 안돼지 … 안돼 …' 하는 생각이 들었다. 그 순간 벼락같은 소리가 들렸다 "너는 육적인 눈은 예쁠지 몰라도 영적인 눈은 저 사람보다 더 썩었느니라" "사람의 행위가 자기 보기에는 모두 깨끗하여도 여호와는 심령을 감찰하시느니라"(잠 16:2).

내 심령을 감찰하시는 하나님이시라는 말씀으로 인해 나는 깜짝 놀랐다. 그리고 '저 분이 얼마나 하나님을 사랑하면 저렇게 하나님의 보호를 받을까' 라고 생각하면서 고민했다. 그러나 기드온 처럼 한번 더 확신을 달라고 기도했다. 그 후 한 달째 되는 마지막 주일 예배시에 "예수님 당시 얼마나 많은 사람들이 주위에 에워 쌓였습니까? 그런데 십자가 지시는 순간엔 그 많던 사람들이 다 어디 갔습니까?"는 말씀을 듣는 순간 '세상 사람들이 말하는 기준의 신랑감으론 십자가 지는 목회의 일할 때는 다 쓸모없고 떠나는거구나! 얼굴로, 학벌로, 재물로 목회하는게 아니고 오직 주님을 사랑하는 자만이 이 길을 갈 수 있는거구나' 라는 확신을 얻었다. 그후 나는 미국행을 단호히 포기하고 지금의 남편을 기쁨으로 선택했다. 당시 시어머니조차 아들에게 "오르지 못할 나무는 쳐다보지도 말라"고 하셨다는데, 남편은 "집과 재물은 조상으로부터 상속하거니와 슬기로운 아내는 여호와께로서 말미암느니라"(잠 19:14)는 말씀 믿고 아내를 간구했더니 그 약속대로 이루셨다고 기뻐하며 하나님께 감사드리며, 나를 사랑했던 기억이 지금까지 여전하다.

충격으로 전도사님은 시력을 잃고

결혼을 얼마 앞두고 날벼락 같은 소식이 들렸왔다. 성전 확장 공사를 논의 하다가 개척 예배당 장소를 제공 해준 모 집사님이 더 이상 예배당 장소를 제공해 줄 수 없다고 선언한 것이다. 그 집사님은 "3년 후에 교회 명의로 해주겠다"며 장소를 제공했다. 그런데 "3년 동안 사용했으니 더 이상 교회당 장소로 사용할 수 없다"는 것이었다. 그 일로 인해서 전도사님이 충격을 받았다. 그 후 1년 사이에 4 군데나 예배처소를 옮겨다니다 보니 성도들은 다 흩어졌고, 너무 신경을 쓴 나머지 갑자기 앞이 캄캄해지더니 하나도 안 보인다는 것이었다. "……" 전도사님으로부터 그 말을 듣고 나도 앞이 캄캄하고 아무 것도 보이지 않았다.

"아!!! 하나님께서 다 이뤄진 곳에 저를 보내지 않으시고 밑바닥부터 다시 시작하라고 하신 것 같네요. 다시 처음부터 같이 시작해요"하고 감사로 여기고 용기를 주어 결혼을 하고 제일 먼저 목회를 도와 할 수 있는 일은 운전을 하는 것이었다. 시내 노인정에 시할아버지 할머니를 전도하러 갔다가 따귀도 맞고 욕도 먹었지만 영혼이 불쌍하여 왼뺨도 돌려댔더니 "그렇게도 예수가 좋냐? 그럼 추곡에 땅이 있으니 그곳에 교회 기도원 짓고 예수님 모르는 사람들에게 예수님 전해 주어라"라며 주소를 적어 주셨다. 여호와 이레!!!!

그 곳을 가 보니 비포장 길에 험한 굽이 굽이 산길을 2 개나 지나 수해의 흔적으로 땅이 돌덩이인 황무지 땅이었다. 그래도 감사하고 기도하며 비닐 하우스를 치고 예배를 시작했다. 그때부터 성물 한 가지 한 가지, 생활 물품 등을 위해서 기도할 수 밖에 없었다. 길이 포장되기를 기도하고 산이 변하여 터널이 뚫어지길 기도하기 시작한 지 1년 후에 춘천 시내서부터 산 정상을 향해 아스팔트 2 차선 포장 공사가 시작되었다. 또 몇 개월 지나니까 산 정상부터 마을까지 포장공사가 이뤄졌다. 첩첩 산중에 터널이 뚫린다는 소리가 들려오기 시작하더니 8년의 공사 끝에 최근 국내 최장 터널이 생겼다, 할렐루야!! "누구든지 이 산더러 들리어 바다에 던지우라 하며 그 말하는 것이 이룰 줄 믿고 마음에 의심치 아니하면 그대로 되리라.그러므로 내가 너희에게 말하노니 무엇이든지 기도하고 구하는 것은 받은 줄로 믿으라 그리하면 너희에게 그대로 되리라"(막 11:24~25).

그 후 기증하신 시할아버님이 돌아가셔서 남은 자녀분들에게 상속 포기를 받아 농협에서 땅을 담보로 조립식 판넬로 창고식 농가 주택으로 짓기 시작했다. 그러나 기존 춘천 시내 계시던 분들이 오고가기 너무 힘들어 하셔서 다시 시내에 나와 개척하기로 했다. 기도원을 운영하시는 권사님의 배려로 월 5만원에 평일은 집회를 함께 참석하며 집회를 돕고 주일은 예배 장소로 사용한지 4년의 시간이 지났다. 그러나 그곳을 비워 달라고 하여 다시 교회 장소를 구하고 찾다 외딴 동네 다 쓰러져가는 빈 기와집을 월세 10만원에 얻게 되었다. 또 다시 수리하고 청소하여 안방은 예배 장소 겸 애찬실이 되고 마루는 씽크대 하나 갖다 놓고 부엌 겸 세면실로 쓰고 한 평되는 방은 사택이 되어 큰 아들 까지 셋이 지냈다. 전도해서 교회 와 보면 요즘 시대에 이런 곳에서 어떻게 예배드리냐며 기겁을 하고 달아나는 일이 너무 안타까왔다.

동사무소 직원의 도움으로 월세를 감당하며

한 번은 둘째 임신 중 심방을 마치고 가로등도 없어 깜깜하고 좁디좁은 논둑길을 오다가 그만 논으로 떼구르 굴러 진흙에 파묻혔다. 얼마나 마음이 아프고 아기가 걱정되던지 사명감에 늘 감사했지만 한심하기도 하고 비참하기도 하여 눈물이 소리도 없이 뜨겁게 온몸을 적셨다. 그런데 어느 날 헌집을 기껏 다 보수해 놓고 나니 주인은 비워달란다... 얄밉고 막막한 상황이지만 또 다시 더 좋은 것을 주시는 하나님을 믿기에 기도하고 찾기 시작하여 마침내 아파트가 즐비한 시내로 입성했다. 준비된 재정이 없기에 지하를 얻은 것이 물도, 화장실도 없고, 페인트도 안되고 시멘트 콩그리 그대로 사방이 둘려진 창고였다. 그래도 밤이면 환한 불빛도 있고 차도 다니고 은행과 시장도 있는 시내에 있다는 것이 너무 기쁘고 감사했다. 우리는 좋은데 노인 권사님들이 화장실이 없어 지하에서 너무나 불편했다. 화장실을 가려면 예배당 밖을 나와 한참 걸어서 다른 교회 화장실을 이용하고 다시 오시는 불편함 때문에 손님들이 오셔도 너무 죄송했다.

어느 해 노회 모임이 있어 전국에서 오신 목사님들 사모님들이 보시고 깜짝 놀라시며 이런 곳에서 어떻게 목회를 하고 큰 아들과 갓난 둘째 아들을 양육하냐며 함께 눈물로 기도해 주신 것이 기억난다. 그 기도의 응답이었는지 기적이 일어났다. 동사무소 화장실에 가족들 소·대변을 버리러 양동이를 들고 가다 사회복지과 직원을 만났다. 그 직원은 우리의 딱한 사정을 확인 후 나라의 도움을 받게 해 주겠다며 앞장 섰다. 그 후 그 직원의 도움으로 남편에게 시각장애 1급 판정을 받도록 해 줘서 장애인 카드를 만들었다. 또한 한시적 생활 보호 대상자로 선정해 주셔서 월 최저 생계비 25만원을 지급해 주었다. 우리는 그 지원금으로 보증금 1백만원에 월 20만원인 교회 세를 낼 수 있게 되었다. 1년쯤 지났을 때 영구 임대 주택 신청한 것이 당첨되었으니 이사 하라는 연락을 받았다. 그러나 하나님의 성전은 지하인데 우리가 지상 아파트로 간다는 것이 신앙 양심상 안 되겠다 싶어 다시 임대 주택을 포기했다.

그 가운데서도 최선을 다해 쉬지 않고 뒤도 안 돌아보고 주신 열심과 성령 충만함과 건강으로 열심히 사역했다. 먹을거리가 없을 때 까마귀를 들어 먹이신 하나님께서 여전히 일용할 양식을 주셨다. 아이들 우유라도 먹이고 싶은데 마지막 남은 2천원 구역 헌금으로 드리고 나니 그 다음 날 친정 교회 어떤 권사님 아드님이 장학금을 탔는데 뜻깊은 곳에 썼으면 좋겠다고 선교비를 보내주시기도 했다. 그런 식으로 너무 풍성한 채우심에 더욱 하나님 신뢰와 찬양은 더 뜨거워져갔다. 그러나 남편이 알레르기성 비염이 있어 지하 곰팡이 냄새에 너무 힘들어 해서 지상으로 보내 달라고 간구했고, 나 역시 화장실도 있고 물도 있는 곳으로 보내달라고 기도했는데 마침내 그 기도가 응답되었다. 사회복지과에서 전세자금 1천만원이 3년거치 5년 상환으로 지원해 주겠다고 연락이 온 것이다. 직원들 조차도 빨리 사택을 옮겨서 자녀들 보호해 주라고 했다. 기적의 응답으로 우리는 상가 건물 1층 17평을 얻어 지하에서 탈출하게 되었다.

성령의 나타나심으로 부흥, 그리고 시험들

지상의 공기를 마시며, 햇볕을 쬐며 살게 되어 너무나 감사했다. 물도 수도 꼭지만 틀면 나오고 화장실도 실내 실외 하나씩 있는 곳에서 맘껏 성도들이 이용할 수 있게 되어 너무 기뻤다. 그 은혜가 감사하여 매

오순절교회

주 목요일은 외부 교인들이나 비신자들에게 복음을 전하기 위해 집회를 열었다. 그 집회를 위해서 광고지를 뿌리고 아파트나 시내를 돌며 전단지를 도배 하다시피 했다. 그 집회에서 성령의 나타나심과 능력으로 마침내 교회가 부흥되기 시작했다. 얼마 후에는 일꾼들이 세워졌다. 어느 날은 방에 있는데 지나가는 트럭에서 야채 장사의 방송 멘트를 들었다. 그때 나는 "아 저거다" 라며 무릎을 쳤다. 바로 봉고차에 스피커를 달고 3분용 녹음 멘트로 전도하는 것을 생각했다. 그런 식으로 골목마다 다니면서 전도하면 방에서든 길가에서든 1층이든 고층 아파트든 전도 소리가 들리겠다는 생각이 들었다. 처음엔 정말 창피해서 용기가 나지 않았다.

그러나 "누구든지 사람 앞에서 나를 시인하면 나도 하늘에 계신 내 아버지 앞에서 저를 시인할 것이요 누구든지 사람 앞에서 나를 부인하면 나도 하늘에 계신 내 아버지 앞에서 저를 부인하리라"(마 10:32~33).는 말씀이 떠 올라 즉시 순종했다. 그런데 함께 기도하던 집

오순절교회 예배당

사님 내외가 녹음기를 제공 하고픈 소원을 하나님이 주셨다며 헌금을 해 주셨다. 나는 곧 바로 녹음기를 구입해서 집회 후 멘트 녹음을 하고 방송 광고를 시작했다. 그렇게 방송으로 골목 전도를 하던 첫 날 말할 수 없는 환희가 북받쳐 옴을 느꼈다. 놀랍게도 차량 전도로 인해 주일학생, 중고생 청년, 장년이 늘기 시작했다. 그때부터 10평 되는 교회가 부족하여 다시 확장을 위해 기도했다. 그런데 몇 번 도움을 주던 사회복지과에서 또 다시 영구 임대 아파트 13평이 당첨되었다고 연락이 왔다. 그러나 이번에도 교회보다 내 집이 더 넓은 곳에 들어가는것이 기쁘지가 않아 다른 분에게 기회를 넘겼다. 그러던 중에 교회와 칸막이 하나로 있던 세탁소가 이사를 가고 1층 전체를 다 쓰게 해 주셨다. 그후 교회와 가까운 영구 임대 아파트 16평 사택도 허락해 주셨다. "너희는 먼저 그의 나라와 그의 의를 구하라 그리하면 이 모든 것을 너희에게 더하시리라"(마 6:33).

계속해서 전도되고 부흥이 일어났다. 교회가 부흥되어 갈 때 이젠 고생 끝인가 보다 싶었는데 하나님은 또 한번 우리를 테스트를 하셨다. 어떤 여집사가 신앙으로 잘 붙잡아 달라며 교회 옆으로 이사를 왔다. 그분은 혼자 차 운행을 하게 해달라고 차 키를 빼앗다시피 해서 목사님을 모시고 심방을 다녔다. 그런데 차량 운행 봉사한다는 명목으로 목사님을 유혹하시 시작했다. 그것 뿐만이 아니라 성도들을 충동하여 음모를 꾸미고 이간질하기 시작했다. 우리 앞에서는 아주 열정적으로 신앙 생활을 한 것처럼 하더니 결국 교회와 성도와 목사님을 파괴시키는 혼란에 빠뜨리게 되었다. 나는 호통을 치고 당장이라도 내쫓고 싶었지만 참고 기다렸다. 그리고 한나처럼 금식 기도하며 교회와 목사님을 사랑하는 맘으로 눈물로 밤낮 간구했다.

그러나 아무리 울부짖고 간구해도 응답이 보이지 않았다. 시간이 지날수록 자신감이 없어졌다. 결국 나는 사모의 자리를 포기하고 다른 곳에 가서 열심히 주의 일을 하겠노라고 생각하며 결심했다. 그 맘을 먹고 아이들과 남편을 더 이상 미련없이 떠나려는 맘을 먹은 그날 밤에 "누구든지 나를 믿는 이 소자 중 하나를 실족케 하면 차라리 연자 맷돌을 그 목에 달리우고 깊은 바다에 빠뜨리우는 것이 나으니라. 실족케 하는 일들이 있음을 인하여 세상에 화가 있도다 실족케 하는 일이 없을 수는 없으나 실족케 하는 그 사람에게는 화가 있도다"(마 18:6~7)는 말씀이 나를 붙잡았다. 나 혼자 잘 살겠다고 나가 버리면 어린 세 자녀들에게 줄 상처가 너무 클 것이라는 생각도 들었다. 그런 생각을 하면서 가슴을 치며 통곡하며 회개했다. 그 이후로 시험이 물러가고 모든 문제가 해결되었다. 지금은 아이들이 목회를 잘 돕는 훌륭한 주님의 제자요 교회의 일꾼이 되었다.

한번은 미국 집회를 2주 다녀온 사이 충성된 일꾼 여 집사님이 회사 동료와 같이 어느 모임에 갔다가 이단에 빠졌다. 나중에 알고보니 그 집사님은 이미 건너지 못할 강을 건너 있었다. 그토록 충성하던 분이 갑자기 성가대를 빠지고 교사를 그만두기 시작했다. 심지어 그 동안 헌금한 것을 다 돌려 달라는 것이었다. 그 일로 예배 때마다 소란을 피우기도 했다. 그 정도 상황이 되니 연약한 성도들이 말리기도 하고, 아무리 권면 해도 듣지 않았다. 나중에는 악한 꾀로 성도들을 현혹하고 온갖 협박까지 일삼았다. 우리는 10년의 수고가 하루 아침에 원점으로 돌아가는 상황을 보며 주님 앞에 무릎 꿇는 것 밖에 도리가 없다는 것을 깨달았다. 나중에는 사기 죄로 고소하여 법원에 조서를 받고 경찰서를 출입하며 조사도 받는 지경까지 이르렀다. 어제 까지의 동역자가 오늘엔 원수가 되버리니 아픔은 이루 말할 수 없었다.

그런 상황에서도 우리는 고통스럽게 기도하고 부르짖을 때 응답이 왔다. 그 일을 통해서 하나님께서 우리 부부를 더욱 하나되게 하시는 뜻이 계셨음을 깨닫게 된 것이다. 특히 마귀가 어찌하든지 가정을 파괴해서 목회를 방해하고 하나님 나라 확장을 막는 것이 목표임을 깨닫고 더 이상 속지 않았다. 결국 제일 열심이던 두 여집사들로 일어난 사건은 하나님께서 모든 문제를 해결해 주셔서 승리하게 해 주셨다. 그 일로 인해 나는 목회자 부부가 먼저 영적으로 육적으로 하나되지 못하면 마귀가 틈타 분열되고, 그렇게 되면 교회 부흥이 이루어 질 수 없음을 깨닫게 되었다.

차량 광고가 전국과 세계로 퍼져나가

그러던 중 다시 마음껏 부르짖을 수 있고, 주차장도 넓게 꾸며지고 가꿔진 넓은 장소를 기도하며 찾았다. 한 동안 그렇게 기도했는데 교회와 근접한 상가 1층 100평을 계약했다. 몇 개월 전 일이다. 춘천 교도소에서 출감한 사람이 우리 교회를 찾아왔다. 그 분은 114전화 안내 해 주는 분께 춘천 시내 교회 아무 곳을 가르쳐 달라고 했더니 우리 교회를 안내해 주셨다며 찾아왔다. 그분은 대구로 내려가기 전 돈 좀 벌게 일자리 마련을 해달라고 부탁했다. 그래서 나는 춘천에서 원주까지 mbc뷰티 아카데미라는 학원생들 운행하는 직장을 알선해 주었다. 그 분은 옷도 구하고 방을 얻어야 한다며 선불을 요구했다. 그래서 그만 두라고 말했다. 그러던 어느날 하나님의 음성이 들려왔다. "너는 두려워말라 내가 너를 구속하였고 내가 너를 지명하여 불렀나니 너는 내것이라"(사 43:1). 그 순간 망치로 한 대 크게 얻어 맞은 기분이었다. 그때부터 돈에 얽매이지 않고 목회에 집중하면 나를 부르신 아버지께서 다 책임지실 것을 믿고 회개했다.

그러던 어느 주일 저녁예배가 다가오는데 차 운행을 가기 전 문득 성도들을 돌아보며 장애자, 노인, 외국인, 가난한자 ……. 이런 분들이 몇 년을 차 운행해서 예배를 드리게 해 봐도 헌금을 할 줄도 모르고 오히려 다 섬겨줘야만 할 분들이고, 감사함을 표현하는 사람들도 아니고 ……. 도대체 재정도 없는데 기름 값만 없어지는 것 같고, 나만 생고생하는 것 같은 생각에 차 운행을 안해야겠다는 생각이 들었다. 그래서 방바닥에 아프다고 핑개대며 눕는 순간 "이 지극히 작은 자 하나에게 하지 아니한 것이 곧 내게 하지 아니한 것이니라"(마 26:45)는 말씀이 떠올랐다. 깜짝 놀라 정신이 번쩍 들며 지극히 작은 자 하나에게 한 것이 주께 한 것이고 나의 상급인걸 잊고 사단이 주는 생각에 사로잡혔다는 생각에 회개했다.

그때까지만 해도 헌금은 거의 없고 나라에서 보조받는 생활비로 십일조와 교회 세를 드리고 나면 끝이었다. 그래도 비그리스도인인 주인에게 하나님 영광 가리는 일 하지 않으려고 제일 먼저 건축비 명목으로 교회 세를 드리고 축복 기도를 받는 순간 주님의 음성이 들렸다. "이제 껏 네 생활비 전부를 받았느니라." 그 말씀을 듣는 순간 개척하면서부 터 이제까지의 행함이 필름처럼 스쳐 지나갔다. 당연히 하나님께서 공 급해 주신 것으로 하나님 영광 가리지 않으려고 교회세를 밀리지 않게 한 것 뿐인데, 하나님께서는 그것을 다 기억하시고 계셨고 기쁘게 받으 셨다는 것을 알고나니 큰 감격이 밀려왔다. 이제까지 교회가 열악함을 통해 우리를 물질로 온 맘으로 온 몸으로 심을 수 있는 기회를 주신 하 나님께 너무 감사드렸다. 그후로는 물질로 인한 어려움과 눈물을 흘리 지 않도록 약속해 주셨다.

그 후 견고한 터전으로 들어가라는 싸인을 해 주셨다. 나는 그 싸인을 받고 시내에서의 사역을 아름답게 마무리 하고 전교생이 8명인 분교가

기독교 방송 출연

있는 예전의 시골 교회로 다시 이전했다. 그 교회에서도 온 몸으로, 차량 전도로 하나님을 광고했더니 올해 한 기독교 TV방송에 4번이나 출연하는 은혜를 입었다. 놀랍게도 차량 전도로 시작한 광고가 전국과 전 세계로 우리 교회와 사역을 광고해 주시는 기적이 나타났다. 특별히 방송을 통하여 자살하려던 영혼이 살게 되고, 복음 전파에 필요한 25인승 버스를 후원해 주셨다. 오래되고 낡고 허름한 예배당을 견고하고 아름답게 리모델링까지 해 주셨다. 터널이 뚫리고 이곳 영혼들도 복음을 듣고 구원받게 하시려고 세워 주셨고, 하나님의 살아 역사하심을 목도하며 크신 은혜를 생각할 때마다 감사의 눈물이 앞을 가린다. 숱한 실수와 아픔과 미련함과 자격조차 없이 부족하지만 하나님께서 여기까지 우리를 인도해 주셨다. 주께서 우리를 훈련시키신 것은 우리 뿐만 아니라 모든 사람이 구원을 받으며 하나님을 알아가도록 하시는 뜻이 있음을 믿는다. 우리의 부족한 사역을 통해서 하나님께서 영광 받으시기를 소망한다. 이제 더욱 하나님께 충성하고 충성하며 주만 바라보겠다고 다시 다짐한다.

고통과 상처가 있는 곳에
주님의 빛을

이은정 강도사 | 더블유병원교회(독립)

이은정 강도사
더불유병원교회
010-2680-6661
대구시 달서구 감산동 101-6

09

고통과 상처가 있는 곳에 주님의 빛을

이은정 강도사 | 더블유병원교회(독립)

나는 경산중앙교회 협력 선교사로 중국 현지에서 6년간 선교 활동을 했다. 그러던 중 경산에 중국인교회를 세우라는 하나님의 음성을 듣고 1년 머물 계획으로 2009년 잠시 귀국했다. 그후 하나님의 은혜로 경산에 중국인교회(경산시장 입구 – 봉덕교회 협력)를 세우는데 함께 협력하게 되었다. 계획했던 1년이 지나고 다시 중국으로 돌아가려고 준비하고 있을 때였다. 중국행 비행기 표를 예약해 놓고 들어가기 이틀 전의 일이었다.

청천벽력과 같은 전화 – 아들의 교통 사고

마트에 가서 물건을 사고 집으로 돌아오는데 낯선 번호의 전화가 걸려왔다. 우리 아이(이름: 고은찬)가 교통사고가 났다는 것이었다. 나는 곧장 사고 현장으로 달려갔다. 내가 도착했을 때는 아이는 이미 119로 병원으로 실려 간 상태였다. 사고를 목격한 사람이 "아이의 한 쪽다리가 달아났다"고 말했을 때 얼마나 큰 사고가 났는지 짐작이 갔다. 그 소리를 들으니 너무나 무서웠고 불안했다. 이제 초등학교에 입학하여 한 달도 채 되지 않은 2010년 3월 21일에 발생한 사고였다. 병원으로 가는 중 나는 대성통곡 했다. 내 인생에 그렇게 소리치며 울어보긴 처음이었다. 나는 아이가 있는 병원으로 가는 차 안에서 그런 불길한 현실이 꿈이라도 되었으면 하는 마음에서 몇 번이나 내 살을 꼬집어 보았다. 그런데 그것은 꿈이 아니라 생생한 현실이었다. 타임머신이 있다면 과거로 돌아가고 싶은 심정이었다.

병원에 도착해 보니 수술하기 전 의사는 "아이의 왼쪽 다리의 혈관이

은찬이와 함께

거의 다 끊어진 상태이니 수술로 이어준다 하더라도 혈관이 얼마나 살아날지 모르기에 다리를 절단 할 수도 있다"고 했다. 내가 그 말에 동의를 하고서야 수술을 받을 수 있었다. 아이가 학교에 다녀와서 도로를 무단 횡단하다가 대형 버스의 바퀴에 아이의 발가락이 찍힌 것이다. 이 사고로 아이의 왼쪽 다리 피부가 많이 떨어져 나갔고 왼쪽 엄지 발가락만 남겨두고 나머지 발가락 4개가 모두 절단이 되어 버렸다. 다리의 뼈는 몇 센티는 가루가 되어 없어지고 발바닥 살은 형태를 알아보지 못할 정도로 일그러져 버렸다.

저녁 8시부터 밤 12시까지 4 시간의 수술이 끝나고 병실로 왔을 때 수술한 다리를 감은 붕대 사이로 흘러 내리는 많은 피로 인한 피 비린내와 살을 통과한 4개의 쇠를 박은 아이의 다리를 보니 눈물이 하염없이 흘러 내렸다. 수술 후 마취가 깨자 아이가 소리를 지르며 울기 시작 그 통증이 얼마나 심한 지 진통제를 수시로 맞아도 통증이 그치지 않았다. 내가 할 수 있는 것은 오로지 기도 밖에 없었다. 6시간의 엄청난 통증 이후 더 이상 그 통증을 견디지 못할 때 순간 진통이 씻은 듯이 사라지는 것이었다. 하나님이 기도를 들어주신 것이다. 수술 일 주일 후 간호사가 컴퓨터로 사진을 보여 주기 전에 "어머니 보시기 힘드실 텐데 괜찮으시겠어요?" 라고 나의 동의를 구하고서야 아이의 수술 전과 후의 사진을 보여 주었다. 그리고 나는 사고 이후 한 달이 지나서야 기도를 하고 마음을 진정시킨 후 아이의 다리를 사진으로 아닌 실제로 볼 수 있는 용기가 생겼던 것이다.

MS 재건병원 입원 중에 드린 첫 예배

우리 아이는 대구 대명동 수지접합 전문병원 MS 재건병원에서 가장 심각한 환자가 되어서 1인실에 입원을 하게 되었다. 주일이 다가오자 우리 병실에서 예배를 함께 드릴 사람이 없을까 둘러 보다가 우연히 옆 병실에 베트남 사람과 중국 사람을 만나게 되었다. "내일은 주일인데 우리 병실에 와서 같이 예배 드릴래요?" 라고 물어 보았는데, 한 번의 물음에 두 사람 모두 쾌히 승낙 하였다. 한국에 일하기 위해 온 외국인 근로자였다. 베트남 사람은 회사에서 사고로 손가락 두개가 절단되어 입원했고, 중국인은 일하다가 기계에 팔이 빨려 들어가 왼쪽 팔이 반 이상 절단된 상태로 몸과 마음이 힘든 상태였다.

그렇게 해서 나와 은찬이 그리고 베트남 사람과 중국 사람 모두 4 명

W병원교회 예배

이 우리 병실에서 함께 예배를 드리게 되었다. 두 사람 모두 예수님을 믿지 않는데, 너무나 쉽게 예배에 참석하여 찬양과 기도로 주님 앞에 나아왔고 예수님을 영접하게 되었다. 그 날 예배가 MS 재건병원에 예배가 태동하는 전주곡이었다는 사실을 먼 후일에 알게 되었다. 충격과 상실의 마음과 신체의 통증과 아픔 가운데 절단 환자들이 함께 모여 하나님께 예배드린 그 날을 시작으로 하나님은 그 병원에 예배를 세우시기로 작정하신 것이었다. 세 분의 의사가 공동 원장인데 모두 예수님을 믿지 않는 의사였다. 그 복음의 불모지에서 하나님은 아픔의 눈물을 갖고도 주님을 찬양하는 우리들을 기뻐하시고 병원 예배를 세우게 하신 것이다.

1인실에 열흘을 있었고 3인실 병실로 옮기게 되었는데, 3인실이지만 은찬이와 어떤 자매님 두 명 밖에 없었다. 3인실로 옮기고 며칠이 지나 주일이 되었는데, 맞은편 자매님에게 "저 여기서 예배를 좀 드려도 되겠습니까?" 양해를 구했는데 선뜻 허락해 주시는 것이 아닌가 ……. 예배를 마친 후 복도 의자에 앉아 기다리고 있는 자매님에게 "예배가 끝났으니 어서 들어 오세요" 했더니 "나는 여기 더 기다려도 괜찮으니 시간 많이 가져요"라고 말했다. 자매님의 시어머니는 매일 절에 가고 그 남편은 불교 전문 서적을 읽는 분이었다. 그런데 자매님과 그 남편 분을 전도하니 잘 들어주셨다. 자매님은 병원에 입원해 있는 동안 주일이 되면 본인은 예배를 참석 안 해도 자리를 비켜 주면서 예배를 적극적으로 협조해 주시는 것이었다. 이 모든 것이 하나님의 은혜였다.

예비해 두신 음악 학원에서 병원 교회 출발

이렇게 하나님께서 은찬이가 병원에 입원해 있는 한 달 동안 주일 예배를 병원 환자 몇 분과 같이 1인실에서 그리고 3인실에서 계속해서 드릴 수 있도록 인도해 주셨다. 은찬이가 다인실(6인실)로 옮기면서 병실 안에서 더 이상 예배를 드릴 수 없게 되었을 때 '환자들을 위한 병원 예배를 세워야 한다'는 성령의 감동이 있었다. 마침 병원 옆에 피아노 학원이 보이는데 이름이 낯익은 이름이라 가만히 생각해보니 내가 고등학교 때 다니던 음악 학원이었다. 찾아가 보니 원장 권사님이 아직도 그 학원을 하고 계셨다. 인사를 드리니 나를 알아 보셨다. 은찬이가 병원에서 무료한데 조용한 시간에 와서 피아노 연습을 할 수 있는지 여쭤 보면서 "병원 예배를 드리려 하는데 장소가 없다"고 말씀을 드렸다. 대화하면서 지나가는 말로 했을 뿐인데 며칠 뒤에 권사님이 우리 학원에서 예배를 드리라고 선뜻 허락해 주시는 것이 아닌가 …….

몇 년 전에도 개척 교회가 이 학원에서 예배를 드리다가 부흥되어 다른 곳으로 이전 했다고 말씀하시는 것이었다. 그래서 세광음악 학원에서 MS 재건병원 환자들과 함께 예배를 드리게 되었다. 처음에는 아는 사모님이 병원 예배를 함께 동역하다가 이후에 전도사님 소개로 어떤 여자 목사님을 만나게 되어 함께 사역을 하게 되었다. 하나님께서 동역자도 예비해 두셨다. 학원에서 병원 환자들이 예배에 참석하려면 휠체어를 타고 밖으로 나와야 되는 상황이어서 조금 밖에 참석을 못했지만 일 년 동안 꾸준히 예배를 드리게 될 때에 세광음악 학원에서 병원교회

일 주년 감사예배를 드릴 수 있었다.

　은찬이가 병원 생활 4개월 만에 드디어 퇴원했다. 1년 6개월 이상을 입원해야 하는 중증 환자였는데 하나님의 기적이 일어난 것이다. 뼈도 이식 수술을 해야 하고 피부도 이식 수술을 해야 한다고 수술 날짜를 잡아놓은 상태에서 하나님은 기적적으로 뼈를 붙여 주시고 피부도 채워 주셨다. 의사 선생님도 깜짝 놀라셨다. 수많은 사람들의 합심 기도가 있었다. 심지어 내가 일했던 중국교회에서는 동역자들이 은찬이를 위해 하루씩 돌아가며 금식기도까지 해주었다. 은찬이가 입원해서 두 달이 지나고 다인실로 옮기면서부터 병원 전도를 하기 시작했었는데 퇴원 하고 나서는 본격적으로 전도를 할 수 있게 되었다. 은찬이가 입원해 있을 때 담당 의사가 매일 아침 정해진 시간에 회진을 돌며 자신의 담당 환자들을 살폈다. 특별한 지시사항이 없는 환자도 매일 같이 눈 인사를 하며 환자들을 만나시는 모습이 참으로 감동적이었다. 다른 의사는 매일 회진 돌지 않는데 이 의사는 매일 정해진 시간에 환자를 만나러 오시는 것이었다.

MS 재건병원 매일 땅 밟기 기도와 전도

　퇴원하고 얼마 지나서 잠을 자다가 한 꿈을 꾸게 되었는데 그 꿈은 하나님이 나에게 의사 가운을 입혀 주시는 꿈이었다. 이것이 무슨 뜻일까? 기도하며 생각하던 중 병원에 있는 영혼들을 만나는 것은 하나님이 나를 영적 의사로 임명해 주신 것이라는 꿈 해석이 되는 것이었다. 은찬이 담당 의사의 환자를 사랑하는 모습과 하나님이 주신 한 꿈이 나로 하여금 일 년 동안 매일 MS 재건병원에 가서 전도할 수 있게 된 동력이 되었다. 무엇보다 집에서 병원까지 3분 정도의 거리로 아주 가까웠기에 가능한 일이었다. 병원 전도를 위해 또한 아이 학교 가까운 곳으로 이사를 하게 된 것이다.

일 년을 매일 같이 병원에 전도하러 간다는 것이 쉽지 않은 일이었다. 때로는 바쁜 일이 있어 낮 시간에 못 갔을 때는 저녁이나 밤에 갔다. 집에서 너무 가까우니 비가 와도 우산을 쓰지 않고 뛰어가면 바로 도착할 수 있었다. 겨울에는 가벼운 옷차림으로 가도 병원 안은 따뜻했다. 시간이 없어서 빨리 전도하고 가야 할 경우에 다인실 한 병실만 가도 한꺼번에 여섯 사람을 만나 전도 할 수 있었다. 1년 동안 전도하면서 많은 환자들이 복음을 받아들이고 예수님을 영접하였다. 이 병원은 수지접합 전문병원이기에 전국에서 손발을 다친 환자들이 수술하고 입원하고 퇴원하면 또 다른 환자들이 입원하는 새로운 영혼들로 가득 차는 복음의 황금 어장이었다. 병원 전도를 하면서 때로는 다른 종교를 가진 사람들이 간호사에게 고발하여 간호사로 부터 전도의 제제를 받기도 하고, 환자를 통한 공격도 받았었다.

그러나 하나님께서 그때 그때마다 지혜를 주시어 위기를 모면하게 하시고 포기하지 않는 인내와 전도의 기쁨을 주시므로 전도자의 자리를 지키게 하셨다. 병원에는 3교대 근무를 하기에 전도의 제제를 가하는 간호사와 부딪히게 될 때는 잠시 그 간호사의 근무 시간을 피하여 다른 시간에 갔었고, 차츰 시간이 지남에 따라 공격이 잠잠해 졌다. 전도하면서 교회에 나가시는 분과 마음이 오픈된 자에게 병원 예배를 소개하고 주일에는 함께 예배를 드렸다. 병원 옆 학원에서 예배를 드리다가 일 년 후에는 병원 안으로 들어와서 예배를 드리게 되었다. 처음엔 마땅한 장소가 없어서 병원 옥상에서 예배를 드렸는데 날씨가 쌀쌀해 지면서 옥상에서 드릴 수 없게 되자 장소를 병원 수술실 앞 빈 공간에서 드리게 되었다. 그때 까진 병원 안에서의 예배를 정식으로 허락을 받지 않은 상태였다.

그때 마침 대일교회 병원선교 담당 전도사님을 W(더불유)병원에서 우연히 만났다. 그분은 오랫동안 병원사역을 하신 분으로 도서를 통하여 병원 예배를 세우시는 전도사님이셨다. 재건병원에 도서를 지원해 달라고 부탁을 드림으로 전도사님이 오셔서 도서를 통하여 예배를 정식으로 병원에 허락받게 되었다. 그래서 이순희 전도사님이 섬기시는 교회에서 전도사님과 동역자 몇 분이 한 주에 세 번씩 병원으로 나오셔서 도서봉사를 하고, 매 주일 오전 10시 MS 재건병원 6층 휴게실에서 주일 예배를 드리고 있었다.

W(더불유) 병원 예배가 세워지다.

MS 재건병원에서 전도를 하던 중 환자 보살피는 간병인 한 분이 나에게 W병원을 알려주셨다. 왠지 모르게 가보고 싶은 마음이 들었다. 이제 돌이켜 보면 이 분을 통해서 하나님께서 W병원 선교를 위해 나에게 알려 주신 것이었다. W병원도 우리 집에서 멀지 않은 거리에 있었다.

버스를 타면 20분 안에 도착할 수 있는 거리기에 망설이지 않고 쉽게 갈 수 있었다. 가서 보니 W병원도 재건병원과 같은 정형외과이며 수부 접합 전문병원이었다. 내가 처음 W병원에 갔을 때 왼쪽 다리가 무릎 아래까지 절단된 중국 형제를 만나게 되었다. 회사에서 일하다가 사고를 당한 것이었다. 충격과 상실감 속에 언어도 안 통하는 타국의 병원에서 힘들게 병원 생활을 하고 있었다.

그 환자가 전도를 받고 예수님을 영접했다. 환자의 얼굴에 점점 생기가 생겨나고 다리도 점점 빨리 회복되었다. 그는 그 동안 염증으로 고생하고 있었는데 깨끗이 나았고 병원 주일 예배를 퇴원하기 전까지 꾸준히 참석하였다. 병원에서 3년 전도를 하면서 많은 수부절단 환자들을 만나게 되었다. 20살 밖에 안된 중국, 베트남에서 온 자매가 일하다가 손목이 절단되고 어떤 스리랑카 형제는 한국에서 일하여 돈 벌고 이제 고국으로 돌아가기 이틀 전 기분이 들떠 일하다가 손가락이 세 개나 절단되는 사고를 당하기도 했다.

외국인 뿐 아니라 우리나라 사람들도 일하다가 혹은 교통 사고로 손

병원선교 사역자들

발이 다쳐 절단된 많은 환자들을 만났다. 더욱이 외국에서 한국으로 꿈을 가지고 들어온 그들이 순간의 사고로 신체의 소중한 부분을 잃어버렸을 때 그들 마음의 엄청난 고통과 충격, 상실의 아픔이 내 마음에 그대로 다가오는 것이었다. 은찬이 사고로 발가락을 잃어버린 후 나의 마음에는 절단 환자들에 대한 사랑과 연민이 생겼다. 이것을 동병상련이라고 하는가 ······.

한번은 W병원에서 전도를 마치고 1층에서 사람을 기다리고 있는데 사진으로만 보았던 병원 원장님이 진료실에서 나오셨다가 들어가시기를 몇 번이나 반복하셨다. 언제나 바쁘셔서 얼굴 보기조차 힘든데 오늘은 어떻게 한가히 자꾸 왔다 갔다 하실까? '이때가 기회다' 라는 순간의 감동이 들었다. 얼른 원장님이 계시는 진료실에 들어가서 간단히 내 소개를 했다. 그리고 "이곳은 산재전문병원으로 회사에서 일하다가 다쳐서 신체 일부분이 절단된 환자들이 많은 곳인데 몸은 의술로 치료하나 그들이 받은 상실감은 오직 하나님만이 치료하시니 예배를 좀 허락해 주세요"라고 아무 계획도 준비된 말도 없이 얼떨결에 원장님께 말씀 드렸다. 그런데 원장님은 병원 사무국장의 명함을 주시며 그 분과 의논하라는 것이었다.

나는 곧바로 사무국장을 만나서 병원 예배를 드리게 해 달라고 말씀 드렸다. 그 때 병원장님과 사무국장이 모두 교회의 집사님임을 알게 되었다. 나는 원장님이 예수님 믿는 분인 줄 전혀 모르고서 다짜고짜 병원 예배를 드리게 해달라고 부탁했다. 그런데 알고보니 너무 뜻밖에 믿는 분들이어서 너무 감사했다. 예배 허락을 받고 2주 후부터 병원 휴게실에서 예배를 드릴 수 있었다. 이 병원에서 전도를 시작한지 한 달도 되지 않았는데 너무나 빨리 예배가 세워지게 된 것이다. 2013년 12월 15일 더불유 병원 예배 창립 3주년이 되는 날이다. 그 동안 여기까지 인도하신 에벤에셀의 하나님께 감사드린다. 지금도 매 주일 오전 9시에 휴게실에서 예배를 드리고 있다.

병원은 이 시대 복음의 황금 어장– 어항 속의 고기

병원은 많은 사람이 몰려있는 곳이기에 전도의 효과적인 장소였다. 물고기를 잡기 위해서 물고기가 많은 곳에 가야 하듯 영혼을 전도하기 위해서는 많은 영혼이 있는 곳으로 가야 한다. 대구 시민뿐만 아니라 전국에서 오는 사람들을 만날 수 있다. 외래 환자, 입원 환자, 환자의 보호자, 간병인, 병문안 오시는 분 등 많은 사람들이 모이는 곳이다. 종말의 시대의 징조에 대해서 성경은 말씀하고 있다. "곳곳에 큰 지진과 기근과 전염병이 있겠고 또 무서운 일과 하늘로부터 징조들이 있으리라"(눅 21:11). 이것이 바로 이 시대에 이루어지는 신종플루, 조류독감, 변종 바이러스 등으로 성취되고 있는데, 예수님의 재림이 가까이 올수록 더욱 힘써야 할 복음 사역지가 병원이라고 생각된다.

수많은 사고와 사건, 질병으로 인하여 사람들은 병원을 찾게 된다. 더구나 보험의 발달과 사회보장 제도로 말미암아 조금만 아파도 사람들은 병원에서 치료를 받는다. 요즘 요양병원이 급격히 증가하고 있고 중·소형 병원이 증가하고 있는 추세다. 현대인들에게 병원은 아플 때

잠깐 다녀가는 곳이 아니라 어느덧 병원에서 태어나고(Birth) 병원에서 임종(Death)과 장례를 치루는 사람의 삶에 필연의 장소가 되었다. 병원에 있는 영혼들은 마치 어항 속의 고기와 같다. 우리가 강에 가서 고기를 잡으려면 많은 시간이 필요하고 도구를 준비해야 하고 또한 많은 노력들이 동반되어야 고기를 잡을 수 있다. 그러나 어항 속에 있는 고기는 도구 없이 손으로 쉽게 잡을 수 있는 것처럼 병원 선교는 다른 어떤 사역지보다 영혼 구원의 효과적인 장소이다.

현대 사회는 집으로 찾아가 복음을 전하기 힘들어진 것 같다. 혹 만난다 하더라도 많은 시간들을 내어주지 않는다. 그렇게 바쁘다고 문을 열어주지 않는 바로 그 사람들이 병원에 입원하여 한가한 시간을 보내고 있는 곳이 병원이다. 문제가 있는 곳에 복음이 필요하다. 예수님도 아픈 사람을 찾아 가셨다. 고난당할 때 사람들은 심령이 가난해짐으로 복음을 잘 수용한다. 가족과 친구와 이웃과 사회와 떨어져 있는 고독하고 조용한 시간에 병원이라는 한정된 공간에서의 단조로운 생활, 세상의 유혹과 분리된 시간이기에 복음 전파가 효과적이다. 병원에 입원한 수술 환자일 경우 최소한 일주일, 많이 다친 중환자는 일 년 이상을 입원하게 되므로 전도 대상자를 지속적으로 만날 수 있다.

또한 시간 선택이 자유로운 것도 병원 사역의 장점이다. 이른 아침시간이나 저녁, 밤 시간대엔 일반 가정으로 전도나 심방이 어렵지만 병원에서는 상관이 없다. 병원 사역의 또 한 가지 장점은 계절이나 날씨에 관계없이 전도가 가능하다. 무더운 여름이나 추운 겨울에 일반 교회에서는 전도 팀들이 잠시 방학을 하는 경우도 있지만, 병원에서는 겨울에는 따뜻하고 여름에는 시원하다. 그리고 비가 오나 눈이 오나 영향을 받지 않는 전도의 장소이다. 병원 교회는 예배를 드리기 위해 따로 장소를 구하지 않고 병원 내에 한 공간을 사용하면 되기에 개척 비용이 들지 않는다. 병원에서 환자들을 전도했을 때 퇴원해서 집으로 돌아가서도 회복의 시간이 필요해서 바로 직장을 못 다니는 경우 시간적으로 여유 있기에 교회로 인도할 수 있는 좋은 기회가 된다.

한류의 열풍으로 요즘은 각 나라 유학생들과 해외 근로자들이 유학으로 취업으로 우리나라에 많이 들어오고 있다. 해외에서 와서 우리나라 사람과 결혼하는 다문화 가정까지 많이 생겨남으로 병원 안에서 외국인을 쉽게 만날 수 있다. 이제 병원은 외국인에게 까지 복음을 전할 수 있는 선교의 중요한 요충지가 되었다.

MS 재건병원과 W병원에도 최소한 세 명에서 일곱 명 까지 지속적으로 외국인 입원 환자가 있다. 그 동안 중국, 베트남, 몽골, 스리랑카, 캄보디아, 인도네시아 등에서 우리나라에 와서 일하다가 다쳐 병원에 입원한 많은 외국인들을 만났다. 언어는 잘 안 통하지만 그들도 한국어를 조금씩 할 수 있기에 그들의 언어로 된 전도지와 성경을 준비한다면 쉽게 복음을 전할 수 있다.

병원 전도의 긴박성 – 이단과 다른 종교의 침투

W병원에서 중국인 근로자를 전도했을 때 어느 날 병원에 심방을 가보니 중국어로 번역된 파수대(여호와의증인 소책자)가 놓여져 있었다.

깜짝 놀라서 이것은 이단 책이니 읽지 말라고 하니 "지금 병원에서 할 일도 없고 마땅히 읽을거리도 없는데 어떻냐"라고 말하는 중국인의 대답을 들었을 때 '내가 좋은 책을 빌려주지 못하여 이단 책을 읽게 하는구나'라는 생각이 들면서 환자들의 도서 대여의 필요성을 느끼게 되었다. 병원에 오래 입원하는 장기 환자인 경우 그들이 복음을 받아들였을 때 병원에 있는 동안 계속해서 양육 할 수 있는 좋은 기회가 된다. 함께 성경공부를 하거나 신앙서적, 녹음기 등을 대여해 주면 병원 생활이 지겹지 않고 믿음도 자란다.

병원에 조용히 사이비 종교와 이단들(남묘호렌게쿄, 여호와의증인, 하나님의교회, 신천지 등)이 침투하여 포교하는 것을 많이 보았다. 특히 여호와의 증인은 한국에서 불신자들도 이단으로 알고 있어 이제는 다문화 가정과 외국인 근로자들을 상대로 포교하고 있다. 병원에 가보면 사이비 종교 신문 혹은 이단 인쇄물 들을 쉽게 볼 수 있다. 사람들은 어려울 때 무엇인가 의지하고 힘들 때 자기를 도와주는 사람에게 마음을 열기에 우리가 병원 전도에 힘쓰지 않으면 상하고 지친 영혼들을 달콤하게 유혹하는 이단들에게 영혼을 빼앗길 수 있다. 병원에 있는 환우들에게 전도지, 소책자, 교회 신문 등 다양한 문서 전도지가 필요하다. 평소에 바쁜 그들이 병원에서 한가할 때 쉽게 읽을 수 있는 기회가 된다. 병원 교회를 세우기 위한 전략들은 다음과 같다.

차(茶)-커피, 율무, 녹차 등 봉사

은찬이가 병원에 입원했을 때 학교 후배가 병문안을 왔는데 병원과 가까운 곳에 위치한 교회의 부목사와 사모였다. 마침 후배 남편 분이 그 교회 전도 담당 목사님이셨는데 그동안 차 봉사로 섬기던 병원이 문을 닫게 되어 차 봉사 전도할 수 있는 새로운 병원을 찾고 있는 중이라는 것이었다. 후배가 병원 관계자 중 예수 믿는 분이 있는지 물어보았다. 그 때 은찬이가 1인실에 있을 때인데 간호 과장실이 맞은 편에 있어서 서로 좋은 관계로 지낼 때였다. 대화 도중 간호 과장이 집사님이란 사실을 알고 있었다. 간호 과장에게 교회 차(茶)봉사에 대해 말씀 드리니, "이 병원 세 분의 원장이 모두 믿지 않는 분이신 데다가 병원 환자들은 다양한 종교가 있는데, 어떤 특정한 종교 단체에서 차 봉사 전도를 하는 것은 힘들지 않을까요?" 라는 간호 부장의 말을 들을 때, 내가 생각해도 거의 불가능한 일처럼 생각되었다.

그런데 며칠 뒤에 간호 부장을 만나게 해 달라고 하시면서 목사님 내외분이 병원으로 갑자기 찾아온 것이 아닌가 ……. 간호 과장실에 같이 들어 갔는데 너무나 신기한 일이 일이 일어났다. 간호 부장에게 목사님이 명함 한 장을 건네며 본인 소개를 하고 차 봉사의 취지를 말하는데 간호과장이 사무국장에게 바로 전화 한 통화를 했는데 그 때 전화 한 통화에 바로 차(茶)봉사가 허락되었다. 정말 성령님이 역사하니 불가능하게 생각되었던 일이 너무나 쉽게 빨리 이루어졌다. 나중에 알고 보니 후배 사모님이 기도하던 중 견고한 여리고성이 무너져야 한다는 믿음을 가지고 간절히 하나님께 기도드렸다고 했다. 기도의 응답을 받은 것이다.

교회 전도 팀이 일 주일에 한 번 씩 와서 할 수 있는 병원 선교의 방법이 차(茶) 봉사이다. 정해진 시간에 몇 명이 팀을 이루어 병원 로비로

부터 각 병실 앞 복도에서 차를 건네 주는 모습은 마치 천사의 모습과 같이 아름다웠다. 환자들은 따뜻한 차 한 잔에 주님의 따뜻한 사랑을 느끼며 무료한 병원생활 속에서 차(茶) 시간을 은근히 기다리게 된다는 것을 알게 되었다.

도서 열람을 통한 전도

전도하면서 복음에 관심 있는 분들에게 신앙 서적을 빌려드렸다. 병원 환자들이 공감할 수 있는 책 – 고난을 이긴 간증들, 절단 환자들이 위로받고 용기를 얻을 수 있는 닉 부이치치의 책이나 화상의 고통을 극복한 이지선의 간증책 등을 마음이 오픈된 환자들에게 빌려주면서 그들이 하나님에 대해 더욱 알아가고 고난을 믿음으로 극복하길 원했다. 또한 환자들의 실제적 시간 관리의 효과적 방안으로 도서 대출이 필요하다. 과거에 병원에는 동전을 넣어야만 텔레비전을 시청할 수 있어서 가끔씩 T.V를 보지만, 지금은 하루 종일 쉬지 않고 나오는 스크린으로 인하여 환자들이 T.V에 중독되고 있다. 때로는 병원 전도에도 영향을 미친다. 이러한 문제점의 대안으로 도서 열람을 통한 병원 전도이다.

신앙적인 책 뿐만 아니라 비 신앙서적이라 하더라도 이들의 관심분야의 책이나 재미있게 읽을 수 있는 여러 장르의 책들을 구비한다면 많은 분들이 도서에 관심을 가질 것이다. 교회에서 이동 도서실을 운영하거나 병원 관계자의 허락을 받아 병원 한 켠에 도서를 비치한 후 교회에서 파견한 도서 담당자가 도서를 대출해 주며 환자들을 만날 때 자연스럽게 대화의 문이 열려 복음을 전할 수 있는 접촉점이 될 것이다. 현재

MS 재건병원에서는 대구의 대일교회 성도들이 도서를 기증하여 병원 휴게실에 책장을 짜서 책을 비치해 두고 일주일에 세 번 교회에서 나와서 도서 봉사를 하고 있다.

말씀 녹음기와 MP3 대여 전도

은찬이가 3층 다인실에 있을 때 5층에 입원한 어떤 환자분을 만나게 되었다. 그 분은 일을 하다가 아주 높은 곳에서 떨어져서 왼쪽 다리가 반 이상 절단 되었다. 또한 오른쪽 다리가 심한 부상을 입어 걷지 못하고 휠체어를 타며 계속해서 다리를 치료하고 있는 분이었다. 은찬이와 병원에 함께 입원한 사람 중에 제일 많이 다친 환자였다. 종교는 불교였고 8개월 이상 입원하셨는데 책 읽는 것은 좋아하지 않으시는 것 같고 평소에 보니 뽕짝 음악(?)을 즐겨 듣고 있었다. 이 분은 음악을 좋아하니 좋은 찬양을 들려 주면 좋겠다 싶어 찬양을 녹음한 엠피쓰리를 빌려 드리니 열심히 들으셨다. 매일 즐겨 듣기에 퇴원 하실 때는 엠피쓰리를 선물로 드렸다.

이처럼 찬양이 들어있는 녹음기나 신구약 성경이 들어있는 녹음기도 몸이 불편한 환자들에게 효과적인 전도의 방편이 된다. 특히 손을 다친 환자들은 책장을 넘기기 불편하기에 오히려 들을 수 있는 오디오 전도가 필요하다. 지금 시대는 문자 언어의 시대가 아니라 그림 언어 곧 상징 언어의 시대로 문자를 읽기 싫어하는 사람들이 많아 지고 있다. 그래서 전도지를 거부하거나 시력이 좋지 않아 전도지를 거부하는 경우가 있다. 지금은 스마트폰 시대이다. 전도할 때 복음의 본질은 변하지 않지만 이것을 전하는 방법은 시대마다 바뀌어야 한다. 복음을 전하는 새로운 방법을 연구하여야 한다.

이·미용봉사를 통한 전도

병원 내 환자들이 보호자 없이 혼자서 병원 생활을 하는 분들은 머리를 감고 싶어도 목욕을 하고 싶어도 혼자서 할 수 없는 경우가 있다. 주님의 사랑과 섬김으로 이들의 필요를 채워줄 때 전도의 문이 열린다. 현재 W병원에서는 대구소망교회(차상모 목사)에서 한 달에 한 번 이·미용 봉사를 통하여 환우들을 섬기며 전도하고 있다.

감사 : 내가 받은 축복에 비하면 고난은 극히 일부

병원에 차(茶) 전도로 좋은 분위기를 만들고, 이러한 여러 가지 봉사활동을 통하여 교회가 병원에 유익을 주면 시간이 지남에 따라 병원과 좋은 관계가 이루어진다. 이럴 때 입원한 환자들 중에 기독교인들이 있어

이·미용봉사

서 주일에 예배를 드려야 하는데 몸이 불편해서 병원 밖으로 나가지 못하니 병원 내에서 몇 명 같이 조용히 예배드릴 수 있도록 병원 관계자에게 허락을 받으면 된다. 주일에는 병원이 진료를 하지 않기에 병원 예배 승낙을 받아내는 것이 그렇게 힘들지는 않다. 더구나 병원장이나 병원 관계자들 중에 기독교인들이 있다면 더욱 허락을 받기가 쉬울 것이다.

마지막으로 내가 받은 고난에 대해 하나님께 감사드린다. 하나님이 나에게 베푸신 축복에 비 한다면 고난은 내 인생의 작은 부분이라 생각한다. 아이의 사고를 통하여 나와 같이 고난받는 사람들에게 복음을 전하게 하시고 두 병원에 예배를 세우게 하셨다. 혼자의 힘으로는 이 큰 일을 할 수 없었는데, 동역자로 여기까지 함께 병원 선교를 감당하시는 대구 호헌 총신 선배이신 남명희 목사님(새벽교회)과 매일 거리에서 전도하시며 병원 선교회에 협력하시는 박정태 목사님(예수복음선교회), 그리고 지금 현재 MS 재건병원에서 도서를 통하여 병원 선교를 감당하시는 이순희 전도사님(대일교회)께 감사드린다.

끝으로 딸을 위해서 새벽마다 기도해 주시고 나를 신앙으로 길러주신 어머니 박영혜 권사님(경산중앙교회)께도 감사를 드린다. 받은 바 축복으로 간증하여 복음을 전하게 하시고, 때로는 받은 고난을 통하여 더 큰 간증거리로 복음을 전하게 하시는 하나님께 영광을 돌리며, 주님을 찬양한다.

"우리가 알거니와 하나님을 사랑하는 자 곧 그의 뜻대로 부르심을 입은 자들에게는 모든 것이 합력하여 선을 이루느니라"(롬 8:28). 아멘!

개척 교회도 하나님이 계시더라

이금숙 목사 | 부산 사랑의교회(개혁)

이금숙 목사
부산 사랑의교회
010-5704-6006
부산시 동래구 온천3동 1253-25

10

개척 교회도 하나님이 계시더라

이금숙 목사 | 부산 사랑의교회(개혁)

부산 사랑의교회는 20여명의 성도들이 햇살 가득한 예배당에 모여, 200명이 모여 있는 것처럼 찬송 드리고 2000명이 모여 기도하는 것처럼 은혜를 사모하는 교회다. 구성원 중에 10년 20년 40년 동안 정신 분열의 아픔을 안고 있는 자매들도 있고, 어느 누구 하나 잘난 사람도 없고, 부유한 사람도 없지만 세상에서 가장 행복한 사람들의 공동체요 하나님의 은혜가 아니면 살 수 없는 주 바라기 공동체다. 그만큼 남들이 알지 못하는 하나님의 사랑을 받았고, 다른 교회가 경험하지 못했던 은혜가 넘치고 있다. 나는 목회를 하는 가운데 일어났던 사연들을 수기 공모한다는 국민일보 기사를 보고. 우리 사랑의교회 이야기들을 함께 나누고자 응모하게 되었다. 어쩌면 평범하고 시시 콜콜한 그리고 당연한 것이라고 생각할 수 있을지 모르겠지만 나에게는 너무나도 소중한 목회 이야기다.

"개척 교회도 하나님이 계시더라"

나는 교육전도사로 6년을 섬기다가 하나님의 부르심을 받아 개척을 하게 되었다. 아직 목사 안수도 받지 않은 교육전도사, 그것도 여전도사 가 개척을 한다고 하니 주변에서 만류도 많았고 염려와 걱정을 많이 하 셨다. 왜냐하면 부산 지역에서는 아직까지 여자 목회자에 대한 인식이 많이 부족하고, 복음률이 5-6%에 그치고 있는 복음의 황무지이기 때문 이다. 남자 목회자도 개척해서 견뎌내기 어려운 곳이 부산 지역이라고 한다. 하물며 여 전도사가 개척을 해서 얼마나 버틸 수 있겠냐는 것이었 다. 그러나 하나님께서 부르시는 강력한 소명이 있었기 때문에 지하 50 평을 얻어 설립 예배를 드리고 사랑의교회는 시작되었다. 감사하게도 5-6명의 성도들이 이 모양 저 모양으로 합류하여 주일마다 은혜로운 예배를 드렸다. 나는 몇 명 되지 않는 성도이지만 주일마다 마치 부흥회 강사가 된 듯 말씀을 증거하고 예배를 인도했다. 비록 작은 숫자의 성도 들이 모여 예배드리는 교회이지만 성도들이 살아계신 하나님의 은혜를 경험하고 돌아가기를 원했다.

그러던 어느 날 타 교회 집사님이 주일 오전 예배에 오셔서 함께 예 배를 드리게 되었다. 개척 교회 목회자라면 다 그러하듯이 한 사람의 새 가족이 왔으니 얼마나 힘이 났겠는가? 그래서 있는 힘을 다해 찬송을 드리고 말씀을 전했다. 그런데 예배가 끝나고 우연히 계단에서 들려오는 소리가 있었다. "집사님 오늘 있제 내가 어느 개척 교회에 예배를 드리러 왔는데 세상에, 개척 교회도 하나님이 계시드래이 오늘 내가 엄청 은혜 받았다이가"

나는 그 말을 듣자마자 기분이 묘했다. 개척 교회는 하나님이 계시지 않는다는 말인가? 그 이유를 나중에 듣고 보니 그 집사님은 우리 교회에 처음에 와서 보니 교회는 지하이고, 성도는 몇 명 되지 않고 거기다가 여전도사라는 이유 때문이었다. 그런데 이미 왔으니 돌아가지는 못하겠고, 그래서 별 기대도 하지 않고 앉아 있었는데 예배가 시작되고 찬송이 계속 되어질 때 쯤, 자기 가슴 속에 뜨거운 성령의 불이 들어와 깜짝 놀랐다는 것이었다. 그리고 작은 교회를 무시하고 전도사님을 무시했던 것을 회개했다고 했다. 나는 그 이야기를 우리 성도들에게 자랑했다. "여러분 개척 교회도 하나님이 계십니다. 작은 교회도 주님의 피로 사신 주님의 교회입니다. 그러니 우리가 모여 예배드릴 때 하나님께서

여름성경학교

함께 계시는 것은 당연한 것입니다 ……."

　우리 교회 예배당은 낮에도 불을 켜지 않으면 그야말로 아무 것도 보이지 않는 암흑의 공간이었다. 하지만 나와 우리 교회 지체들은 언제나 감사하며 웃음 가득한 예배를 하나님께 올려 드리곤 하였다. 그러던 중에 전혀 생각하지도 못한 사건이 발생했다. 주일 오전 11시 예배가 시작되고 반주자의 아름다운 선율에 맞추어 찬송이 울려 퍼져갔다. 1절을 부르고 2절을 불러가고 있을 때, 언제나 우리를 위해 환하게 비추어 주고 있던 형광등 불 빛이 갑자기 모두 꺼져 버렸다. 순식간에 예배당은 캄캄한 암흑이 되고 말았다. 나는 순간적으로 당황하면서 속으로 '계속해서 찬송을 불러야 되나, 중단하고 정전된 이유를 살핀 다음에 촛불을 켜서 예배를 다시 시작해야 하나' 라는 생각이 머리를 스쳤다.

　그런데 놀라운 일이 벌어지고 있었다. 나도, 성도들도, 반주자도 ……. 모두가 약속이나 한 것처럼 하나가 되어 더 큰 목소리로 하나님을 찬양하기 시작했다. 찬송의 소리는 멈추지 않았다. 반주 소리도 멈추지 않았다. 우리들은 그 주일에 ……. 그렇게 ……. 정전되던 순간에도 ……. 하나님께 올려드리는 찬송을 계속 드렸다. 그날 주일 예배는 정말 하늘 문이 활짝 열려 있는 예배가 되었다. 육신의 눈에는 아무 것도 보이지 않았지만 우리는 분명히 볼 수 있었다. 예배를 마치고 난 후에 살펴본 결과 갑자기 불이 나간 이유는 전기 용량이 초과되면서 전압기가 자동적으로 내려 가면서였다. 그때의 예배는 목회하면서 저에게 가장 기억에 남는 예배가 되었다.

3주째 물을 퍼내던 지하 예배당 시절

우리 사랑의교회는 지하에서 예배를 시작하였다. 내가 아는 지인들은 지하라서 공기도 좋지 않고 습기가 차서 건강이 좋지 않을 텐데 …. 염려를 많이 해 주셨지만 지하라서 좋은 점이 많았다. 그 중에서도 밤이든 낮이든 새벽이든 마음껏 기도하고 찬송할 수 있어서 더욱 좋았다. 그렇게 불편한 줄 모르고 3년쯤 되었을 때 장마 비가 억수같이 쏟아졌다. 일주일 내내 그치지 않고 내리는 장대비 속에서 어느 날 바닥에 깔려 있는 장판 위에 물이 고여 있는 것을 보고 저는 누군가 실수로 물을 쏟았는가 생각했다. 그런데 그렇게 며칠이 지나자 예배당 전체 바닥에 물이 벽 틈을 타고 흘러 나와 고이기 시작했다. 할 수 없이 주일은 장판지 속에 신문으로 가득 깔아 놓고 덮어서 예배드렸다.

성도들에게는 비가 와서 바닥에 물이 고여 있다는 이야기를 차마 하지 못했다. 괜스레 미안한 마음이 들었기 때문이었다. 나는 예배가 끝나고 성도들이 돌아가고 나면 혼자서 장판지를 모두 걷어내고 물을 퍼내기 시작했다. 물이 계속 예배당 전체를 덮어서 하루 종일 물을 퍼내고 또 퍼냈다. 선배 목사님들로부터 들었던 지하교회에 있으면 물 퍼낸다는 이야기가 나에게도 현실이 되었다. 그렇게 물을 퍼내기 시작한지 3주일이 지날 때 장마비는 그쳤고 드디어 우리 예배당도 물이 말랐다. 물 퍼내기가 그치던 그때의 감격과 기쁨은 지금도 마음 속에 생생하다.

그 동안은 지하라서 한번도 불편하다고 느껴 본적이 없는데 물 퍼내는 작업에 너무 고생을 하였던지 교회 이전을 두고 기도하기 시작했다. 그 결과 지상 2층에 하나님께서 준비하신 장소로 인도해 주셔서 그곳으로 감사히 이전을 할 수 있었고, 현재 우리 교회는 햇볕이 사면에서 쨍쨍 비춰온다. 이전에 지하에 있을 때는 습기가 너무 차서 기침을 자주 하였고 온 몸이 고장 나서 10일 동안 병원에 입원하기도 했었다. 햇볕이 비치는 예배당이 그렇게 좋은 줄 몰랐다. 창문을 열면 바람이 들어오는 것이 그렇게 좋은 줄 몰랐다. 이사를 하고나서 한 동안 나는 하루에 몇 번씩 예배당에 들어가서 "주님 감사합니다, 주님 감사합니다"를 외쳤다.

세상에서 가장 아름다운 시간

목회를 하면서 가장 행복하고 감사했던 순간은 초신자가 들어와 예수님을 영접하고 학습받고 세례를 받는 순간이었다. 우리 교회는 얼마 되지 않은 숫자이지만 60%가 초신자들로 구성되어 있다. 그중에 다수는 내가 학습과 세례를 주었다. 그중에서도 특별히 기억에 남은 세례 성도가 있다. 94세, 93세 된 부부가 전도되어 교회에 출석하시게 되었다. 할아버지는 거동이 불편하셔서 주일마다 집사님께서 업고 차에 태워 모셔 오고 모셔다 드리기를 반복했다. 그러던 중 약간의 치매 증세가 나타나면서 할아버지 아드님께서 할아버지를 요양 병원에 입원을 시켰다. 요양 병원에서도 모시러 가고 예배를 드리고 다시 모셔다 드렸다. 하지만 할아버지는 점점 몸이 약해지셨고 더 이상 모셔올 수 없는 상황이 되고 말았다.

나는 할아버지가 돌아가시기 전에 세례를 주어야겠다고 생각하고 준비 기도를 한 다음에 병원에 갔다. 그런데 감사하게도 할아버지께서 나를 보자마자 눈물을 흘리면서 나를 알아 보셨다. 나는 처음에 그랬던 것처럼 할아버지에게 복음을 다시 또박또박 전했다. 이제 목사가 세례를 주기 원한다고 세례에 대해서 설명하고 세례를 받겠냐고 여쭈었더니 고개를 끄덕끄덕 하시며 계속 눈물만 흘리셨다.

그 병실에 함께 계시는 여러 어르신들이 지켜보는 가운데 세례식을 시작하였다. '나 같은 죄인 살리신 주 은혜 놀라워 잃었던 생명 찾았고 광명을 얻었네, 내 영혼이 은총 입어 중한 죄 짐 벗고 보니 슬픔 많은 이 세상도 천국으로 화하도다, 할렐루야 찬양하세 내 모든 죄 사함 받고 주 예수와 동행하니 그 어디나 하늘나라'. 우리들의 찬송 소리는 온 병실을 덮었고 병원을 덮었고 하늘을 덮었다. 야곱이 돌베게 베고 잘 때, 하늘 문이 열리고 사닥다리가 펼쳐지고 천사들이 오르락 내리락하며 보좌에 서 계시던 주님께서 야곱을 바라보고 계셨던 것처럼 주님께서 우리들의 모습을 바라보시고 활짝 웃고 계신 것 같았다. '예수 그리스도를 믿어 하나님의 아들이 된 …… 에게 내가 성부와 성자와 성령의 이름으로 세례를 주노라' 아멘.

부산 사랑의교회 예배

예식을 행하는 나의 목소리는 그 어느 때보다 떨렸고 간절했다. 세례를 받으시는 할아버지 얼굴은 광채가 나는 듯 밝아지셨고 기뻐하셨다. 예식을 마치고 돌아오면서 이 세상에서 가장 아름다운 순간을 나에게 말하라면 죄인이 하나님의 은혜를 입어 예수 그리스도를 믿게 된 것이요, 특별히 94세 된 우리 할아버지시리라 ……. 나의 목회에서 가장 아름다운 시간을 선물하신 할아버지는 그렇게 세례를 받으시고 한 달이 채 되지 않은 때 하나님의 부르심을 받고 가셨다.

임대료가 밀렸어요

개척 교회를 목회하는 목사님들의 이구동성 고민이자 기도 제목은 달 마다 내야하는 임대료일 것이다. '임대료 걱정만 하지 않고 목회를 해도 견뎌볼 텐데,, 해 볼만 할 텐데,, '라고 말할 것이다. 내가 아는 목사님은 월 임대료를 2년 가까이 내지 못하고 결국은 빈 몸으로 나와야 했다. 우리 교회도 한 달에 내야하는 월 임대료가 55만인데 기본적으로 평균 200만원은 넘게 있어야 교회가 돌아갈 수 있다. 그런데 이 금액은 성도수가 많지 않은 교회, 십일조 하는 성도가 두 세 명 되는 교회에는 큰 부담감이 되는 금액이다. 지금도 한 달 한 달 하나님의 은혜로 지나가고 있지만 개척 2년이 되어 갈 즈음에 임대료를 내지 못하고 밀려서 그리고 재정이 마이너스가 되어 큰 어려움을 겪었다.

당시에 나는 전도사로서 신학연구원에 다니고 있었기 때문에 등록금도 내야 하는 상황이었다. 두 달 정도 임대료를 내지 못했고, 연구원 등록금도 2학기 내지 못해서 많은 금액이 마이너스여서 적어도 700만원 정도는 있어야 해결될 수 있는 큰 금액이었다. 나는 더 이상 미루어질 수 없는 위기를 느꼈지만 내가 할 수 있는 방법은 오직 하나님께 기도할 뿐이었다. 밤에도 잠이 오지 않았고 음식을 먹어도 소화가 되지 않았고 하루 하루가 길게만 느껴졌다. 혹시나 건물 사장님께서 임대료 문제로 전화가 오면 어쩌나 가슴이 조려오기도 했다. 그렇게 일주일간 가슴앓이를 하며 끙끙거리고 있을 때 교육전도사 시절에 함께 섬기던 자매에게 연락이 왔다. 이유 인즉 선교헌금을 하려고 1년 동안 저축을 했다가 기한이 되어 찾게 되었는데 선교하려고 했던 원래 목적이 무산되어서 그 저금을 어디에다 사용할 것인가 기도하는 가운데 우리 사랑의 교회가 생각났다는 것이다. 그리고 나서 곧바로 500만원을 보내왔다. 연이어서 어떤 자매가 200백만원을 보내왔다. 지금도 생각해보면 기적같은 일이다. 영광을 주님께, 지금도 우리사랑의 교회는 그런 기적으로 돌아가고 있다.

주님께서 우리에게 명령하신 것은 각 나라와 족속에게 복음을 전파하여 그들이 구원을 받는 것이다. 교회가 이 땅 가운데 존재하는 이유도 복음 전파의 사명이다. 그러나 이 시대는 노아의 때와 롯의 때와 같아서 전도하는 것이 쉽지 않고 믿지 않는 사람을 전도하여 교회 안으로 들어오게 하는 일이 쉽지 않다. 그래도 큰 교회의 장점은 성도들이 스스로 찾아와서 예배를 드리는 이가 많다. 하지만 상가 교회, 특별히 지하에 있는 교회에는 성도 한사람이 스스로 찾아와서 예배드리는 것이 얼마나 드물고 귀한 것인지 아마도 작은 교회 목회자라면 모두가 고개를 끄덕

끄덕 할 것이다.

우리 교회도 1년이 가고 2년이 되어도 타지에서 이사를 오거나 스스로 찾아와 등록한 성도는 단 한 명도 없었다. 나와 우리 교회 성도들이 전도지 8000장을 만들어서 일 주일에 두 세 번, 꾸준하게 만나는 사람마다 전도했다. 한 번은 사탕을 찍어서 주고 한 번은 집집마다 우편함에 전도지를 꽂아 놓았다. 그러던 어느 날 나이 드신 남자 분이 주일 예배에 오셨다. 그 분은 다른 교회 다니시던 분이신데 이사를 오셔서 근처에 있는 교회를 찾고 있던 중에 우연히 집 대문에 떨어져 있는 우리 교회 전도지를 주워서 보다가 오게 되었다고 하셨다. 전도지 8000장을 돌리니 하나님께서 한 명의 영혼을 보내 주셨다. 그때의 감격은 이루 말할 수가 없었다. 솔직히 8000장 전도지가 다 없어지도록 전도의 열매가 없으니 얼마나 힘이 빠지고 낙심했는지 모른다. 그러나 그 한 분의 성도가 교회에 오시면서 한 영혼이 얼마나 소중하고 귀한 지를 알게 되었다. 잃어버린 영혼을 찾아오신 주님의 마음을 알게 되었다. 지하에서 2층 상가로 예배당을 옮겨 지금도 전도지는 돌리면서 만나는 사람마다 전도하고 있다. 그 결과 우리 교회는 성도 중에 70%가 초신자들이다.

남편을 영안실에 두고 예배 인도, "나는 목사다"

신학교에서 공부할 때 어느 교수님께서 하신 말씀 중에 가장 감명 깊게 들었던 이야기가 있었다. 그 교수님의 말씀은, 하나님으로부터 부르심을 받은 목사는 개인적인 그리고 사적인 일보다 하나님의 교회와 성도를 가장 우선순위로 생각하고 목회를 해야 한다는 것이었다. 때로는 부모님이 돌아 가셨을 때에도 그 시기가 주일이이라면 목사는 설교를 해야 한다고 했다. 자식으로서 슬프고 힘든 일이지만 목사이기 때문에 교회를 먼저 섬겨야 하는 것이 목사의 사명이라고 하셨다. 그런데 그러한 이야기가 바로 내 이야기가 되었다.

나의 남편은 지금 대학생이 된 딸이 생후 4개월이 되었을 때 대형교통사고를 당하였다. 그후 20년 동안 육체적 정신적 후유증으로 평생 시달렸다. 하지만 내가 신학교를 다니고 교육 전도사를 하고 개척을 하고 목회를 하는 과정 속에 남편의 협조가 없었다면 감히 시작할 수 없었을 것이다. 그렇게 남편은 나의 목회의 든든한 후원자요, 등받이 역할을 해 주었다. 그런데 작년 8월에 하나님의 부르심을 받고 주님 품으로 가셨다. 너무나도 갑작스러운 일이었고 그때는 주일 새벽이었다. 당장 주일에 예배를 인도해야 했기에 남편의 시신을 병원에 모셔놓고 두 아이들은 병원에 남겨두고 예배 시간에 맞추어 교회에 왔다. 목양실로 들어온 나는 마음을 잡을 수가 없었다. 내 생각은 일단은 성도들이 너무 놀랄테니 예배를 다 마치고 광고를 할 생각이었다.

그러나 예배시간이 다 되어가자 심장이 떨리고 감정이 복받쳐서 어떻게 표정을 지어야 하고 무슨 말을 해야 할지 까마득했다. 평소에는 잘 입지 않던 목사 가운을 입고 묵묵히 강단으로 올라가서 찬송을 시작했다. 하지만 솟아 오르는 눈물을 멈출 수가 없었고 만감이 교차하였다. 그리고 지난 신학교 시절에 교수님께서 하셨던 말씀이 떠올랐다. 나는 하나님께서 불러주시고 영광스러운 복음을 전파하라고 지명하여 부른

'목사다'는 생각을 하면서 마음을 가다듬고 예배를 인도했다. 그리고 말씀을 전할 시간이 되어 강단에 섰다. 그런데 그렇게 복받쳐 오르던 슬픔의 감정도 사라졌고, 하나님의 심정이 되어 다른 주일보다 더 간절히 말씀을 선포했다. 나는 한사람의 아내로서 남편을 병원 영안실에 안치해놓고 온 사람이 아니라, 목사였다. 모든 예배 순서가 마치고 광고 시간이 되었을 때 나는 남편 부고에 대해 차분하게 광고를 했다. 그때 수원에서 휴가 왔다가 예배에 참석하셨던 권사님 한 분과 따님이 있었는데 그 광고를 들으시고 입을 다물지 못하시고 고개를 저으셨다. "목사님 진짜 목사이시네요 진짜 목사님이시네요 ……"라며 …….

천왕대신 무당집이 물러가고

남편을 주님 품에 보내고 나니 생각보다 힘들었다. 상담학에서 자녀를 일찍 보낸 부모의 슬픔 보다 배우자 사별이 가장 힘들다는 보고서가 나왔다는 말이 무슨 말인지 이해가 되었다. 2-3달이 지나가도 영 육간에 지쳐있던 상태는 회복되지 않고 있었다. 그러던 어느 날 교회 1층 상가에서 사람들이 유리창에 새로운 코팅을 하고 그림을 그리고 있었는데 자세히 보니 보통 무당집이나 점을 봐 주는 사람들이 있는 그림이었다. 그 간판에는 '천왕대신'이라고 붙어 있었다. 나는 그 간판을 보고 머리가 '띵' 부딪치는 것 같았다 '뭐라고 천왕대신이라고? 그러면 무당이 들어왔다는 것인데?, 이야! 2층에 우리 교회가 있는데 교회 1층에 무당이 들어와 있으면 불신자들이 지나가면서 뭐라고 하겠는가?' 이런 생각이 떠올랐다. 그러자 정신이 번쩍 들어서 예배당에 뛰어와 기도했다.

"하나님 1층에 천왕대신 인지 뭔지가 들어 왔습니다. 교회가 있는데 이게 무슨 일입니까? 교회를 깔 보아도 이만 저만이 아닙니다. 하나님 저것들이 들어올 때까지 어떻게 가만히 두셨습니까? 쫓아 주십시오. 당장요. 네? 네?" 나는 그 후로부터 아침, 점심, 저녁 1층만 생각하면 분통이 터졌다. 성도들 보기에도 민망스러웠고 괜히 미안한 마음이 들었다. 그동안 하나님께서 교회에 주신 권세에 대해서 예수의 이름에 권세에 대해서 특별히 설교를 많이 했기 때문이었다. 얼마나 목사가 능력이 없으면 '천왕대신' 같은 귀신 조무래기들이 들어오는가? 라고 생각할 것 같아서였다. 주인이 원망스럽기까지 했다. 하지만 주인 입장에서야 임대료만 받으면 그만이지 무슨 이유가 되겠는가? 나는 자존심이 상했지만 이것은 감정으로 싸울 일이 아니라 기도로 싸울 문제였다. 그래서 20일을 작정해 놓고 오전, 오후, 저녁 수시로 기도하기 시작했다. 그렇게 기도하면서 그 동안 연약해졌던 마음이 회복되었고 영적으로도 큰 힘을 얻게 되었다.

남편 없는 빈자리에 더 이상 마음을 빼앗기고 슬퍼 할 수만은 없었다. '천왕대신' 을 쫓아내는 것은 나 개인의 자존심을 넘어서 교회의 영광과 하나님의 영광을 선포하는 문제였기 때문이었다. 20일 작정 기도가 두 번 끝나고 한 달 이 지났을 때 '천왕대신' 은 간판을 걸고 문을 연지 석 달 만에 나가버렸다. 할렐루야 하나님께 영광 ……. 나중에 인근 미용실의 원장님을 통해 들은 이야기다. 미용실에 오신 손님들마다 "아니 교회 밑에 '천왕대신' 무당이 들어 왔네요. 어쩐대?"라며 교회를 걱정을 하더라는 것이다. 그때 나는 원장님에게 담대하게 만왕의 왕이신 예수님과 그분의 권세에 대해 복음을 전하였다. 예수 승리, 교회 승리, 예수 승리 나의 승리! 나는 그때 석 달간의 영적 전쟁을 통해서 마음도 몸도 완전히 회복되었다. 하나님은 나를 사랑하셔서 낙심하고 힘들어하는 것을 지켜보실 수 없으셔서 '천왕대신'을 보내셨다는 것을 나중에야 알게 되었다. 그리고 교회는 주님께서 대장이시라는 것을 성도들에게 보여주는 큰 계기가 되었다.

개척 교회 목회자 자녀에게도 하나님이 계시더라

'개척 교회에도 하나님이 계시더라'는 어느 집사님의 전화 통화 사건으로 당시에 중학교 2학년 된 딸이 한 이야기다. "엄마, 나는 앞으로 서울대학교에 반드시 갈 것이고 앞으로 반드시 잘 될 거야. 그래서 '개척 교회 목회자 자녀에게도 하나님이 계시더라'라는 책을 꼭 쓸 거야. 그러니 기대하시고 힘을 내세요" 그렇게 위로를 주던 딸이 2012년에 정말 서울대학교 경제학부에 합격하였고 학교를 잘 다니고 있다. 그리고 둘째는 아들인데 얼마 전 대학 수시에 서울대, 연세대, 고려대학교에 지원 접수를 하고 결과를 기다리고 있다. 교회를 시작하면서 항상 가슴 아픈 일이 있었다면 자녀들에게 시간과 교육적인 뒷받침을 해 주지 못한 것이다.

개척을 시작했을 때 딸은 중학교 2학년이었고 아들은 초등학교 6학년이었다. 딸 아이는 공부에 열심을 내었는데 다른 친구들처럼 사교육을 시킬 수 없었기에 오직 자기 혼자서 공부를 하였다. 그럼에도 전교 1등을 하였다. 하나님께서 딸 아이에게 남다른 공부의 열정을 주신 것이라고 나는 생각했다. 중학교 3학년이 될 쯤 외국어 고등학교에 들어가고 싶다 하더니 목표를 세우고 공부 학습 전략을 세우고 마침내 13대 1의 경쟁률을 뚫고 외국어 고등학교 영어과에 들어갔다. 물론 딸 아이 혼자 스스로 공부한 결과다. 고등학교에 들어가서는 'EBS 공부의 왕도' TV프로에 출연하여 공부법을 공개하기도 했고, 사교육을 받지 않고 혼자서 공부하고 외국어 고등학교에 들어가게 된 능력을 인정받아 '2010 대한민국 인재상(대통령상)' 을 받기도 했다.

  이제 대학 수시를 넣고 기다리고 있는 아들은, 중학교 시절 내내 오락게임에 빠져서 공부할 생각을 하지 않더니 어느날 게임을 중단하고 공부에 올인 하기 시작했다. 고등학교 2학년 가장 중요한 시기에 아빠가 갑자기 돌아가셔서 그 충격으로 어긋날까 봐 걱정을 했지만 그것은

추수감사예배

인간적인 염려였다. 오히려 내가 약해 질 때마다 옆에서 위로를 해주고 웃음을 선사해 주었다. 그리고 누나를 보며 도전을 받았는지 중학교 때와 달리 공부에 집중하면서 아들 역시도 자신 스스로 공부하는 학습법으로 전교 1, 2등을 하여 다른 학부님들의 부러움을 사기도 했다. 하나님께서는 그런 자녀들을 통해서 나에게 위로와 격려를 주셨다고 믿고 있다. 그래서 하나님께만 영광을 돌린다. 이제 작은 소망이 있다면 이 아이들이 앞으로 우리 사회에 좋은 영향력을 끼치는 한 부분을 차지해서 나중에 이렇게 말했으면 좋겠다 '개척 교회 목회자 자녀들은 하나님이 책임져 주시더라!'

사랑의교회가 예수님의 이름으로 시작하여 어느덧 몇 년이 훌쩍 지나가고 있다. 나는 교회가 시작 되자마자 바로 부흥이 될 줄 알고 기대하였다. 그러나 1년이 지나가고 3년이 지나가면서 느낀 것은 교회는 목사의 계획대로 되는 것이 아니라 하나님의 뜻대로 되어 간다는 것이다. 우리 교회는 오는 10월이 되면 처음으로 안수 집사님 한 분, 권사님 한 분을 임명하여 임직 예배를 드린다. 지금까지 목회를 축복하시고 함께 하셨던 하나님께서 앞으로도 우리 교회를 이끌어 가실 것을 믿는다. 나는 주님께서 인도하시는 대로 욕심내지 않고 한 걸음 한 걸음 주님의 발자취를 따라 나가려고 한다. 하나님께서 앞으로도 우리 사랑의교회를 얼마나 아름답게 이끄시고 축복하실지 기대하면서 말이다.

소명

이서구 목사 | 광명교회(기성)

이서구 목사
광명교회
010-2325-8179
인천시 부평구 부개3동65-7번지

11

소명

이서구 목사 | 광명교회(기성)

1980년 말 인천 북구(현 부평구) 부평동의 한 주택가에 단층 건물을 세내어 개척한 교회가 있었다. 그 교회 목사님의 큰 아들은 툭 하면 교회서 자곤 했는데 특별한 믿음이 있어서가 아니라 '그의 가족이 사는 셋집이 작고 방도 좁아서 동생과 함께 부대끼며 자는 게 싫다'는 게 이유였다. 그 소년에게 어느 날 주님의 음성이 들렸다. "네가 누운 곳을 네게 주겠다. 이곳에 내 교회를 세워라" 비록 임대 건물일지라도 이미 그 자리에 교회가 있었기에 그 소년은 그 음성의 의미를 이렇게 해석했다. '내가 네게 복을 줄 테니, 나중에 돈 많이 벌어서 이 건물을 사 가지고 멋있고 번듯하게 교회를 지어라.'라고 ……. 많은 목회자의 자녀들이 죽어도 목회자가 되지 않겠다고 생각한다고 한다. 물론 그 소년도 그랬다. 그런데 그 소년이 바로 나 자신이다.

목사가 되긴 싫었지만 동시에 유교인지 기독교인지 모를 묘한 가풍으로 인해 부모에 대한 순종이 몸에 배어 있었던 소년은 부모의 명에 순종하여 신학교를 간다. 아니 가 준 것이다. 입학만 하고 좀 다니다 다른 진로를 찾아보겠다는 생각을 살짝 숨긴 채 ……. 1991년 신학대학 신학과에 입학한 나는 본래의 계획대로 다른 인생 길을 모색해 보기 시작한다. 군 제대 후엔 한동안 선지 동산을 떠나기도 했다. 그럼에도 불구하고 주 하나님께서는 나를 주의 종으로 쓰기 위해 나를 다시 선지 동산으로 이끄셨고 신학대학에 재입학하여 2001년 전도사가 되고 신대원을 거쳐 2005년 3월 30일 목사 안수를 받게 된다.

"개척하라"는 음성을 듣고

평안한 가운데 열심히 부교역자의 삶을 살아가던 중인데 다시 주님의 음성이 임했다. "개척해라." 이 음성을 듣자 마자 바로 부친이 섬기시는 광명의 김 모 전도사님께 전화해서 부평 5동 사무소 근처에서 개척할 자리를 알아봐 달라고 부탁했다. 주님으로부터 첫 번 음성을 들었던 그 건물은 헐리고 부평 5동 사무소가 자리 잡았기 때문에, 그 주변에서 개척 자리를 알아보려 한 것이다. 그런데 3일 후에 김 전도사님이 전화로 이야기하길 그 주변에 개척할 만한 마땅한 자리가 없다는 것이다. 그래서 '설마' 하는 마음으로 그 다음 월요일 부평으로 내려가 부평 5동 사무소 주변을 돌아보니 내 어릴 적 그 인심 좋고 조용하던 주택가 마을

이 여관과 술집 그리고 성매매업자들이 진을 치고 있어 밤에는 소매를 잡아끄는 손길들로 파도치는 그런 곳이 되어 있었다.

결국 다른 마땅한 자리를 찾아 인천의 이 끝에서 저 끝까지 개척 자리를 알아보는 그 과정에서 돈 없고 인간적인 빽이 없는 개척자의 현실을 뼈저리게 절감했다. 이것이 "주 하나님만이 나의 공급자이시며 나의 빽이 되신다."는 진리를 배워가는 첫 시작이었다. 내가 처음부터 끝까지 인천을 고집한 이유는 주님이 약속의 말씀을 주신 그 벧엘이 인천 땅 부평에 있기 때문이다. 개척하겠다고 담임 목사님께 말씀드리고 약 두 달 가량 매 주 주일 오후부터 월요일까지 개척 자리를 찾아 인천 곳곳을 누비던 중 내 사정에 좀 무리다 싶긴 해도 맘에 드는 곳이 있어 계약 단계 직전까지 간 곳이 두 곳인데 결국 계약을 못했다. 이유는 개척 멤버가 되어 주기로 한 성도들의 반대 때문이다. "자신의 집 근처라서 ……." "다니던 교회 근처라서 ……."

결론부터 말하면 약 8개월의 준비 기간 후 개척 예배를 드릴 때 그들 중 그 누구도 함께 하지 않았다. 이것이 사람을 의지하지 말고 오직 주님만을 신뢰해야 한다는 진리를 배워가는 첫 시작이다. 개척 자리를 찾아 인천을 이리저리 누비고 다닌 지 두 달이 다 되어갈 무렵 기도 중에 '다시 초심으로 돌아가자' 하는 생각이 들었다. 결국 다시 부평 지역을 살펴보기 시작했고 부평동에 바로 인접한 부개동의 상가 2층을 월세로 빌려 개척 준비에 들어갔다. 개척 자리가 잡혔다는 소식을 듣고 여러분들이 도움을 주셨다. 그럼에도 개인 접이식 의자 30개와 강단 종, 성찬기와 전열기 2대를 제외하면 다 중고 성구와 물품들로 준비해야 했다.

그만큼 당시의 사정이 어려웠다는 뜻이기도 하다. 그래서인지 그때 도움주신 분들을 늘 고맙게 여기며 지금도 위해서 기도한다.

상가를 임대만 하고 아직 설립 예배도 드리지도 못했는데 개척 맴버가 와해되어 동서네 4식구와 장인 어른, 그리고 우리 3식구 말고는 다 흩어졌다. 정확히 말하면 처가 식구들이 합류하기 전에 다 흩어졌기 때문에 처가 식구들은 그들의 이야기만 듣고 얼굴은 보지도 못했다. 여기서 나의 부족함을 인정하고 넘어가야 한다. 담임 목사의 중요한 책무 중에 교우들을 하나로 묶는 것이 있다. 나는 그때까지 그런 자질을 가지지 못했던 것이다. 개척 준비를 하면서 인천 동 지방에서 행정적 절차를 밟는 중에 지방회 어른들의 많은 도움을 받았다. 물론 나의 부족함에 대한 따끔한 질책과 따사로운 권면도 함께 …….

"도둑놈"이란 책망에 작정한 선교비 후원

2006년 4월 첫 주에 개척 예배를 드리고 두어 달을 그럭저럭 잘 생존해 가던 어느 날 기도 중에 강력한 주님의 음성이 들렸다. "도둑놈" 그 음성 앞에 내가 얼마나 떨었던지 …….. 그 순간부터 심각한 고민에 빠졌다. "내가 무엇을 훔쳤기에 나보고 도둑놈이라 책망하실까?" 솔직히 찔리는게 너무 많았다. 그러나 그 어느 것도 주님이 나를 책망하시는 원인이라고 느껴지지 않았다. 기도하고 고민하길 여러 날이 지났을 때 성령님의 감동으로 깨닫게 하신 것이 있는데 내가 서울에서 부교역자로 있을 때의 일이 생각 난 것이다. 신대원 시절부터 친분이 있던 태국 선교사 가정이 있다. 그 가정이 처음 선교사 파송을 받을 때 부교역자로 섬기는 그 교회가 월 30만원씩 지원하여 파송하기로 해서 파송 예배를 드리게 되었다. 파송 예배 후 교제 중에 아내가 그 태국 선교사님의 부인에게 이런 약속을 하였는데 내가 그 자리에 함께 있었다. "나중에 담임 목회를 하게 되면 월 3만원이라도 꼭 후원 할게요."

성경에 보면 아내나 남편이 주님 앞에서 뭔가를 서원할 때 그 배우자는 그 서원을 취소할 권세를 주셨다. 그러나 그 기한은 그 날 해지기 전이다. 나는 그 자리에 함께 있었고 그 날 해지기 전에 그 서원을 취소시키지 않았다. 그래서 주님께서 태국 선교사의 부인에게 내가 아닌 아내가 약속한 것일지라도 지키라고 명하신 것이다. "나의 처지와 교회의 사정을 아시잖아요." 주님은 전도 폭발 훈련의 첫 번째 진단 질문을 인용하여 다시 말씀하신다. "서구야! 만일 네가 오늘 밤에라도 죽게 된다면 ……." "……." "네가 한번이라도 선교비를 보냈으면 넌 선교하다 죽은 목사지만 그렇지 못했으면 그냥 개척 교회하다 죽은 것이 된다. 너는 어떤 사람이 되길 원하니?" "순종하겠습니다. 대신 선교비를 채워주세요."

그 무렵 너무 정확하게 서울의 OO 교회에서 1년을 작정하고 선교비를 보내 주셨다. 정확한 기도 응답이었다. 나는 그 선교비를 곧바로 태국으로 송금했다. 1년 후에 처음 약정대로 OO 교회의 선교 후원은 끊겼지만 우리는 태국으로 보내는 선교비를 중단하지 않고 지금껏 계속하고 있으며 태국을 시작으로 꾸준히 선교지를 늘려 2011년 1월 무렵 교회차원에서는 4개 나라에 선교비를 보내게 되었고 우리 가정도 교회와는 별도로 선교지와 선교사를 섬기고 있다. 이 모든 것은 주님이 친히 채워주셨고 지금도 동일하게 채우시고 계신다. 할렐루야!

언제 네가 네 돈 가지고 내 일 했니?

폭발적인 성장은 없지만 그래도 줄지는 않고 조금씩이라도 성장하며 안정을 찾아가던 무렵, 고 송 OO 집사가 간암 수술 후 다시 재발 한 것을 이기지 못하고 주님 품에 안겼다. 그후 교회에 위기가 찾아왔다. 어려운 개척 교회 현실들 때문이었다. 그렇게 힘든 가운데 시작된 2010년 ……, 기도도 제대로 나오지 않고 힘들어 하며 강단에 엎어져 있는데 주님의 음성이 들렸다. "네가 있는 지역의 독거노인이 몇 세대냐?" "부개 2동에 600세대라고 알고 있습니다." "그 중에 10세대만이라도 섬겨라." "주님! 지금 교회가 위기입니다. 독거노인은 그만 두고 월세와 선교비도 감당 못해요." "언제 네가 네 돈 가지고 내 일 했니?" "……."

나는 다시 침묵 할 수 밖에 없었다. 주님의 말씀이 틀린 것이 하나도 없기 때문이다. 처음 개척 할 때부터 나의 사정은 다른 개척자들과 차이가 없었다. 그러나 하나님은 개척 시작 때부터 우리 교회를 선교지와 어려운 교회와 이웃을 돕는 일에 사용하셨다. 하나님의 일하신 방법의 한 가지를 소개한다면 이렇다. 교단 신문이나 공문을 통해 또는 아는 지인을 통해 선교지나 교회들의 어려운 소식이 들려올 무렵이면 신기하게도 어디선가 후원이 들어왔다. 처음엔 이런 하나님의 섭리를 모르고 다른 용도로 사용하기도 했는데 그러면 거의 대부분의 경우 빠르면 첫 후원금이 들어온 다음날, 늦어도 3개월 안에 전화가 걸려온다. 그리고 이런 대사와 함께 후원이 끊긴다. "부친께서 큰 교회 목사님이시라면서요?"

처음 몇 번은 알아채지 못했지만 얼마 안가 곧 주님의 뜻을 깨닫고 그 명령하심에 할 수 있는 한 최선을 다해 순종했다. 물론 "개척 교회가 주제 넘는 짓을 한다."는 뒷소리를 듣기도 했지만 그것도 주님의 뜻이라면 감사해야 할 일이다. 정말 감사하고 신기한 것은 아내나 아들이 먹고 싶다고 하는 것이나, 무엇인가가 꼭 필요하게 되면 하나님께서는 늦어도 그 다음 날까진 꼭 누군가를 통해서든 공급해 주셨다. 다만 내가 먹고 싶은 것 내가 가지고 싶은 것은 나에게만 엄한 잣대를 적용하시는 것인지 거의 응답이 없었다. 그래도 감사드린다. 난 개척 교회 목사 아들 출신이어서 그런지 몰라도 밥과 김치만 1년 12달 365일 계속 먹이서도 만족하고, 헤어져 기운 양복이라도 감사하고 사는 편이니까.

몇 번을 돌이켜 생각해도 내 것 자기고 주님 일한 기억이 없다. 교회 설립 예배를 드릴 때도 사람이 없어 이웃 교회에서 청년을 빌려다가 안내 위원과 헌금 위원을 시키고, 그때까지 마이크가 마련되지 못해 설립 예배 직전에 부친이 섬기는 교회로 달려가 차마 대 예배실 마이크는 못 가져 오고 대신 교육실 마이크 시설 떼어다가 설립 예배 드린 후 다시 원 위치에 반환했었다. 지방회 어른들을 움직여 개척 훈련원에 보내신 것도 주님이시고, 인천 동지방회가 "크는 교회 지원 사업"을 하실 것을 미리 아시고 부개동에 개척하게 하신 이도 우리 주님이시다. 꼭 필요한 대로 공급 하신 그 주님의 명령 앞에 토를 단 내가 어리석은 것이었다. 개척 첫 해 같은 지방회인 비전교회에서 실시하는 전도폭발 훈련에 참여 하게 되면서 시작된 지역 섬김 활동들 예를 들면 동네 7곳의 노인정을 돌며 음료수를 나눴다. 여름에는 부채를 나누어 주고, 각 상가를 돌며 대화를 트고 하는 그 모든 만남과 필요한 재정을 주님이 채우시고 만날 사람을 만나게 하셨다.

독거 노인들에게 밑반찬을 배달하며

비록 전도의 열매가 우리 교회 교인이 되지는 못했어도 이웃 교회라도 가게 하셨고 그 후로 지금까지도 꾸준한 교제를 나누도록 이끄셨다. 순종하기로 하였으나 그 시작이 쉽지는 않았다. 교인들에게 사실을 이야기하기까지 한 달이 좀 더 넘게 걸렸다. 그만큼 내가 새가슴 이다. 처음에는 기도 부탁의 형식을 빌렸다. "주님 뜻이면 필요를 채워주시도록 ……." 그런데 이번엔 응답하심의 방법이 달랐다. 지금껏 외부 지원금으로 필요가 공급되었으나 이번에는 성도들이 헌금을 해 주었다. 독거 노인들을 위해 써 달라는 이러저러한 사연어린 헌금이 모여 "지역 독거 노인 10세대 돕기"가 시작된 것은 2010년 3월이고 어르신들을 처음으로 찾아간 것은 4월 첫 주 목요일이다. 사업 내용은 독거 노인들의 밑반찬 만들어 배달하기였다. 먼저 3월초에 동사무소에 들러 복지 담당자를 만나 사실을 이야기하고 대상자 선정을 일임했다. 복지 담당자와 보건소에서 파견 나와 어르신들을 방문 간호하는 간호사가 9분의 독거 노인과 1세대의 장애우 가정을 선정해 주었다. 그리고 대상자가 확정된 날그 자리에서 담당자들과 이야기를 하던 중에 나도 모르게 "교회가 작다

보니 일할 사람이 없어 힘들다."는 소리가 나오고 말았다.

　사실이 그랬다. 교우들이 다 직장에 나가기 때문에 아내와 나 말고는 여유 인력이 없었다. 더구나 그 당시에는 아내나 나 모두 음식 조리에는 영 자신이 없었다. 그런데 "궁하면 통한다."고 복지 담당자가 구청에 가면 "자원 봉사자 지원센타"가 있다고 알려준다. 바로 구청에 달려가 담당자를 만나보니 부평구에는 자원 봉사자로 신청한 사람 중에 600여명이 봉사를 하고 싶어도 봉사할 일거리가 없어서 자원봉사 신청만 해놓고 놀고 있다는 것이다. 바로 음식 조리를 할 수 있는 자원 봉사자 2명이 섭외되었다. 밑반찬 배달은 우리 부부가 충분히 감당 할 수 있을 것이기에 그 다음 주 부터 시작되었다. 장보기와 배달은 우리 부부가 맡고 자원봉사자들은 음식조리를 맡았다.

　솔직히 처음에는 힘들었다. 빠듯한 재정에 맞추어 준비하다보니 ……. 그렇다고 질 나쁜 것을 쓸 수는 없었다. 싸고 좋은 음식 재료를 준비하자니 몸이 고생하였다. 차가 없어서 시내 버스를 타고 돌고 돌아 삼산동에 있는 농수산물 도매 시장에 갔는데 교회에 대한 좋은 소문이 난 것인지 지역 주민의 후원도 들어오고 어떤 때는 교회 문 앞에 쌀이나 반찬거리가 놓여 있곤 했다. 그래서 그해 여름 복 날에는 삼계탕을 끓여 배달을 가는 은혜도 있었다. 그 무렵 동사무소에서 날 찾는다는 연락이 왔다. 전에는 몰랐는데 동사무소에도 자원 봉사자들을 관리하는 사람이 있다고 한다. 동사무소 직원은 아니고 그 자신도 자원 봉사자인 그런 사람이다. 그분과의 만남 자리에서 알게 된 것은 우리 교회가 시행하는 독거 노인 세대 돕기 활동이 낱낱이 체크되고 있었던 사실이다. 우리는 알지 못했지만 정기적으로 섬김을 받는 사람들과 전화 통화를 하고 방문도 하면서 그들의 말을 듣고 그들의 필요에 대해서 점검해 놓고 있었다. 일종의 피드백인 셈이다. 일종의 평가표라 할 수 있는 문서를 받아든 순간 제일 먼저 눈이 간 곳은 맨 아래 장애우 가족의 피드백 문구이다. "양이 적다."

그랬다. 다른 9세대는 혼자 사는 독거 노인이지만 이들은 부모와 자녀들로 구성된 가족이었다. 우리 생각이 한참은 모자랐던 것이다. 그 문서를 받아 들고 그 문구를 읽었을 때 뒤통수에서 '퍽" 하는 망치 소리가 나는 듯 했다. 마귀는 여기에서도 방해를 해댔다. 누군가에게서 '우리가 배달한 음식을 먹으면 죽는다.' 는 소릴 들었다면서 거절하는 어르신이 있었고 '자기는 절에 가니까 받을 수 없다.' 는 어르신도 있고 정말 가지각색이었다. 우리는 처음부터 그때까지 교회인 것을 밝히지 않았고 그저 섬기려 애쓸 뿐이었는데 나중에 알고 보니 어떤 사이비 종파에 속한 사람이 내가 목사인 것을 알고 자기가 꼬드긴 사람을 잃게 될까봐 죽는다는 말을 퍼트리고 타 종교 어르신에게는 '저 사람들 교회에서 나왔다.' 고 알려 준 것이다. 마귀가 한 영혼을 놓고 얼마나 치열하게 역사하는 지를 실감했던 대목이다. 신천지도 안 물어가는 그런 영혼마저 빼앗기지 않으려는 마귀의 끈질긴 포효였다.

결국 그 어르신 앞에서 직접 먹는 모습을 보여주기도 하고 목사가 "교회 안 나와도 상관없다." 소리까지 해 가며 빌고 빌어 겨우 받으시게 하기도 했다. 그렇게 힘들게 보낸 기간이 또 한 달이다. 그러나 돌이켜 생각해 보면 그 사이비종파 사람이 우리 대신 전도를 해 준 셈이었다.

화재 그리고 하나 됨의 시작

그렇게 정신없이 바쁘게 보내던 2010년도 저물어가고 있었다. 잊으라
고 해도 잊을 수가 없는 그날이 오고야 말았다. 12월 10일 오후 1시가 지
난 무렵이다. 점심을 먹기 위해 교회 사무실에서 걸어서 2분 거리인 집으
로 간 그 짧은 사이 교회 사무실에 화재가 발생했다. 내 발이 집 현관에
들어 설 무렵 "꽝"하는 폭발음이 교회 쪽에서 들렸고 이어서 계속 폭발음
이 들렸다. 무슨 일인가 싶어 다시 교회 쪽으로 가보니 교회가 있는 2층
에서 불길이 솟아 오르는 것이다. 허겁지겁 교회 안으로 뛰어 들어 가보
니 사무실에 불이 붙었는데 불길에 석유통이 녹아 기름이 예배실 쪽으로
흐르고 있었고 그 기름을 따라 불길이 예배실 쪽으로 번지고 있었다. 교
회 공간이 좁다보니 사무실은 창고도 겸하고 있었는데 당시 교회 난방을
석유로 하고 있었기에 사무실에는 석유 반 통이 있었다. 그리고 휴대용
부탄가스와 윤활유, 살충제 등이 있었다. 이 깡통들이 열기에 폭발하는
소리가 내가 집에 도착했을 때 들은 소리였다. 그 폭발의 충격으로 창문
과 벽체가 날아가 버리고, 석유가 불을 더 확산시켜 버린 것이다.

불이 나면 사람의 지능지수가 70이하로 떨어진다는 이야기를 들은
적이 있다. 정말 그랬다. 급히 교회 예배실에 비치된 2개의 소화기를 터
트렸지만 그것으로는 예배실로 불이 번지지 않게만 막아줄 뿐이었고 사
무실의 불길은 잡히지 않았다. 급히 교회 주방에 뛰어가 물을 길어 끼얹
고 다시 물을 길어 끼얹고 있는데 누군가 불을 끄려고 몸부림 치는 나를
잡아 건물 밖으로 끌어냈다. 소방대원이다. 다행인 것은 교회에서 두 블

록 정도 떨어진 곳에 소방서와 경찰 지구대가 있어 바로 출동해 준 것이다. 소방대원이 불을 끄는 것을 멍청히 바라보다 내 눈이 땅바닥을 향했을 때 내 시선을 사로잡은 4개의 글자 "오직 예수" 사무실에 걸려있던 작은 현판이다. 사무실이 문과 창문까지 전소했음에도 그 현판은 거의 상하지 않은 채 스프레이 깡통들의 폭발 충격으로 길거리에 튕겨져 떨어진 모양이었다. "오직 예수" 그랬다. 내겐 예수님이 계셨고 그 분만 계시면 족했다. 그때 나의 솔직한 고백이다.

그렇게 몸부림치며 노력해도 꺼지지 않던 불이 소방차가 도착한지 단 몇 분 만에 진화되었다. 20여 분의 짧은 화재에도 사무실은 전소하고 창문과 벽체를 부수고 나간 불길은 이웃집과 윗집에도 피해를 입혔다. 예배실은 불에 타지만 않았지 검댕과 화재 진압 과정의 여러 일로 만신창이가 되었다. 감찰회에 보고하고 지방회에는 보고 했는지 기억이 가물가물하다. 아무튼 지방회 어른들과 동역자들이 바로 달려와 주어 조금은 위로를 받았다. 그러나 그날 밤 난 그때 살았던 세월 중에 가장 긴 밤을 지내었다. 화재 감식을 위해 현장 보전을 하느라 불탄 재를 치우지도 못하는 그 사무실을 앞에 두고 자리에 주저 앉아 밤새 그냥 눈물만 흘렸다. 그 당시 새벽 예배가 6시였는데 우리 교인들은 거의 새벽 기도를 안했고 주로 아내와 나만 드리고 있었는데 아내는 화재의 충격으로 교회로 올 수가 없었고 나 홀로 눈물타령의 새벽 기도를 하고 7시 다 되어 교회 문을 열었다.

당시 교회가 있는 2층만 거리로 바로 나가는 전용 계단을 따로 가지고 있었는데 내가 그 건물의 2층을 교회 자리로 선택한 중요한 이유 중에 하나이다. 교회 문을 여니 계단 아래 거리에 마을 사람들이 몰려와 있는 것이다. 순간 상황 판단이 안 돼 인사도 못하고 있는데 누군가 "목사님 나왔다." 소리침과 동시에 마을 사람들이 인사를 하며 '우루루' 교회 안으로 들어왔다. 아직 해도 뜨기 전인데 누가 먼저랄 것도 없이 교회를 청소하고 함께 피해를 입은 옆집과 윗집 청소와 수리를 해 주었다. 교회는 화재 감식이 끝나지 않아 예배실만 청소를 해야 했다. 피해를 입은 이웃들도 별다른 말없이 그 정도 선에서 양해해 주셨다. 놀라운 은혜다.

오후에 마을 통장님이 오셔서는 금일봉을 놓고 가셨다. 봉투에는 도움을 주신 분들의 이름과 액수가 적혀 있었다. 이웃의 교회 성도들도 오셔서는 금일봉과 함께 교회의 전기 공사를 다시 해 주셨고, 교회의 건물 주인집이 식당을 했는데 우리가족을 불러 밥을 먹이고 교회 청소와 이웃집 수리를 도운 이웃들에게 무료로 식사를 대접하셨다. '내가 무엇이 길래 이런 은혜를 입는 것인가?' 또 한번 뜨거운 눈물이 쏟아진다. 그날 오후에 부모님은 아들이 섬기는 교회에 불이 났다는 소리를 다른 아무에게도 못하고 그저 두 분 만 오셨다. 처음에는 여기저기 청소하고 수리하고 하는 사람들을 보며 우리 교회 교인들인 줄로 아셨다가 마을 이웃들이란 말을 듣자마자 어머니는 자리에 주저앉아 대성통곡을 하셨다. "우리 아들이 어찌하나 늘 염려했는데 목회 잘하고 있구나!"

청소한다고 했지만 그래도 너무나 어색한 공간에서 화재 후 첫 주일 예배를 드리고 서로 아무 말 없이 헤어졌다. 그 주간의 토요일은 지금은 태국 선교사로 섬기는 이관 형제의 결혼식이었다. 화재 감식이 끝나고 교회 복구로 바쁜 중이었지만 함께 관이 형제의 가정을 축복하였다. 전

철을 타고 돌아오면서 우리 모두는 교회로 발길을 돌렸다. 정장을 입은 그대로 재킷만 벗어놓고 그날 밤이 늦도록 아직 마무리 못한 교회의 수리를 했다. 그 다음 날 주일 오후에 셀 모임하면서 한 자매가 이런 고백을 했다. "지금껏 서광교회[1]가 내 교회라고 생각하지 못했음을 회개합니다. 이제는 고백할 수 있습니다. 서광교회는 주님께서 제가 섬기라고 주신 저의 교회입니다." 그리고 이곳 저곳에서 울음보가 터졌다. 그렇게 우리는 화재 사건을 통해서 하나로 연합되기 시작했다.(이 지면을 빌어 다시 한번 우리 교회의 위기 때에 함께 해 주신 삼위일체 우리 주님과 인천 동지방회 모든 교회와 교우들에게 그리고 부개 2동의 주민 여러분들과 이웃 교회 목사님들 성도님들께 감사의 인사를 전해 드린다).

세속에 찌든 심지에는 불이 붙지 않는단다.

부친이 섬기시던 교회에 엄청난 위기가 닥쳐왔다. 간악한 사탄의 공격은 성도들을 흩어 버리고 마침내는 "산 옮기기"가 시도되었다. 결국 막아내기는 하였지만 교인들은 거의 다 흩어지고 어린 아이들을 합쳐서 채 50명도 남지 않았는데 그나마도 자리를 잡지 못하고 흩어지는 중이었다. 부친은 양떼 만이라도 살리시려고 결단을 내리셨는데 마침 교회 성도 중에 그 교회에서 자라 신학을 하고 목사 안수까지 받았으나 목회자가 아닌 평신도로 충성을 다하는 성도가 있었다. 부친은 그 목사님을 정식으로 목회자로 세우고 분립 개척을 선언하셨다. "누구든 원하는 사

---

1) 당시 부친이 섬기는 교회 이름이 광명교회이다. 두 교회가 서로 가깝기 때문에 차마 주님이 주신대로 광명교회라 못하고 서광교회라 이름 했었다. 현재는 말씀하신대로 광명교회이다.

람은 양 목사님과 함께 개척하라." 그리고 당신이 할 수 있는 최선을 다해 새로 분립되는 교회를 지원하셨다.

이제 교회는 손가락으로 꼽을 만큼의 교인과 샌드위치 판넬로 지은 단층짜리 건물만 남게 되었다. 그 상태에서 부친은 그 남은 양떼를 위해 다시 결단하기를 당신은 물러나고 내가 섬기고 있는 서광교회와 당신이 섬기시는 광명교회를 통합하는 것이었다. 광명교회에서 청빙서와 함께 '당신은 은퇴하시고 나의(성결교회 목사로서의) 신분(정체성)을 보장한다.'는 공동회의록 사본과 남은 세례교인 전체의 연명서를 보내왔다. 청빙서를 놓고 잔류냐 통합이냐를 놓고 많은 기도 중에 있을 때 주님께서 말씀하셨다. "(잔류나 통합) 어느 쪽이든, 너는 내가 들어 쓰기 위해 만들어져 가는 훈련의 여정 위에 있다." 어느 쪽을 선택하든 '하나님의 섭리는 동일하다'는 응답을 받고 교우들과 의논하고 두 교회가 서로 협의하는 과정에서 통합을 합의한 뒤 사무 총회 등의 절차를 거쳐 2011년

방글라데시 선교훈련

서광교회

12월 통합한 후 지금까지 이르고 있다.

이 글을 읽는 이들은 두 교회의 통합 후 장밋빛 미래가 펼쳐졌을 것이라 기대할지 모른다. 그러나 통합 후에도 교인들의 이탈은 계속되었고 재정적 압박은 가중되고 여러 힘든 일이 계속 있었다. 이런 어려움은 가정에도 위기를 가져오고 두 교회 출신 교인들도 서로 겉돌았다. 그래서 매년 1월에 하던 산 기도를 핑계로 휴가를 내어 산에 올라가 기도 자리에서 주님께 이 한가지만을 구했다. "성령 충만 말고는 다른 대안이 없습니다. 제게 성령의 불을 내려 주세요." "세속에 찌든 심지에는 불이 붙지 않는단다." 산기도 마지막 날 나의 지각으로는 이해 할 수 없는 이 한마디 음성을 듣고 산을 내려왔다. 주님의 음성을 듣고도 깨닫지 못하는 나의 미련함을 불쌍히 여기셨든지 주님은 나를 바나바 훈련원 42기 교육을 받게 하셨고, 그 어려운 재정난 중에도 하나님의 방법으로 국내 훈련과 해외 선교 여행에 필요한 모든 것을 공급해 주셨다. 그리고 계속

광명교회

내가 왜 세속에 찌든 심지인지를 깨닫게 하셨다.

화재 현장에서 유일하게 살아 남았던 현판에 새겨진 그 글씨대로 "오직 예수" 내 안에 오직 예수님만이 가득 차 있어야 하는데 나의 지식, 경험, 욕망, 나의 판단과 생각 등 한줌 흙에 지나지 않는 나의 자아가 너무 가득 차 있었다. 나를 버리고 오직 예수님으로 가득 채워 나 자신이 주님께 100% 맘껏 쓰실 그릇으로 만들어져야 하는데 아직도 나는 연약하고 더러운 그릇이었던 것이다. 바나바 훈련을 받으면서 나는 다시 회복되기 시작했고 당시 내가 겪고 있던 그 많은 문제들을 하나 하나 주님의 방법으로 풀어 주셨고 풀어 주시고 계신다. 그리고 그 만큼 나도 주님께서 쓰실 그릇으로 완성되어 가고 있다. 나는 아무 것도 한 것이 없다. 그러기에 오직 이 모든 영광을 삼위일체 주님께 돌려 드린다. 할렐루야!

광명교회 예배당

내가 율법으로 말미암아 율법에 대하여 죽었나니
이는 하나님에 대하여 살려 함이라
내가 그리스도와 함께 십자가에 못 박혔나니
그런즉 이제는 내가 사는 것이 아니요
오직 내 안에 그리스도께서 사시는 것이라
이제 내가 육체 가운데 사는 것은 나를 사랑하사 나를 위하여
자기 자신을 버리신
하나님의 아들을 믿는 믿음 안에서 사는 것이라
내가 하나님의 은혜를 폐하지 아니하노니
만일 의롭게 되는 것이 율법으로 말미암으면
그리스도께서 헛되이 죽으셨느니라
(갈라디아서 2:19~21)

내가 죽어야 예수가 산다

신봉식 목사 | 꿈이있는교회(백석)

신봉식 목사
꿈이있는교회
010-2210-7496
서울 동작구 신대방1동 712 경남APT 상가 201호

12

내가 죽어야 예수가 산다

신봉식 목사 | 꿈이있는교회(백석)

　신문에 개척수기를 모집한다는 광고를 보았다. 작년에 보았을 때는 그냥 무심코 지나쳤는데 이번에는 왠지 마음이 가고 그 동안 나에게 그리고 우리 교회에 주셨던 하나님의 은혜를 많은 이들에게 전하고 나누고 싶은 마음이 들어서 도전하게 되었다. 목회를 이제 12년째로 접어들면서 최고의 힘은 하나님이 살아서 일하고 계심을 볼 때이다. 그래서 나는 동료 목사님들을 만날 때면 그들이 경험한 하나님을 듣는 것을 매우 좋아한다. 그후에는 꼭 나에게 역사하셨던 하나님을 전해준다. 그것은 서로에게 힘이 되기 때문이다. 지금의 나의 간증이 이 땅의 작은 교회 목회자들에게 힘이 되고 도전이 되길 간절히 기도한다. 물론 가장 궁극적으로 그 일을 행하신 하나님께 최고의 영광을 돌린다.

복음은 내 것이어야 한다.

"내가 복음을 부끄러워하지 아니하노니 이 복음은 모든 믿는 자에게
구원을 주시는 하나님의 능력이 됨이라"(롬 1:16). "곧 내 복음에 이른바
와 같이 하나님이 예수그리스도로 말미암아 사람들의 은밀한 것을 심판
하시는 그날이라"(롬 2:16). 2002년 대학원 졸업식 날이었다. 그 동안 7
년의 학교 생활을 잘했는지 졸업식 때 상을 받게 되었다. 졸업식은 거창
하게 진행이 되고 있었다. 분위기가 한참 고조가 되었을 때 음대 교수님
이 특송을 한다. "여기에 모인 우리 주의 은총 받은 자여라 주께서 이
자리에 함께 계심을 믿노라 ~ 이 믿음 더욱 굳세라 주가 지켜 주신다
어둔 밤에도 주의 밝은 빛 인도하여 주신다." 교수님의 우렁찬 노래 소
리는 강당에 퍼져 나갔다. 나의 옆에는 아내도 앉아 있다. 상장도 내 손
에 들려있다.

가족 사진

그런데 나의 마음은 왜 허전함과 아픔이 있는 것일까! 부교역자 5년의 생활을 작년 12월로 마무리 했다. 교회 개척을 하기 위해서이다. 그런데 아직 하나님께서 개척의 문을 열어 주시지 않아서 나의 마음은 무겁기만 하다. 그렇다. 복음은 내 것이어야 한다. 내 것이 되지 않는 복음은 능력이 없다. 사도 바울이 기독교 역사상 가장 강력한 영향력을 미칠 수 있었던 것도 세상에서 멸시 받는 주 예수의 복음을 자신의 복음으로 믿었고 끝까지 붙들었기 때문이다. 그 동안 기도해 왔기에 지역을 돌아다니며 교회 자리를 알아 보았다. 인터넷으로 열심히 뒤져 보았다. 그런데 돌아오는 소리는 조용할 뿐이다. 마음은 너무 고통스러웠다. 신학교 4년, 신대원 3년. 7년이나 열심히 공부하고 준비하면서 왔는데 사역의 문이 열리지 않는다.

3개월을 미치도록 알아보다가 내 힘으로 개척을 할 수 없음을 고백하며 하나님과 승부를 하게 되었다. "하나님, 제게 4월까지 개척의 문을 열어 주시지 않으면 저 그냥 돈 벌러 갈 것입니다." 진심이었다. 하나님을 움직이기 위한 협박이 아니었다. 돈을 벌고 좀 더 준비를 해서 개척을 하려고 했었다. 그런데 4월 노회가 있기 직전 하나님은 노량진의 아파트 상가 지하를 교회로 허락하셨다. 그렇게 꿈이있는교회는 시작되었다.

다시 복음으로 돌아가다.

"십자가의 도가 멸망하는 자들에게는 미련한 것이요 구원을 얻는 우리에게는 하나님의 능력이라"(고전 1:18). 두 아이(초3, 초4)와 아내 그리고 나. 꿈이있는교회의 개척 멤버였다. 교회를 개척한다고 아내에게 말할 때 아내는 아직은 아니라고 계속 나를 말렸다. 여러 가지 이유를 매우 합리적인 이유를 대면서 말이다. 심지어 나를 말리기 위해 전에 사역했던 교회의 교인들과 목사님께도 상담을 요청하였다. 나는 "지금이 하나님의 때이다"라고 말했고 아내는 "아직은 아니라"고 말했다. 그러던 와중에 나는 아내도 모르게 건물을 계약했다. 그리고 동기 목사님과 더불어 교회를 꾸미고 설립 예배를 준비해 갔다. 아내는 설립 예배 때 처음 꿈이있는교회를 오게 되었다. 많은 분들의 축하와 기도가 쏟아졌다. 그러나 그들이 썰물처럼 다 돌아가고 이제 우리 가족만 남았다. 이제부터는 오직 하나님만 믿고 영적 싸움을 해가며 교회를 세워가야 한다. 열심히 전도했다. 기도도 했다.

그런데 말처럼 교회가 금방 부흥하는가? 나의 믿음이 굉장히 좋다는 것과 내가 교회를 개척하면 금방 부흥할 것이라는 생각이 얼마나 허황되고 교만했었는지를 아는데는 그리 오래 걸리지 않았다. 어려운 가운데 교회를 개척했고 이미 개척된 교회들이 문을 닫는 것을 보면서 나는 하나님께 기도했다. "하나님, 저는 교회가 문을 닫는 것을 받아들일 수 없습니다. 그러므로 우리 교회가 문을 닫게 되면 저는 더 이상 목회를 안 할 것입니다" 그런데 개척 몇 개월 만에 나의 믿음의 영적인 주소를 보게 되었고, 사람의 힘으로 도저히 개척 교회의 짐을 헤쳐 나갈 수 없음을 알게 되었다. 매 월 감당해야하는 재정적 부담, 사람이 없어서 겪는 어려움, 목회자와 사모가 모든 것을 감당해야 하는 현실, 날마다 벌어지는 치열한 영적인 싸움 …….

아내는 그 짐을 견디지 못하고 힘들어 했다. 그리고 나를 괴롭혔다. 더 어려웠던 것은 사택도 월세로 얻었는데 한 세대를 나누어서 사는 집이었다. 2개의 방은 우리가 나머지 하나는 어떤 할머니가 쓰셨다. 나는 세상의 할머니들은 우리 외할머니 같은 줄 알았다. 할머니에 대한 환상이 완전히 깨어지게 했다. 신발을 제대로 안 벗어놓는다고 아이들을 다그치고, 세금은 5천원주고 우리 보고 나머지는 해결하라고 했다. 거기에다 온갖 파지는 다 주워다가 출입구에 쌓아 놓고, 마당에 화분을 많이 놓고 키우는데 우리 집 창문 앞에 까지 놓았다. 문제는 거름과 닭똥까지 주어서 냄새가 진동했다. 허구한 날 무슨 음식을 해드시는지 냄새가 고약하다.

심지어 마당에다가 빨래를 아내가 건조대에 널어 놓으면 오후에 집에 들어오면 건조대가 항상 쓰러져 있다. 가장 결정적인 일 중에 하나는 자신의 수건을 우리가 가져갔다고 그것이 우리 집 건조대에 있는 것이라고 지목한다. 우리집 수건은 거반 기념품이라 그 수건도 기도원에서 받은 수건이다. 아무리 설득을 해도 되지 않았다. 지서(파출소)에 가서 해결해야 한다고 가자고 한다. 그냥 할머니 가지시라고 해도 안된다. 그 일이 잠잠해 지는데는 3개월이 걸렸다. 내가 잠시 집에 있을 때에도 할머니의 음성만 들어도 트라우마가 있었는데 아이들과 아내는 오죽했으랴. 그러니 아내와 개척해서 3년은 족히 싸웠다. 이 모든 상황을 책임을 져야 하는 가장과 목회자로서 무척이나 괴로웠다. 그저 하나님 앞에 울부짖을 수 밖에 없었다.

너무 고통스러워서 "하나님, 저 목회 그만하면 안돼요? 한번만 제게
말씀해 주세요"라고 기도했다. 인간이 그렇게 간사했다. 개척의 문을
열어 주시라고 그렇게 기도해 놓고 힘들다고 그만하게 해달라고 기도한
다. 그 순간에도 주님의 마음이 느껴진다. 그래도 주님은 나를 믿을만
해서 맡겼다고 하신다. 주님의 음성이 없다면 이 자리를 끝까지 지켜야
한다. 그렇게 3년이 흘러갔다. 그러던 어느 금요일 기도회 시간 우리 교
회 집사님(몇 명 안 되는 성도 중)의 조카가 함께 참석했다. 그런데 찬양
이 끝나자 나에게 말했다. 자신이 가져온 간증이 있는데 읽어 드리겠다
고 한다. 그렇게 하라고 했다. 그 조카는 자신의 목소리로 약 20분을 읽
어 내려갔다. 그 간증은 한국 교회에 많이 알려진 박용규 목사님의 간증
이었다. 그 목사님이 교만해서 고통받은 이야기. 그때에 천국과 지옥을
경험한 이야기이었다.

그 간증은 나와 아내에게 충격이었다. 그것은 우리의 사명을 되새기
는 매우 귀한 계기가 되었다. '우리는 지금 지옥갈 영혼을 천국으로 인
도하는 사명을 감당하고 있는거야' 라는 깨우침이 영혼 깊이 밀려왔다.
나는 그렇게 중요한 사명을 싸구려로 여긴 것에 대해 그날 기도하며 울
고 또 울었다. 고린도 교회가 재정적 풍요함, 은사의 넘침이라는 현대
교회의 바라는 모습을 갖추었음에도 불구하고 사도 바울이 세운 교회
중 가장 아픔이 되었던 것은 복음을 잃어 버렸기 때문이었다. 주여, 십
자가의 은혜가 나에게 넘치고 넘치게 하소서!

사선은 축복이다.

"나 여호와가 말하노라 너희를 향한 나의 생각은 내가 아나니 재앙이
아니라 곧 평안이요 너희 장래에 소망을 주려 하는 생각이라"(렘
29:11). "이것을 너희에게 이름은 너희로 내 안에서 평안을 누리게 하여
함이라 세상에서는 너희가 환난을 당하나 담대하라 내가 세상을 이기었
노라"(요 16:33). 하나님의 인도하심 속에 교회를 개척한 건물은 지하 1
층에 지상 5층짜리 제법 큰 아파트 상가이다. 그런데 건물주는 내 인생
에서 만난 최고의 강적(!) 중 하나이다. 교회를 다니는 사람임에도 불구
하고 자신들의 노후 보장이다라고 말하면서 교회 위에 군림하고 있었
다. 뭣 하나 자신들이 원하는 곳이 아니면 목사고 무엇이고 없었다. 교
회에 전화했을 때 성도들이 건물주를 못 알아보면 그 호통은 나에게 돌
아왔다. 중국 음식을 시켜 먹었을 때의 일이다. 국물이 현관 주변에 조
금 흘렀던 모양이다. 그 문제는 주인이 난리를 치는 좋은 건수였다. 월
세 외에 관리비도 꽤나 많이 냈지만 그것이 주인의 자비와는 관계가 없
었다.

그러던 어느 날 한 장의 종이가 교회에 날아들었다. 그것은 이 건물
이 경매에 걸렸다는 것이며 권리를 주장하라는 것이었다. 정말 맑은 하
늘에 날벼락이었다. 목회도 힘든 상황인데 목회 외의 문제까지 겹쳐왔
던 것이다. 그 동안의 아픔 속에서도 성경의 말씀 때문에 - 원수를 축복
하라 - 단 한번도 건물주를 아무리 괴로워도 저주하거나 미워한 적이
없었다. 보혈의 능력 한가지를 붙들며 그 아픔을 씻고 또 씻으며 왔다.

여러 많은 입주자들 중 우리 교회가 제일 먼저 들어왔다. 물론 확정 일자도 받았다. 그런데 법원에서 필요한 서류를 준비하고 알아 보면서 교회는 경매가 될 경우 예외 사항이라는 것을 알게 되었다. 그것이 무슨 말이냐고 물었다. 다른 권리자들이 가져가고 남으면 가져가는 것이란다. 오! 충격과 절망이 나에게 엄습해 왔다. 그러면 교회는 어떻게 되는 것인가? 당시 교회의 재무 구조는 월세를 줄이기 위해 전세로 전환하면서 지인에게 돈을 6천만원을 차용해 온 상태였다.

교회가 문을 닫는 것도 고통스러운데 문제는 목회하다가 빚더미에 앉게 되는 것이었다. 그 빚을 갚기 위해 가족들이 앞으로 겪게 될 일을 생각하니 아픔이 넘쳤다. 기도하고 기도하면서 하나님의 뜻을 생각했다. 또 한편으로는 그 보증금을 보존할 수 있는 모든 방법을 알아 보았다. 하지만 결과는 같았다. 인간적인 악한 방법을 통해서 길을 찾든지 아니면 이 모든 상황을 하나님께 맡기며 승부해야 했다. 그렇게 몇 개월이 흘러 가면서 경매일은 다가오고 있었다. 너무 괴로워서 금요 기도회가 끝나고 다시 기도원에 갔다. 하나님의 음성을 듣기 위해서이었다. 하나님의 음성은 예배시간에 강력하게 나에게 들려왔다. "그리아니하실지라도 왕이여 우리가 왕의 신들을 섬기지도 아니하고 왕의 세우신 금신상에게 절하지도 아니할 줄을 아옵소서"(단 3:18). 그런데 이게 왠일인가! 그 말씀은 내가 그 주일에 전했던 말씀이었다. 내가 했던 설교는 나에게 주시는 하나님의 답이었다. 이제 나는 또 다시 기도하며 나갔다.

경매일이 약 2개월 정도가 남았다. "하나님, 이제 제가 무엇을 할까요?" 하나님은 말씀하셨다. "기도하라" "예, 하나님 저 기도하고 있는데

요." "그 다음에는 무엇을 할까요?" 전도하라 "알겠습니다." 순종하며 가겠습니다. 우리 교회는 노량진의 사육신 묘에서 가깝기 때문에 그곳은 자주 전도를 나가는 곳이다. 하나님은 경매를 앞에 둔 상황이지만 나에게 하나님의 일을 말씀하셨다. 전도지를 들고 나갔다. 그것을 아는가? 전도하려면 친절하고 웃으면서 해야한다는 것을 ……, 그리고 하나님의 좋은 점과 분명한 축복을 말해야 한다. 그런데 나는 속으로 울고 있다. 눈물이 나의 내면을 적시고 또 적셨다. 경매 3일 전 건물주에게 전화가 왔다. "목사님, 경매 끝이 났으니 그리 알고 계세요" 감사와 더불어 묘한 생각이 들었다. 이제 원점이잖아. 다시 저 주인과 싸우면서 목회를 해 나가야 하는 것인가? 그 동안 기도해 주셨던 분들에게 연락을 드렸고 다시 옛날처럼 교회는 앞으로 나가고 있었다.

약 한달 후 아는 권사님으로부터 전화가 왔다. 우리 부부하고 권사님 부부하고 식사를 하자고 하셨다. 그런데 나올 때 나의 도장을 가지고 오라고 하신다. 그러겠다고 했다. 식사를 마치고 돌아가시는 권사님은 나에게 말했다. 도장 가지고 오셨죠? 나는 권사님께 드리면서 말했다. "이 도장 가지고 계시면 갚을 것은 빚 밖에 없는데 괜찮으시겠어요?" 권사님은 웃으며 가셨다. 이틀 후 주일 예배 전 그 권사님이 잠시 들렀다. 그리고 나에게 통장을 하나 내어민다. 그리고 말씀하셨다. 교회가 지상으로 올라가는데 보태서 쓰세요. 나는 감사하다고 하면서 통장과 도장을 받았다. 속으로 조금 헌금을 하신 모양이다 생각했다. 그런데 열어보니 이게 왠일인가? 6천만원이 들어있었다. ~할렐루야! 우리를 향한 하나님의 생각은 축복이다. 아는가? 축복의 출입문은 사선이라는 것을...

아픔의 훈련장을 떠나 꿈의 터전, 신대방동으로

"풀은 마르고 꽃은 시드나 우리 하나님의 말씀은 영영히 서리라"(사 40:8). 그렇게 우리 교회의 노량진 시대는 막을 내려가고 있었다. 그 이듬해 건물은 소송에 또 휘말렸다. 경매금을 해결하느라 건물주가 돈을 빌려 왔는데 이자와 돈을 갚지 못하다보니 채권단과 건물주 간에 지루한 소송이 진행되었다. 약 1년의 소송이 끝나고 새로운 주인이 건물주가 되었다. 따르릉 … 교회 전화 소리가 울린다. 내가 받았다. 교회가 사용하고 있는 건물을 자신들이 사용한다고 비워 달라고 한다. 나는 기도해 왔었기에 이유를 더 이상 묻지 않았다. 그리고 말했다. 3개월만 시간을 주면 날짜 안에 이사를 가겠다고 했다. 아내에게 그 상황을 이야기하고 교인들에게 말하지 말고 우리가 일 주일 정도 기도하고 마음이 정해

꿈이있는교회

지면 그때 말하자고 했다. 아무리 생각하고 기도해도 답이 나오질 않았다. 일 주일 후에 주일 예배 때 많지 않은 교인들에게 말했다. 그리고 광고했다. 다음 주일에 투표를 하니 기도하고 오시라고 했다. 투표의 내용은 우리 꿈이있는교회와 함께 갈 것인지 아닌지라고 말했다.

그리고 투표 후에는 모든 가능성을 두고 있다고 했다. 왜냐하면 이사를 간다는 것이 주변 건물 시세가 너무 올라있고 재정은 매우 열악한 상태이었기 때문이다. 일 주일 후 투표가 실시되었다. 예상대로 한 분 외에는 전부 우리 교회와 함께 가겠다고 한다. 그 동안 목회를 잘 못하지는 않았다는 것이 그 순간에도 감사했다. 그러나 그것이 나의 어깨를 더 무겁게 했다. 오후에 긴급 전체 회의가 열렸다. 그리고 주변의 시세와 앞으로 교회가 헤쳐 나가기 위해서 얼마의 재정이 필요한지를 말했다. 그리고 단호하게 말했다. 그것은 세가지인데 첫째, 주일을 온전하게 지켜주

꿈이있는교회 예배당

십시오. 둘째, 십일조를 온전하게 해주십시오. 마지막은 한 달에 건축헌금 10만원씩만 해주십시오. 나머지는 제가 알아서 감당해 보겠습니다.

그때부터 교회를 중심으로 차로 15분 거리의 지역들을 샅샅이 뒤졌다. 오른 시세들은 생각보다 더 충격이었다. 그러다가 조금 친하게 지내는 다른 교회에 다니는 부동산 사장님 가게로 갔다. 그리고 상황을 이야기 하며 적당한 물건이 있는지 살펴보라고 했다. 가격이 너무 터무니가 없이 나와 있었다. 그래서 다른 제안을 했다. 혹시 아파트 상가가 매물로 나와 있는 것이 있는지 살펴보라고 했다. 그렇게 해서 알아본 건물이 지금의 신대방동에 소재하고 있는 우리 교회이다. 감사하고 감사한 것은 이 상가 건물을 사서 왔다는 것이다. 기적을 행하시는 하나님께 영광을 돌린다. 부동산 사장님과 그 다음 날 매물을 보러갔다. 놀라운 것은 그 동안 내가 기도해 온 모든 조건이 맞았다. "지상 2층에 35평 이상으로 주세요. 주차는 최소한 두 세 대는 할 수 있어야 합니다. 마지막으로 십자가탑을 세울 수 있어야 합니다." 이 모든 기도의 제목이 다 이루어지는 곳이고 전체적인 모든 환경이 너무 좋았다. 그래서 건물주 원장님과 만나게 되었다.

모든 것을 확인한 후 차를 마시며 가격 협상이 남았다. 내가 먼저 물었다. "제게 얼마에 주시겠어요?" 물론 부동산에는 이미 가격이 나와 있었다. 나중에 안 것이지만 다른 부동산에는 5천만원이 더 높게 나와 있었다. 원장님은 잠시 생각하더니 나에게 오히려 묻는다. "목사님은 얼마면 사시겠어요?" 난 당황했다. 그리고 속으로 기도했다. 남의 물건을 함부로 말하는 것도 예의가 아니고 잘못 말했다간 감정이 상해서 깨질 수도 있는 문제이고 나는 조심스럽게 말했다. "2천만원만 빼주시면 어떻겠어요?" 그러면 한번 해보겠습니다. 내심 천만원을 깎아주며 타협이 될 것으로 예상했었다. 그런데 원장님은 말했다. "그렇게 하세요." 다른 곳도 좀 둘러보았지만 목회할 만한 장소가 아니었다. 그때부터 기도하면서 교회 이사가 진행되었다.

그런데 아무리 현금을 조달하려고 해도 1억의 돈이 모자랐다. 하나님께 기도하고 다시 그 원장님을 만났다. 나는 말했다. "원장님이 저를 도와 주셔야 올 수 있겠습니다." "어떻게 도와드려야 하는데요?" "저를 도와주실 수 있는 방법은 두 가지인데 하나는 부족분을 월세로 해 주시는 것입니다." 원장님은 잠시 생각하더니 "그것은 별로 좋은 생각이 아닌 것 같다"고 했다. "그 다음은요?" "제게 1억을 빌려 주시는 것입니다. 제가 이자는 은행보다 1% 더 드리겠습니다." 원장님은 자신이 혼자서 결정하기가 어려운 일이라고 남편을 즉시 호출했다. 두 내외는 이것 저것을 물어보더니 흔쾌히 승낙을 해 주었다. 놀라운 일을 행하시는 하나님, 너무 멋지시다. 그렇게 해서 꿈이 있는 교회의 노량진 시대는 막을 내렸고, 아픔과 고통의 광야 훈련장이지만 그래서 주님을 깊이 만났고 나의 교만을 깨뜨려 주신 하나님께 감사하며 내 사랑 노량진을 말하며 이곳 신대방동으로 2010년 7월 8일 이사를 왔다.

하나님의 말씀 = 승리의 방정식

교회가 이사를 오기 약 두 주 전에 아파트 측에서 전화가 왔다. 관리

사무실에서 회의를 하자고 한다. 나는 음료수를 사가지고 기쁜 마음으로 갔다. 왜냐하면 아파트 주민들과 처음 상견례이기 때문이다. 그런데 도착해 보니 분위기가 국회 청문회를 방불한다. 회의는 약 한 시간 반가량 진행이 되었는데 인내심의 대명사였던 내가 뛰쳐 나오고 싶은 마음이 가득하다. 그 자리는 아파트 주민들의 요구 사항의 관철 장소였다. 아파트는 요즘식으로 말하면 슈퍼 갑이었고, 교회는 을이었다. 심지어 "교회 때문에 아파트 차량 진출입 게이트바가 달아서 망가지면 책임질 거냐"고 한다. 그 외 아파트 쪽 창문을 폐쇄하라는 것, 성탄절 때 외부 장식을 하지 말라고 하는 등. 정말 가관이 아니었다. 모든 것에 합의를 해 주고 공증을 요구하기에 해 주었다. 교회가 이사 오는 날부터 주민들은 사사건건 시비를 걸었다. 급기야 3주 후 교회 이전 감사 예배와 맞물려 대형 현수막이 아파트에 걸렸다. 「경남아파트 입주민은 꿈이 있는 교회의 입주를 결사 반대한다」. 그 다음 주에는 8개의 대형 현수막이 더 걸렸다. 수요 예배, 금요 기도회, 주일 예배 삼일에 걸쳐서는 교회 출입문 5M 앞에는 천막이 쳐지고 온갖 피켓이 20개는 적혀 있다. 마치 노사 분규 현장에 와 있는 분위기이다.

노량진에서 나는 불신자로부터 저 분은 법도 없이 살 수 있는 분이라는 소리를 들었다. 내 평생에 남에게 해를 끼친 것은 고사하고 섬기며 살아왔던 내게 현실은 너무 가혹했다. 그것을 보면서 날마다 교회를 드나드는 것은 매우 힘든 일이었다. 무엇보다 교인들의 마음이 걱정이었다. 심지어 빨리 부흥을 해서 은행 대출과 전 주인에게 빌린 차용금 1억을 갚아야 하는데 현실은 축복의 날을 하루라도 허락하려고 하지 않았다. 이 문제를 향한 하나님의 뜻은 무엇일까? 말씀을 통해 이 문제를 정리하며 나가려 했다. 이 지역의 영적인 현실을 보게 하셨다. 그리고 왜 우리 교회가 이곳에 필요한지도 알게 하셨다. 심지어 교회 이전으로 잠시라도 기도에 쉬지 않도록 하시는 하나님의 섭리도 깨달았다. 기도할 때에 하나님께서 말씀을 주셨다.

사도행전 16장에서 사도 바울이 매를 맞으면서도 자신에게 있는 로마 시민권을 쓰지 않고 하나님의 섭리를 찾아갔던 것처럼 우리에게 있는 권리를 내려 놓고 하나님의 인도를 따르게 하셨다(행 16:19~34). 그러나 그 현실을 날마다 부딪치며 살아가는 것은 캄캄한 골짜기를 지나가는 것과 같았다. 공예배가 있는 날이면 분위기는 더 험악해 지고 나와 교인들을 볼 때면 그들의 조롱소리가 들려왔다. "그 교인으로 유지는 되겠어요? 목사 물러가라 ……." 어느 때부터인가 한 번의 예배를 드리면 식은 땀이 온 몸에 흐른다. 마치 몇 키로미터를 달려온 몸 상태였다. 주변에서 말한다. 아무래도 목사님 갑상선 같아요. 병원에 가 보았다. 아파트 주민들의 데모로 갑상선이라는 선물을 받게 되었다. 문제는 이것이 언제 끝날 것인가이다. 데모가 시작된 지 3개월 만에 구청에서 중재가 열렸다. 교회 대표 다섯 명과 아파트 대표 다섯 명이 참석했다.

그런데 사실 그들은 대표자가 아니었다. 그곳은 주민들의 성토장이었을 뿐이었다. 또 다시 데모는 이어져 갔다. 추워지면 데모가 끝이 나려나 나는 기도하며 하나님을 바라볼 뿐이다. 그리고 교인들에게 당부했다. 절대 원망하거나 저주하지 마십시오. 감사하게 성도들은 나를 믿고 따라 주었다. 데모는 그 다음 해로 이어져 갔다. 어떻게 해야 하는가를 고민하며 기도원에 올라갔다. 하나님의 뜻을 다시 묻기 위해서였다. 첫째 날 하나님께 물었다. 하나님은 침묵하셨다. 둘째 날 집회가 열리면서 찬양 인도 시간이었다. 그 찬양은 나에게 회개의 영을 부었다. 지금까지 잘 해 온줄 알았던 나의 모습 깊은 곳에 그들을 향한 원망과 저주 빨리 소송을 해서 끝내 버리고 싶은 마음이 있었다. 그리고 그것이 지금 부르고 있는 찬양 속에서의 주님과 너무 다르다는 것을 보게 하셨다. "주님이 결박당하실 때 나의 마음 괴로웠고 주님이 못박힐 때 내가 흔들림이여 흔들림이여~그러기에 그의 부활도 내 부활이네"

나는 아픈 현실 앞에서 나 자신의 고통만 생각하는 주님을 늘 배반하는 자이었던 것이다. 기도원을 내려오면서 결심했다. 모든 것을 주님께 맡기고 절대 소송으로 맞서지 않으리라. 교회 설립 기념 주일을 앞두고 행사를 어떻게 할지 고민이 되었다. 운영위원회를 소집했다. 나의 고민을 이야기 하고 교회 설립 기념 주일을 어떻게 할지를 나누었다. 그냥 그대로 진행하기로 했다. 교회는 더 기도했다. 그 전에 데모가 완전히 끝나게 하여 주옵소서! 설립 기념 주일 이틀 전 모든 현수막이 떨어졌다. 주민들 간에 싸움이 생겨서 데모를 반대하는 사람들이 현수막을 다 걷어버린 것이다. 주님이 승리하셨다. 할렐루야~ 하나님의 말씀은 승리의 방정식이다. 어떠한 가운데서도 따라가면 해결을 받는 하늘의 방법이다.

고난 속에서 얻은 비전

"나의 달려갈 길과 주 예수께 받은 사명 곧 하나님의 은혜의 복음 증거하는 일을 마치려 함에는 나의 생명을 조금도 귀한 것으로 여기지 아니하노라"(행 20:24). 고난에는 이유가 있다. 첫째는 우리를 믿음의 사람으로 만드시려는 하나님의 계획이다. 둘째는 고난은 사명과 밀접한 관련이 있다. 나는 종종 그 동안 꿈이 있는 교회를 인도하신 하나님의 인도를 생각한다. 왜 많은 교회들 중에서 우리 교회에 이러한 일들을 허락하셨는가? 나는 고난의 세월을 지내며 두 가지의 비전을 발견했다. 하나는 개척 교회의 목회자의 자녀들이 많은 어려움을 겪고 있다는 것이다. 나 역시도 열심히 해보려는 아이들을 교회를 돌봐야 한다는 현실 때문에 제대로 뒷바라지를 못했다. 그래서 작은 교회의 목회자들의 자녀들을 돌보는 일을 하려고 한다. 특별히 그들의 학문적 지도를 도우려고 한다.

또 하나는 한국 교회의 80%인 작은 교회들이 반드시 부흥해야 이 민족에 소망이 있다. 그래서 작은 교회들이 자립하는데 영적인 도움과 재정적인 지원을 하려고 한다. 물론 구체적인 프로젝트도 준비하고 있다. 지금도 비록 작지만 해 나가고 있다. 시인은 말한다. "고난당한 것이 나의 유익이라"(시 119:71). 고난은 나에게 너무나 큰 유익을 주었다. 주님을 위한 고난은 하늘의 상급이고 승리하면 전리품이 많다. 그래서 나는 교인들에게 설교한다. 나는 어디 주님을 위한 고난이 없는지를 찾고 있다고… 하나님이 주신 꿈은 반드시 이루신다. 그 일을 행하실 주님을 기대한다.

12년 전에 교회를 세우시고 지금껏 인도하신 하나님께 무한히 영광을 올린다. 그리고 나의 이 작은 글을 지금도 주님을 위해 달려가는 신실한 종들에게 바친다. 그리고 꿈을 꾼다. 우리의 흘린 눈물과 땀방울이 반드시 이 땅에 하나님의 부흥을 볼 것을 믿는다. 물론 나 스스로도 십자가 앞에서 그 동안을 잠시 회고하면서 글을 적지만 남은 목회 사역은 다시 오실 주님의 길을 잘 준비하는 신부의 목회를 할 것을 작정한다.

삼십여 년을 며칠 같이

주남석 목사 | 수원 세한교회(기성) 30주년 기념 간증

주남석 목사
수원 세한교회
010-6381-6241
경기도 수원시 권선구 일월로 21

13

삼십여 년을 며칠 같이

주남석 목사 | 수원 세한교회(기성) 30주년 기념 간증

.

야곱이 라헬을 위하여 칠 년 동안 라반을 섬겼으나 그를 사랑하는 까
닭에 칠 년을 며칠 같이 여겼더라(창 29:20) 요셉이 그의 아내 될 사람
인 라헬을 사랑함으로 그의 삼촌 라반을 위해 일한 칠 년을 단지 며칠
같이 여겼던 것처럼, 하나님께서는 나로 하여금 개척 전 한 번도 생각해
보지 않았던 미지의 땅 수원시에 있는 주의 백성들을 품고 사랑하게 하
시고 이곳에 교회를 개척하게 하시어 분에 넘치도록 부흥 성장시켜 주
셨다. 이렇게 달려온 지난 삼십여 년의 세월이 나에게는 단지 며칠 같이
느껴지니 그저 감사할 따름이다.

저주의 사슬을 끊다

나는 신안(新案) 주(朱)씨 가문의 장손이자 모태 신앙인으로 태어났다. 종갓집이었던 우리 집안은 하나님을 섬기지 않고 우상을 숭배하는 집안이었다. 그로 인해 대대로 무속인이 가계에 끊이질 않고, 장자들이 대대 손손 어려움을 겪었다. 그러한 집안에 맏며느리로 어머니가 시집을 오셔서 나를 낳았다. 외가에 대하여 말씀드리자면 일찍이 복음을 받아들여 하나님을 신실하게 섬기는 집안이었다. 특히 한의원을 운영하셨던 외할아버지께서는 집에서 직접 교회를 개척하실 정도로 복음의 열정을 가지셨던 분이셨다. 이런 신앙의 배경을 가지신 어머니께서 불신자였던 아버지와 결혼하여 8남매 중 맏며느리로 살게 되자, 가족들의 냉대와 핍박 그리고 아버지의 폭정은 말로 표현할 수 없었다. 아버지께서는 어머니의 성경 책과 찬송가를 빈번히 찢어버리고 성미 주머니를 불태웠으며, 예수를 믿으려면 집에 있지 말고 당장 나가라고 내쫓기를 수도 없이 하셨다. 그러한 곤경을 당할 때마다 어머니는 그저 성전에 나와 눈물을 흘리며 부르짖는 기도를 하였고 하나님이 주시는 위로와 평안으로 참고 견디셨다.

그러던 중 집안을 오랫동안 사로잡고 있던 악한 영의 그림자가 나에게 찾아왔다. 우리 집안은 우상과 미신 숭배로 인하여 대대 손손 장자들이 고초를 겪어 왔었다. 나 또한 이를 피하지 못하고 세 살 때 폐렴으로 죽게 된 것이다. 그러나 모두가 이미 죽었다고 포기한 그 날 밤에 하나님께서는 어머니의 간절한 눈물의 호소와 기도를 들으시고 새벽 기도

시간을 알리는 새벽 종이 들려 올 때에 나를 기적같이 살려 주셨다. 아버지는 불신자이시기는 하였지만, 천성적으로 부지런하시고 일을 잘하셔서 젊은 나이에 땅과 경작할 논도 몇 필지 사시고 큰 집을 장만하셨다. 그런데 가계의 장자들을 위협하는 악한 영의 저주의 사슬은 당시 불신자였던 아버지를 옭아 매었고, 아버지께서는 6.25 전쟁 중 치명적인 부상을 당하셔서 삼 년 동안이나 온전히 병원 생활을 하셨다.

그 후로 우리 가정에는 극심한 가난의 고통이 찾아왔다. 하지만 그러한 고통 가운데서도 예수님과 교회를 향한 어머니의 사랑은 더욱 뜨겁게 타올라 교회에서 여전도회장, 구역장, 교사, 심방 등을 도맡아서 할 정도로 충성 봉사하셨다. 어머니는 7년 동안 비가 오나 눈이 오나 하루도 빠지지 않고 목사님 사택에 동네 우물 물을 길어 주실 정도로 주의 종들을 극진하게 대하셨다. 이러한 어머니의 열심을 보고 친척들과 동네에서는 교회 일과 예수에 미쳤다고 비난하며 욕했다. 하지만 하나님께서는 그러한 어머니의 헌신을 바라보셨고, 밤을 새워 기도하는 어머니에게 '반드시 후손에게 축복하리라' 라는 든든한 마음의 음성을 들려 주심으로 위로하며 날마다 용기와 새 힘을 주셨다고 한다.

이러한 가운데 하나님께서는 우리 가정을 놀랍도록 축복하셔서 가문에 맹렬하게 위세를 떨치던 악한 영의 저주의 사슬을 끊어 버리는 기적을 베푸셨다. 바로 그토록 지독하게 하나님의 존재를 무시하며 어머니의 신앙 생활을 맹렬하게 핍박하시던 아버지께서 복음을 받아들이고 통회와 자복함으로 회개하고 새사람이 되신 것이다. 이러한 부모님 밑에서 자란 나는 어린 시절부터 당연히 목사가 되길 꿈꾸었다. 특히 당시에 유명한 부흥 강사들이 부흥회를 인도하기 위해 동네 교회에 다녀가시면 나도 성장하여 저렇게 훌륭한 목사님이 되어야겠다고 생각했다. 그런데 조금씩 성장하여 재물에 대한 욕심과 세상 사람들의 사는 모습을 바라보게 되니까 시골에서 목회하시는 목사님들이 가난하고 불쌍하게 보였다. 그리고 이왕에 태어났으니 목회자가 되지 말고 사업가가 되거나 정치가가 되어 많은 부귀 영화를 누리며 살아야겠다는 생각을 하게 되었다.

마치 모세처럼 두 손을 들고 기도하며

나는 고등학교를 졸업하고 육군 장교로서 직업 군인의 길을 선택했다. 그 이유는 '앞으로 직업 군인으로 장기 복무하여 목사가 되는 길에서 영원히 떠나자'는 지극히 경솔하면서 이기적인 마음 때문이었다. 그러나 그렇게 요나처럼 사명을 저버리고 도망치던 나에게 하나님께서는 변치 않는 사랑을 베푸셔서 군 생활 동안 많은 간증을 남기도록 하셨다. 내가 소위 때는 동해안 경비 사령부, 삼척 지역에 있는 하맹방이라는 곳에서 4킬로미터 해안 경비를 담당하고 소대장을 역임했다. 대위가 되어서는 강원도 철원 지역에 있는 3사단(백골 사단) 18연대 2대대 2중대장을 한 바 있다. 그런데 중대장 전출 명령 후 처음 부임지에 가보니 대대장이 천주교 신자이고 동료 중대장 중에서도 예수를 믿는 사람이 아무도 없었다. 그래서 당시 나는 원주시 봉산동에 있는 중앙성결교회의 집사였음에도 불구하고 예수 믿는다는 말을 차마 하지 못했다. 주일에도 몰래 예배를 드리고 오거나 동료들에게 교회에 안 다닌 척 하는 등 예수를 믿는 것을 부끄러워 했다.

　그러던 가운데 사랑의 하나님께서는 나를 가만히 내버려 두지 않으시고 돌이켜서 하나님을 찾을 수 있도록 기회를 베푸셨다. 당시 내가 담당하고 있던 중대는 6~10개월마다 한 번씩 교대로 최전방 철책에 들어가고 있었다. 이에 앞서 후방 지역에서 훈련을 받고 있을 무렵, 사고가 자주 일어나 그만 중대장에서 파면당할 위기에 빠지게 되었다. 그런 위급한 상황에서 나는 어찌할 바를 몰라 당황하고 있는데, 하나님께서는 "집사가 되어서 전도는 고사하고 교회 다녀 왔다는 말조차도 부끄럽고 창피해 하지 않느냐"라고 책망하시며 눈물로 회개하도록 하셨다.

　그후에 나는 일과를 마치면 전 중대원들을 모아놓고 예배를 드렸다. 때로는 종교가 다른 부대원들이 불평도 하였지만 아랑곳하지 않고 예배 드리기를 멈추지 않았다. 저녁에는 우리 중대 본부에서 철책을 바라보며 '우리 지역을 오늘도 지켜주세요.' 라고 모세처럼 두 손을 들고 기도했다. 그런데 놀라운 일이 일어났다. 어느 순간부터 부대 내 사고가 사라졌고 훈련 성과도 가장 좋게 바뀐 것이다. 이 일로 인하여 우리 중대를 걱정하던 부대 지휘관들은 오히려 '신앙의 전력화 중대' 라고 칭찬하였다. 그 결과 나는 사단 전체를 통틀어 가장 우수한 선봉 중대장으로 표창을 받게 되었다.

하나님의 부르심에 순종

　그런 체험을 한 후 나는 광주에서 고등 군사반 교육을 받고 7사단 화

천 지역에 가서 연대 작전 보좌관과 사단 사령부 정보과장과 작전과장
을 담당했다. 그때는 소령 진급을 눈앞에 두고 있었다. 그런데 아내가
기도할 때마다 '생명의 위협이 있으니 그 자리를 빨리 피해야 한다' 라
고 말하는 것이었다. 그래서 나는 '혹시 나를 시기하고 싫어하는 사람
이 있는가' 라는 생각도 해 보았고 이 때문에 아내를 나무라기도 하였
다. 심지어 아내는 '제가 빨리 신학을 공부하고 경기도 수원에 가서 주
의 일을 감당해야 한다.' 라고 말하기도 하였다. 그런 말을 들을 때 나는
"당신 미쳤느냐"고 아내를 다그치고 심하게 나무랐다. 당시 명예욕에
눈이 멀었던 나의 유일한 목표는 빨리 별을 달아 장군이 되는 것이었다.
따라서 아내의 그러한 말들은 마치 나의 앞 길을 막는 장애물과도 같았
고 생각했다.

　그런데 한편으로는, 어린 시절 서원한 기도와 사명을 저버리고 도망
치고 있는 나의 모습을 깨닫게 되면서 내 마음 속 깊은 곳에서부터 시작
되는 하나님을 향한 두려움이 싹트기 시작했다. 그래서 고민 끝에 일단
이 자리를 피하고 나중에 생각해 보자는 심산으로 육군 본부에 가서 학
군단으로 전출을 요구했다. 그리고나서 사단장을 위시해서 상관인 작전
참모의 간절한 만류에도 불구하고 한달 후에 연세대학교 학군단으로 옮
겨가게 되었다. 그후 나의 근무지는 최전방 7사단 벙커가 아닌 신촌 연
세대학교 학내로 옮겨졌다. 그때부터 사복을 입고 출퇴근하면서 학군단
훈련과 교련 수업을 하는 등 이전에 비해서 좋은 환경 속에서 근무하게
되었다. 하지만 여전히 진급에 대한 강한 미련이 남아서 점심만 먹고 나
면 연세대학교 뒷동산에 올라가서 왔다 갔다 하면서 '하나님 아버지!

나는 신학교에 가지 않겠습니다. 가더라도 환갑 이후에나 가겠으니 저를 가만 내버려 두십시오' 라고 100일 작정 기도를 드렸다. 그런 식으로 어떻게 하면 하나님의 부르심으로부터 벗어날까만 궁리하였다.

그런 어처구니 없는 작정 기도가 한 달쯤 계속된 후, 여느 때처럼 점심을 먹고 혼자 뒷산에 올라가서 어이없는 작정 기도를 또 다시 할 때였다. 그런데 갑자기 내 마음 깊은 곳에서 기쁨이 넘치고 평안함이 넘쳐났다. 영안이 열려 하나님이 지으신 모든 만물이 너무나 아름답게 보이는 것이었다. 마치 예수님께서 베드로와 야고보와 요한을 데리고 산에 올라가서 기도하다가 변형된 모습을 보고 베드로가 "주여, 여기가 좋사오니 초막 셋을 짓겠나이다."라고 말했던 것처럼 너무나 아름답고 신비로운 체험을 하게 된 것이다. 나는 너무나 기뻐서 혼자 산에서 펄쩍 펄쩍 뛰면서 '참 아름다워라' 찬송을 부르며 목사의 길을 가겠다고 하나님의 부르심에 순종하였다.

그런데 나중에 들리는 소문에 7사단 부대에서 내가 나온 지 6개월 후 그곳에 간첩이 침투하여 여러 명을 죽이고, 그 일 때문에 그곳을 담당하던 사단장과 작전 참모가 책임을 지고 불명예 제대하거나 감옥에 갔다는 이야기가 들려왔다. 그때 '만약 내가 세상 욕심에 눈이 어두워 그곳에 계속 있었다면 진급은 고사하고 얼마나 고생을 했을까' 라는 생각에 아찔해졌다. 나는 그 소문을 듣고 '하나님께서는 이것을 미리 아시고 나를 피난시켜 영광스런 사명의 길로 이끄셨다' 고 믿고 감사드렸다. 연세대학교 뒷 동산에서의 체험 후에 나의 관심은 돈이나 명예가 아니었다. 그래서 모든 것을 내려놓고 서울신학대학교 2학년에 편입했다.

눈물과 기적의 시작, 천막 교회

하나님의 부르심에 순종한 우리 부부는 서울신학대학교 2학년 1학기를 마친 여름 방학 때 천막을 치고 교회를 개척했다. 지금으로 보면 너무나도 무모한 일이었다. 그러나 당시로는 하나님 나라의 확장이라는 사명이 우리 부부와 가족들에게는 그만큼이나 귀하고 절실했다. 우리 부부와 가족들이 개척지로 삼은 장소는 '수원시 화서동 고양골'이라는 정(鄭)씨 집성촌 중에서도 외곽이었다. 그곳은 닭을 키우다 망하여 닭의 배설물이 주변에 수북이 쌓이고 파리 떼가 우글거리는 곳으로, 얼마 떨어지지 않은 곳에는 공동 묘지까지 있는 곳이었다. 하지만 하나님께서는 그곳 200평을 임대하여 교회 개척지로 정하게 하셨고, 22평의 천막으로 된 교회를 세우게 하셨다.

그런데 개척과 동시에 놀라운 하나님의 기적이 일어났다. 사건인즉, 교회를 세우기 위해 세운 천막 30미터 앞에 400년 가량 된 큰 나무가 있었다. 그리고 그 옆에 고양골 주민들이 약사님이라고 모시는 돌부처

천막교회

화서동 성전

3개가 있는 서낭당이 있었다. 나와 아내는 교회를 개척하며 그 주변에서 밤이 늦도록 '하나님! 이곳에 교회를 꼭 세워 주세요.' 라고 기도했다. 그런데 그 다음 날 오후 3시, 비도 안 오고 바람도 불지 않던 그 날, 갑자기 새파랗게 멀쩡하던 그 나무가 넘어져서 서낭당을 무너뜨리고 그곳에 있는 불상들을 넘어 뜨렸다. 하나님께서는 우리에게 당신의 살아 계심을 보여 주시며 사명을 감당할 믿음과 용기를 주셨지만, 이 일로 인하여 교회를 향한 마을 주민들의 핍박이 말이 아니었다. 마을 주민들은 유명한 무당들을 불러 굿을 하더니, '예수신' 때문에 자기들이 섬기던 '약사님' 이 무너졌다며 말할 수 없이 핍박하기 시작하였다.

주민들은 시청에 우리 교회를 고발해서 창립 예배를 드리기도 전에 천막을 세 번이나 철거해야 했다. 일으키면 다시 뜯고, 일으키면 다시 뜯고 눈앞에서 벌어지는 참담한 시련 앞에 우리 가족은 '이 시련이 지나가게 해 달' 고 금식 기도하며 생명을 걸고 기도하는 수 밖에 없었다. 그러한 간절한 울부짖음에 사랑의 하나님께서는 '그곳을 무너뜨린 것은 내가 한 것이었고, 그들이 서낭당을 다시 세운다면 내가 그것을 완전히 밀어 버리겠다.' 라는 하나님의 강한 음성을 확실히 마음 속에 들려주셨다. 그런 기도 응답을 받고 나자 하나님의 교회가 이곳에 반드시 세워진다는 확신을 하게 되었다. 우리 가족은 동네 사람들을 설득하기 위해 몇 번이나 반상회에 찾아갔다. 그리고 마을 주민들의 환심을 사기 위해 허술한 창고를 잘 꾸며서 노인 회관으로 만들어 주고, 연탄도 가득 채워 주는 등 마을 주민들에게 정성을 다하여 봉사하였다.

그러자 그토록 교회를 핍박하던 그들의 마음이 마치 눈 녹듯이 녹아

내렸고, 마침내 1979년 7월 27일에 영광스런 개척 예배를 드리게 되었다. 갑자기 서낭당이 무너져 내린 시련 속에서 약속하신 '하나님이 세운 교회를 방해하면 완전히 밀어 버리리라' 라는 하나님의 음성은 정말로 얼마 안 가서 기적과도 같이 실현되었다. 서낭당이 위치한 야산이 초등학교 부지(현 화양초등학교)로 선정되어 모든 나무가 뽑혔으며 불도저가 야산을 평평하게 밀어 평지로 만든 사건이 일어난 것이다. 이러한 일들로 인하여 천막 교회는 하나님의 기적이 살아 역사하는 산 증거의 장소가 되었다.

개척 후 천막 교회는 무엇보다 성령의 신유 역사가 강하게 나타났다. 하나님께서는 나와 아내에게 신유의 은사를 부어 주셨다. 내가 새벽 예배를 인도하고 학교에 가고 없는 때에는 아내가 기도해 주고 방언 통역까지 할 수 있도록 갖가지 은혜를 부어 주셨다. 그래서 많은 성도들, 특히 환자들이 와서 병이 낫는 등의 기적이 일어났다. 좁은 천막 교회 안으로 어디에서 소문을 듣고 왔는지 전국 각지의 병원에서 삶을 포기한 중증 환자가 모여 들었다. 이 때문에 하루에 3번씩 예배를 드리게 되었다. 이곳에서 예배를 드리는 환자들은 예배를 드릴 때는 앉아 있고 예배가 끝난 후에는 다들 누워 있었다. 그곳의 모습은 마치 군대 막사의 내무반에서 머리를 통로 쪽에 놓고 잠을 자는 침상처럼 보였다.

이러한 열악한 환경 속에서도 하나님의 신유의 손길이 강하게 나타나서 암 환자들이 낫고, 백내장으로 실명된 아이의 눈이 나아 앞을 보게 되었다. 심지어 정신 병자들이 다시 정상적인 삶을 살 수 있게 되는 등, 하나님이 하시지 않고서는 도저히 일어날 수 없는 불가능한 기적이 일어났다. 개척 예배를 드린 후에는 여동생과 가족들이 중심이 되어, 한 달 동안 여름 성경학교를 개설하였다. 여름 성경학교에서는 유, 초등부 어린이들에게 수박과 얼음 물을 타서 한 그릇씩 나누어 주면서도 개척 한 달 만에 무려 200명이 수료한 부흥을 경험하기도 하였다. 천막 교회 가 하나님의 신유의 기적을 체험하며 부흥하며 성장하는 교회로 거듭나 기까지 두 분 부모님의 헌신은 말로 다 할 수 없었다.

강원도 횡성군 무장성결교회에서 담임 전도사로 칠 년, 그 후 원주제 일성결교회 심방 전도사로, 다시 수백성결교회에서 담임 전도사로서 일 한 바 있으신 나의 어머니(임종순 전도사, 2009년 소천)가 오셔서 든든 하게 동역해 주셨으며, 아버지(주종천 권사, 97년 소천)는 날마다 성전 에 살다시피 하시면서 교회 관리자가 되셨다. 그처럼 부모님께서 천막 교회에서 날마다 찬송하고 기도하시면서 든든한 중보자가 되어 주셨다. 오순절 성령의 역사와도 같은 일들이 숱하게 일어났음에도 불구하고 천 막 교회의 사정이 갑자기 좋아지지 않았다. 그때 부모님과 두 아들은 작 은 아파트에서 전세로 살았고 나와 아내는 교회 천막 안에서 살았다.

한 번은 천막 속의 캐비닛에서 연기가 났다. 누군가 이불 속에다 불 덩이를 넣어 연기가 나고 있었던 것이다. 그것을 순식간에 밖으로 꺼내 었기에 망정이지 하마터면 불이 나 큰 일이 날 뻔했었다. 또한 설교하려 고 하면 강대상에 개구리들이 슬금슬금 기어 올라오기도 하고, 파리가 하도 많아서 천막 속에다 파리를 잡는 끈끈이 줄을 매달기도 했다. 무더 운 여름에 천막 속의 찜통 더위는 말할 수가 없었다. 지금 생각해 보면 이 모든 것이 참으로 우습기도 하면서 나를 훈련하신 하나님의 과정이었다는 생각에 하나님께 무한한 감사를 드릴 뿐이다.

기도와 인내로 이루어진 교회 성장

천막 교회에서의 생활이 너무 힘들어서 우리에게도 교회 땅을 주시고 성전을 지을 수 있도록 해 달라고 절실하게 금식하며 기도했다. 하나님께서는 우리의 기도를 들으시고 교회를 개척한 지 삼 개월 만에 천막 교회에서 가까운 곳에 100평의 성전 부지를 우리가 갖고 있던 집 한 채를 바쳐서 사들이게 하셨다. 그리고 땅을 산 지 6개월 만에 성전 기공 예배를 드리고 그 이듬 해에 지하 22평과 본당 60평으로 연 82평의 성전을 기적적으로 건축하여 입당 예배를 드릴 수 있게 축복하셨다. 공사 중에 재정적으로 어려움을 겪을 때에도 하나님께서는 우리를 그냥 내버려 두지 않으시고 기도하고 인내하면 언제나 반드시 필요를 채워 주셨다. 성전을 다 건축하고 나서 잔금을 치르지 못해 교회에 들어갈 수 없는 막막한 상황에서는 전혀 예상치 못하게 어떤 분이 서울 한강 변의 작은 아파트를 팔아 헌금하셔서 기적적으로 해결되기도 하였다.

성전이 건축되고 열심히 전도하며 목양한 결과, 신학대학교 4학년 전도사 시절 하나님께서는 성도를 200여 명으로 부흥시켜 주셨다. 그리고 교회가 성장함에 따라 가진 것은 없었지만, 주께서 반드시 이루시리라는 믿음과 그에 따른 은혜로 말미암아 교회를 2, 3층까지 증축할 수 있게 되었다. '여호와 이레' 되신 하나님께서 엘리야에게 때에 따라 까마귀로 먹이셨던 것처럼 심지어 이역만리 미국으로 이민 가신 어느

분을 보내 주셔서 목회의 필요를 채워 주시기도 하셨다. 교회가 건축되고 성장함에 따라 하나님께서는 우리 교회의 엄청난 인적, 물질적 성장을 부어 주셨다. 언제나 기도하면 성령께서는 음성을 들려 주셨으며, 신유의 기적과 방언의 역사가 활발하게 일어났다. 교회는 넘쳐나는 성도들로 인하여 비좁아졌으며, 3부, 4부, 마침내는 5부 예배까지 드리게 되는 부흥이 우리 가운데 일어났다.

  새로운 성전을 건축하며

  교회가 성장하여 비좁아지니 우리 교회는 새로운 성전을 건축할 필요가 생겨났다. 언제나 그러하듯 하나님께서는 간절히 기도하며 매달렸더니 우리 교회를 축복하셔서 1989년도에 현재 교회가 위치한 자리에 1,700여 평을 살 수 있도록 축복하셨다. 그러나 자연 녹지를 샀기 때문에 규제가 풀려야 건축을 할 수 있는 어려움이 여전히 남아 있었다. 따라서 성전의 모형도를 그려놓고 모든 성도에게 이 그림을 나눠 주면서 성전 모형을 마음 속에 품어가며 나와 온 성도들이 거의 7~8년 동안 이루어지길 기도를 하였다. 또한 새벽 예배 마치고 그곳에 가서 비가 오나 눈이 오나 항상 여리고 성이 무너질 때처럼 돌면서 기도했다.

  그러한 쉼 없는 기도에 하나님께서는 마침내 기적을 베푸셔서 성전을 건축할 수 있도록 길을 열어 주셨다. 하지만 하나님의 전을 건축하는 데 있어 악한 사단의 방해는 늘 그렇듯 우리를 절망과 낙심의 수렁으로 몰고 갔다. 성전을 건축하기 위해 업자를 선정했는데 기공 예배를 드리고 한 달 만에 IMF가 터진 것이다. 지하 1, 2층을 파놓고 일부분 기초 공사를 하다가 업자는 두 손을 들고 도피했고, 하청업자는 돈을 못 받았다고 교회에 와서 난리를 부렸다. 주변은 논바닥이었지만 성전 뒷면은 10여 미터 이상 되는 높은 아파트 벽이었다. 그 벽이 무너지면 가까운 아파트가 무너질 상황이어서 아파트 주민들이 난리를 피웠고, 시청에서는 장마가 시작되면 위험하다고 장마 전 빨리 건축하라고 경고를 보내어 왔다.

이러한 사실은 지역 일간지인 신문에도 기사화되어 상황은 한 치 앞도 알 수 없는 난감한 상황으로 빠져들어 갔다. 그때 내가 할 수 있는 일이라곤 '하나님, 저를 살려 주세요. 그렇지 않으면 우리 교인들은 흩어지고 우리 교회 모든 재산은 다 없어지며 감당할 수 없습니다.' 라고 목숨을 다해 기도하는 것이었다. 우선 제일 급선무는 아파트 담이 무너지지 말아야 했다. 만약 무너지면 가까이 있는 아파트 한 동이 무너지게 되는 것이었다. 더욱이 우리를 괴롭힌 것은 일부에서 기도 많이 하신다는 4~5명의 우리 교회 집사님들이 매일 밤에 모여 기도를 하다가 나온 이상한 소문이었다. 그 분들이 교회 건축을 멈춰야 하며 중단하지 않는다면 담임목사가 꽁꽁 묶여 감옥에 간다고 소문을 퍼뜨린 것이다. 그러나 나와 온 성도들은 하나님의 약속의 말씀을 붙잡고 기도하며 낙심하지 않았다.

그런 어려운 가운데 하나님께서는 새로운 업자를 만나게 하셔서 공사를 다시 진행할 수 있게 하셨다. 그때부터 온 교회가 힘을 다하여 하나님의 전을 건축하는 데 최선을 다했다. 예를 들면 어떤 분은 하나님의 교회를 사랑하는 마음에 전세 보증금을 내시고, 또 헌금하기 위하여 파출부 등으로 일하시기도 했다. 또한 성도들 모두 내 자리를 내가 건축하자며 평당 300만 원씩을 작정하여 헌금하기도 하였다. 어떤 성도들은 파지를 주워 팔기도 했고, 사모님들은 생선을 도매 시장에서 떼다가 팔기도 하셨다. 이와 같은 상황 속에서 무엇보다 하나님께 감사한 것은, 4부 예배를 드리다가 5부 예배를 드릴 정도로 양적인 성장이 멈추지 않았다는 점이다. 보통 성전을 건축할 때는 대부분 양적, 질적 성장이 지체되거나 감소하는 경우가 많다고 한다. 그러나 우리 교회는 성전을 건축하는 동안 더 성장한 것이다. 성전을 건축할 때 성도들은 모이면 기도하고 흩어지면 전도하는 일에 힘쓴 것을 보면 우리 교회가 질적으로도 크게 성장하였다는 것을 보여준 사례였다.

이러한 형언할 수 없는 하나님의 은혜로 말미암아 마침내 1999년 11월에 입당 예배를 드렸다. 그리고 2년 후에는 교육관(세한비전센타) 800여 평을 지어서 총 3,600여 평의 성전을 건축할 수 있게 되었다. 지금은 2,400여 석의 자리를 가득 채운 성도들과 주일 낮 4부까지 예배를

수원 세한교회 예배당

수원 세한교회 예배 전경

드린다. 또한 21세기의 세계 선교, 한국 복음화의 사명을 감당하기 위해 2007년 안디옥 성전 500평을 건축하여 어린아이들과 청소년들을 위한 공간과 목회자, 선교사들의 숙소로 활용하고 있다. 하나님의 크신 축복으로 수도권에 가까운 청정 지역에 수양관을 건립할 땅(7만 6천 평)도 사들이게 하셔서 미래 한국 사회와 교단을 위해 공헌하도록 준비하게 하셨다.

사명을 다하는 교회

우리 교회의 사명은 '말세 사명 다하는 교회, 천하보다 귀한 영혼 건지는 교회, 구원의 방주 사명 다하는 교회, 그리고 하나님께 영광 돌리고 지역 사회에 유익을 주고 이름대로 세계 속의 한국 교회, 세계 선교 한국 복음화의 사명 있는 교회가 되기 위해 늘 기도에 힘쓰는 교회' 다. 우리 세한교회의 특징적인 사역은 온 성도가 복음적 일체감을 갖고 주의 말씀을 따라 헌신하고 있으며, 정기 예배 외에도 화요 신유 은사 집회를 통해 성도들로 하여금 성령 체험을 하게 한다. 또한 〈제자훈련〉, 〈바나바 사역자 훈련〉, 〈이단과 교회성장〉, 〈이미지 전도학교〉, 〈신구약의 파노라마〉, 〈성막성경공부〉, 〈Q.T 훈련〉, 〈중보기도학교〉, 〈알파 코스〉 등을 개설해 성도들을 성경적이며 바른 신앙 안에서 체계적으로 교육하고 있다.

특별히 우리 교회는 지역 사회에 유익을 주기 위해 많은 노력을 하고 있다. 먼저 〈세한문화센터〉와 〈세한아기학교〉, 〈세한엄마학교〉 등을 개설하여 기독교적 문화 가치관 배양에 힘쓰며, 지역 주민의 평생 교육의 꿈을 실현하고 있다. 또한 〈세한노인복지센터〉를 운영하여 지역 사회 어려운 노인들에게 실제적인 복지의 혜택이 갈 수 있도록 도움을 드리고 있으며, 〈세한노인대학〉을 개설하여 매주 400~500명의 어르신들이 다양한 콘텐츠로 여가를 활용할 수 있도록 돕고 있다.

또한 개척 초기부터 세계 33개국의 선교를 지향해 온 우리 교회는 전도와 선교에 최선을 다하고 있다. 간단히 선교 현황을 말씀 드리자면, 국내의 20여개 이상의 개척 교회 및 미자립 교회를 지원하고 있으며, 30여 개 이상의 선교 단체 및 기관을 후원하고 있다. 또한 세계적으로 베트남과 필리핀, 캄보디아에 직접 선교사를 파송하였고, 여러 선교사들과 해외 선교단체들을 직, 간접적으로 후원하고 있다. 무엇보다 우리 교회는 미국 LA에 직접 지교회를 개척하여 세계 선교에 앞장 서고 있다. 그리고 매년 5개 이상의 나라에 수십 명의 단기 선교사를 파송하여 하나님 나라의 도래를 앞당기고 있다.

삼십여 년을 며칠 같이

우리 가족사와 신앙의 성장 과정, 그리고 잠시나마 사명을 저버리고 군으로의 도피, 그리고 뜨겁게 부르시는 하나님의 소명에 응답하여 30여 년을 목회자로서 교회를 성장시키기까지의 지난 날들을 되돌아보면, 언제나 연약한 나의 기도에 귀 기울이시며 힘과 용기를 주셨던 하나님의 사랑 때문에 감사의 눈물을 거둘 수가 없다. 그리고 신앙의 동역자이자 내조자로서 늘 함께 해준 신실한 아내가 있었음을 감사드린다. 또한 신앙의 절개를 지키시고 대대로 우상 숭배로 인한 저주의 사슬을 풀리도록 인내로 일사각오의 신앙을 지키신 어머니 한 분의 헌신으로 인하여, 아버지를 비롯한 일가 친척들 모두가 죄의 올가미에서 해방되어 하나님의 백성이 되는 감격을 누리게 되었다. 더욱이 하나님께 감사드리는 것은, 대를 이어 무속인들이 나타나서 하나님으로부터 징계를 받던 우리 집안이, 이제는 대대로 목회자의 사명을 감당하는 영광스런 집안으로 변화된 것이다.

나의 어머니가 전도사이셨고, 내가 목사이며, 여동생인 주복섭 사모는 현재 전남 강진제일교회 담임목사로 사역하고 있는 조규철 목사의 아내다. 거기다가 장남인 주신 목사는 미주세한교회를 개척하였고, 지휘와 성악을 전공한 둘째 아들 주진 목사도 현재 주의 종의 길을 걷고 있다. 내가 30여 년을 며칠 같이 세한교회를 섬겨 오면서 가장 중요시했던 것을 몇마디로 정리하면 다음과 같다.

'열심히 기도하고, 열심히 헌신하고, 열심히 전도하자!'

'성령 충만해서 늘 열정을 가지고 사명을 잘 감당하자'

이제까지 함께 기도하고 전도하고 봉사하며 교회 부흥을 위해 애써 주신 교역자들과 당회원, 모든 성도님에게 깊은 감사를 드린다. 무엇보다도 지난 30년 동안 우리 교회를 어려운 가운데 늘 지켜 주시고 더욱더 우리 교회가 큰 일을 감당하기를 원하시는 하나님의 축복과 은혜에 다시 한 번 머리 숙여 깊은 감사를 드리며, 하나님께 큰 영광을 돌려 드린다.

　최근 기독교인들 사이에 '개척 시대가 종결되었다'는 말들이 회자되고 있다. 이는 시대적인 상황이요, 부인할 수 없는 교회 현실이다. 개척 교회가 문을 닫는다는 소식들이 그치지 않고 있으며, 미자립 교회 목회자들이 직업 전선에 뛰어들고 있다는 이야기들이 나온 지 꽤 오래다. 그만큼 개척의 현실이 열악하고 치열하다. 그런 개척 교회 현실들을 직시하고 '작은교회더사랑하기운동'이 일어난 것은 망망대해(茫茫大海)를 비춰 주는 등대와 같은 희소식이다.

　김영남 목사님께서 이러한 귀한 사역을 위해 헌신하고 있기에 한국 교회는 희망이 있어 보인다. 김 목사님께서는 교회 개척의 선구자로서 몸소 체험한 개척 경험을 바탕으로 작은 교회에 대한 뜨거운 애정을 담아 수년 동안 '개척 수기 공모전'을 개최해 오셨다. 이번 공모전에서 입선한 목회자들의 간증문들을 한 권의 책으로 엮는 동안 내내 감동이 그치지 않았다. 입선 작품들을 다듬으면서 글 행간에 감춰진 저자들의 땀방울에 감동했으며, 글귀마다 스며있는 사랑의 노래에 감격했다.

　한 편, 한 편 작품들을 정리하면서 글 속에 담긴 저자들의 절대 믿음을 볼 때 절로 고개가 숙여졌다. 맨 손으로 시작한 저자들의 교회 개척 이야기는 저자들의 신앙 고백서요, 승리의 찬가였다. 한 영혼을 붙들고 고군분투(孤軍奮鬪)하며 모든 에너지를 쏟아 부은 저자들의 뜨거운 교회사랑 정신은 모든 목회자가 본받아야 할 목양 정신이었다. 저자들이 개척 현장에서 뜨거운 소명감을 불태우면서 드린 고귀한 희생은 결코 헛되지 않으리라! 분명 이 책에서 목회자들이 간증한 개척의 발자취는 또 다른 목회자들에게 환한 이정표가 될 것 같다.

그런 면에서 이 책은 한국 교회 앞에 당당히 내놓은 일종의 목양독본(牧羊讀本)인 셈이다. 이처럼 귀한 작품을 한 권의 책으로 엮게 된 것을 큰 영광으로 생각하며, [작은교회더사랑하기운동] 사역에 동참하게 되어 감사드린다. 이 책을 통해서 하나님의 영광이 만방에 선포되기를 바라며, 저자들이 그토록 간절한 마음으로 전파했던 '십자가의 복음'이 온 세상에 증거 되기를 간절히 기도한다.

2014년 1월 20일

도서출판 포커스북

대표 송삼용 목사 하늘양식교회